WALTER Reiseführer

- *sind Bücher für Individualisten: für Reisende, die, allein oder mit einer Gruppe, auch auf einer kurzen Reise nicht nur flüchtig Sehenswürdigkeiten abhaken, sondern Land und Leute kennen- und verstehen lernen möchten.*

- *informieren genau und umfassend über Alltag, Landschaft, Kultur, über die Schönheiten und die Probleme eines Gebietes oder einer Stadt. Sie schärfen das Bewußtsein auch für die kleinen Wunder am Wege, aber sie registrieren nicht jedes Sandkorn und jede Imbißstube, denn sie wollen anregen, nicht gängeln – sie wollen neugierig machen und Raum lassen für eigene Entdeckungen.*

- *bieten Lesegenüsse, weil sie trotz aller gebotenen Sachlichkeit stets auch die persönliche Faszination des Schreibers weitergeben.*

- *präsentieren eine ganze neue Gattung Reisebuch: eine wohlausgewogene Mischung von Fakten, Tips und Erlebnisbericht – entwickelt mit der langjährigen Erfahrung des Verlags und dem Wissen und Können moderner Autoren.*

Hans von Hülsen
Rom

Walter-Verlag Olten und Freiburg im Breisgau

Den Text von Hans von Hülsen hat Peter Dietschy ergänzt,
bearbeitet und aktualisiert.
Die Fotos stammen von Josef Rast.
Karten und Pläne: Huber & Oberländer, München
Umschlagbild vorn: Kolosseum
Umschlagbild hinten: Blick vom Vestalinnengarten über das Forum
Romanum

Verlag und Autor (und die Leser späterer Auflagen) sind den Benutzern dieses Führers für Anregungen, Ergänzungen und Korrekturen jederzeit dankbar. Zuschriften erbeten an Walter-Verlag, Lektorat, CH-4600 Olten.

8., völlig neu bearbeitete Auflage 1984
Alle Rechte vorbehalten
© Walter-Verlag AG Olten, 1959
Gesamtherstellung in den grafischen Betrieben des Walter-Verlags
Printed in Switzerland

ISBN 3-530-38602-2

Inhalt

(Die eingestreuten Zwischentexte sind am Schluß des Inhaltsverzeichnisses zusammengefaßt.)

9 *«Die menschlichste Stadt der Welt»*

12 *Skizzen aus der fernen Vergangenheit*
Die Legende von der Gründung Roms 12 – Religionen und Kulte 15 – Zeichendeutung und Priesterdienst 23 – Die Kunst 25 – Sechstes Jahrhundert vor Christus: Die Servianische Mauer wird gebaut 31 – Die Regierung zur Zeit der Republik 32 – Vom mündlich überlieferten Recht zum Zwölf-Tafel-Gesetz 34 – Bedenke, daß du nur ein Mensch bist 34

37 *Zwei Jahrtausende am Tiber*
Wasserweg und Stadtgraben 37 – Ein Friedhof für Kostbarkeiten 43 – Trinkwasser und Sintfluten 44 – Stadt der acht Häfen 50

52 *Brennpunkte des antiken Lebens*
Die Foren und ihre Geschichte 52 – Rundgang durch das Forum Romanum 54 – Das Kolosseum: Gladiatoren- und Tierkampf 80 – Das Pantheon: Inbegriff architektonischer und geistiger Vollkommenheit 87 – Die Engelsburg: Kaisergrab, Festung, Gefängnis 90 – Die Thermen: Körperpflege, Sport, Spiel und Klatsch 98

100 *Staat in der Stadt: der Vatikan*
Geschichte... 100 – ... und Gegenwart 101 – Der Vatikanische Palast mit seinen Museen 102 – Der Petersplatz 118

119 *Die Hügel*

Stadt der vielen Hügel 119 – Palatin: Hügel der Kaiser 120 – Spaziergang durch einen Ruinengarten 128 – Kapitol: Sitz der Weltherrschaft 131 – Aventin: Kirchen und Klöster 136 – Quirinal: Päpste, Könige, Präsidenten 141 – Viminal: im Herzen Roms unter Häusern verschwunden 144 – Esquilin: gewachsen aus den Ruinen des Nerohauses 144 – Caelius: Park und Stätten des Altertums 145 – Monte Sacro: der heilige 146 – Monte Mario: der höchste 146 – Monte Giordano und Monte Testaccio: die künstlichen 147 – Pincio: der populärste 147 – Gianicolo und das Quartier Trastevere 153

156 *Römischer Bilderbogen*

Die Piazza del Popolo und ihre drei Straßen zum Zentrum 156 – Das Getto 171 – Sonnennadeln: Roms Obelisken 176 – Pasquino oder Die Stimme des Volkes 184 – Oasen der Ruhe 186 – Brunnen: die Lust am Spiel mit dem Wasser 187

194 *Kirchen und Grabstätten*

Hauptstadt der Christenheit: 500 Kirchen 194 – Sankt Peter 195 – San Giovanni in Laterano 207 – Santa Maria Maggiore, Königin der Marienkirchen 214 – Die anderen Pilgerkirchen 219 – Primavera cristiana 234 – Roms andächtigstes Antlitz: die Titelkirchen 241 – Kunstwerke in frühchristlichen und mittelalterlichen Kirchen 247 – Gotteshäuser der Renaissance 250 – Wichtige Barockkirchen 251 – Andere bedeutende Kirchen mit interessanten Kunstwerken 252 – Die unterirdische Totenstadt 254 – Berühmte Ruhestätten 258

262 *Roms Paläste: Schule der Wohnkultur*

Grandezza romana 262 – Palazzo della Cancelleria, Palazzo Farnese und die Farnesina 263 – Vom Palazzo Barberini zur Villa Torlonia 269

280 *Sternstunden der Archäologen*

Die Irrwege des Laokoon 280 – Die Aldobrandinische Hochzeit 284

Inhalt 7

287 *Schätze in römischen Museen*
(Museo Barracco 288 – Kapitolinisches Museum 290 – Konservatorenpalast und Pinakothek 293 – Thermenmuseum 298 – Museum der Villa Giulia 300 – Museum und Galerie Borghese 306 – Galleria Nazionale del Palazzo Corsini 310 – Nationalgalerie für Moderne Kunst 312)

317 *Ausflugsziele in der Umgebung Roms*
(Cerveteri 317 – Isola Farnese 318 – Veji 318 – Ostia antica 318 – Ostia Lido 319 – Fregene 319 – Ladispoli 319 – Anzio 319 – Nettuno 319 – Lido di Castel Fusano 319 – Palestrina 319 – Tivoli 321 – Castelli Romani 322 – Frascati 322 – Grottaferrata 322 – Rocca di Papa 322)

325 *Anhang*
Zeittafel 325 – Mini-Sprachführer 330 – Literaturhinweise 334 – Register 336

354 *Informationen und praktische Hinweise von A bis Z*

Zwischentexte:
Totenkult 17 – Gute alte Zeit? 29 – Toga, Tunika und Stola 49 – S.P.Q.R. 109 – Etwas wird zurückbleiben... 117 – Italienische Spruchweisheit 151, 166, 323 – Eine ägyptische Stufenstele 162 – Flunkerer, Flegel, Lästerzungen 185 – Gleichheit der Bürger vor dem Gesetz 274 – Augustus, Kaiser mit vielen Gesichtern 277 – Ehe in früher Kaiserzeit 285

«Die menschlichste Stadt der Welt»

Für den, der zum erstenmal nach Rom kommt, ist die Stadt ein Schock: Kaum eine andere Metropole bietet einen so überwältigenden Reichtum sehenswerter Dinge – die ganze Stadt, einst nach Lukan *caput mundi,* Haupt der Welt, ist ein einziges Museum, bietet eine kaum auszuschöpfende spannende Lektion zur Geschichte des Abendlandes.
Trotzdem ist Rom keine museale, sondern eine höchst lebendige Stadt; sie ist Sammelpunkt der christlichen Welt, Treffpunkt der Jugend und noch rasanter gewachsen als andere Weltstädte: die Bevölkerung zählte zur Kaiserzeit eine Million Einwohner, sank dann im 6. Jahrhundert auf 15 000 Seelen, 1870 war sie wieder auf 200 000 Einwohner gewachsen; in den 50 Jahren danach stieg die Zahl der Bewohner um eine weitere halbe Million, 1984 wohnen in Rom und seinen Vororten nahezu 4,5 Millionen Menschen.
Dementsprechend sind die Probleme. Der Verkehr wird immer chaotischer, die Zahl der Arbeitslosen wächst, die der leerstehenden Luxuswohnungen ebenfalls, die Finanzprobleme der Verwaltung sind schier unüberwindlich. Dennoch bemüht sich die Stadt, die Substanz zu erhalten und das Erbe der Vergangenheit zu pflegen.
Und trotz allem ist Rom erstaunlicherweise eine menschliche Stadt geblieben, die menschlichste Stadt der Welt, wie der Regisseur Federico Fellini meint. Tatsächlich war man in den letzten Jahren bemüht, heutigen Bedürfnissen Rechnung zu tragen: Fußgängerzonen schützen Menschen und Gebäude

vor lästigen Motorfahrzeugen; die schönen Parks stehen jung und alt – Menschen, Hund und Pferd – offen; Kinder finden in Wohnquartieren und sogar in der Altstadt immer wieder Platz zum Spielen.

Ein Sprichwort sagt: «Rom wurde nicht an einem Tag gebaut.» Der Besucher, zu dessen unentbehrlichen Reiseutensilien bequeme Schuhe und ein guter Stadtplan gehören, muß wissen, daß er die Ewige Stadt ebensowenig in einem Tag kennenlernen kann. Die Groborientierung scheint auf den ersten Blick zwar leicht: die großen Straßen zum Zentrum – Via del Corso, Corso Vittorio Emanuele und Via Nazionale – führen in die Nähe der wichtigsten archäologischen Ausgrabungen und zu den bedeutendsten Museen; außerhalb der eigentlichen antiken Stadt liegt im Westen der Vatikan und im Norden die Villa Giulia, das größte Etruskermuseum und ein Magnet für Touristenscharen aus aller Welt. Aber das allein ist nicht Rom. Und so können fünf bis sechs Tage nur eine erste flüchtige Annäherung bringen. Acht bis neun Tage Aufenthalt sind besser, weil man dann einen oder zwei Ausflüge aufs Land einplanen und die verwirrenden Eindrücke ordnen und verarbeiten kann. Um aber mit der ganzen Vielfalt der Stadt und ihrer Umgebung wirklich vertraut zu werden, sind Monate, wenn nicht Jahre, nötig.

Daß ein Rombuch mit nicht viel mehr als 200 Textseiten nicht vollständig sein kann, wird rasch klar, wenn man sich vergegenwärtigt, daß allein in den sieben Kilometer langen Gängen der Museen des Vatikans rund 50000 Objekte ausgestellt sind. Ich möchte dem Reisenden mit diesem Führer einen Überblick und eine Wegleitung liefern, knapp, aber nicht oberflächlich. Wer die Stadt sensibel und aufmerksam durchstreift, wird darüber hinaus noch vieles entdecken. Den Grundtext des hervorragenden Kenners der römischen Geschichte, Hans von Hülsen, habe ich aktualisiert, mit Schilderungen zum Thema Kunst und Kultur ergänzt und mit kurzen Museumsbeschreibungen dem Individualisten Orientierung und Auswahl erleichtert.

Vieles kann man beschreiben, aber wichtiger ist das Erleben. Zum Beispiel eine Abendstimmung auf dem Pincio, die Ruhe der Grandezza ausstrahlenden Höfe einer Cancelleria oder des Palazzo Farnese, die Düfte der Trattorien, ihr Publikum, das einheimische und die Fremden, die in der Sonne glitzernden Wasser der Barockbrunnen, ein Sonntagmorgen auf dem Petersplatz, Treffpunkt der Christen aus aller Welt, die Intimität und Stille frühchristlicher Kirchen oder die Volksmenge am Sonntagsmarkt der Porta Portese, Jugend aus aller Welt an der Spanischen Treppe, an der Fontana di Trevi oder auf der Piazza Navona.

Wer eine Münze in die Fontana di Trevi wirft, dem soll die Rückkehr sicher sein – und je besser man Rom kennt, desto stärker wird der Wunsch, immer und immer wiederzukommen. Rom ist ein wichtiges Stück Abendland, das sich vielleicht nicht sofort erschließen läßt, das uns aber nach und nach zur geistigen Heimat wird.

Peter Dietschy

Skizzen aus der fernen Vergangenheit

12 Die Legende von der Gründung Roms
15 Religionen und Kulte
23 Zeichendeutung und Priesterdienst
25 Die Kunst
31 Sechstes Jahrhundert vor Christus: Die Servianische Mauer
32 Die Regierung zur Zeit der Republik
34 Vom mündlich überlieferten Recht zum Zwölf-Tafel-Gesetz
34 Bedenke, daß du nur ein Mensch bist

Die Legende von der Gründung Roms

Äneas, der Held von Troja, verließ auf Weisung seiner Mutter *Aphrodite* seine brennende Heimatstadt, um im Westen eine neue Heimat zu suchen. Die über Afrika und Sizilien führende Irrfahrt endete im südlichen Latium. Dort hielt Äneas um die Hand Lavinias, der Tochter des Königs, an und gründete die Stadt Lavinium. Sein Sohn Ascanius gründete die Stadt Alba Longa. Sie wurde die Hauptstadt des Latinerbundes, eines der vielen politischen und sakralen Städtebünde, in denen sich die italischen Stämme organisierten.
Nach acht Generationen bestieg ein Abkömmling des Äneas, Numitor, den Thron von Alba Longa. Sein Bruder *Amulius* war ein Usurpator, vertrieb *Numitor,* tötete dessen Söhne und zwang dessen Tochter *Rea Silvia,* Vestapriesterin zu werden.

Gründungslegende

Diese Priesterinnen standen unter Keuschheitsgelübde. Vom Gott Mars empfing Rea Silvia jedoch die Zwillinge **Remus und Romulus** in Form eines Goldregens. Amulius befahl, sie zu ertränken. So wurden sie in einer Kiste dem Tiber übergeben. Am Ufer des Palatins blieb der Kasten hängen. Eine Wölfin fand ihn und säugte die Kinder.

Als die Zwillinge herangewachsen waren, wurde Remus bei einem Streit von den Hirten Numitors gefangengenommen und nach Alba Longa gebracht. Dort klärte sich die Herkunft der Zwillinge auf. Gemeinsam kämpften sie gegen Amulius, töteten ihn und setzten Numitor, ihren Großvater, wieder als rechtmäßigen König ein. Romulus und Remus entschlossen sich, in der Gegend, in der sie aufgewachsen waren, eine Stadt zu gründen. Sie befragten die Götter und warteten auf ein Vogelzeichen. Als dem Romulus zwölf Geier, dem Remus aber nur sechs erschienen, war klar, daß die Götter Romulus zum König bestimmt hatten. Trotzdem kam es zu Streitigkeiten, und Romulus erschlug den Remus, als dieser über eine von ihm gebaute Mauer sprang. Es ist übrigens nicht ausgeschlossen, daß Romulus ein Etrusker war – jedenfalls hat es eine etruskische Sippe mit dem Namen *Rumlna* gegeben.

Ab urbe condita (seit Gründung der Stadt) zählte man die Jahre. Wenn wir nach unserer Zeitrechnung zurückrechnen, kämen wir auf den 22. April 753 vor Christus als Gründungsdatum. Neue Ausgrabungen haben aber gezeigt, daß schon im 13. und 12. Jahrhundert vor Christus eine Siedlung in der Nähe des Kapitols bestanden haben muß. Die ersten latinischen Siedler, die in früheisenzeitlicher Epoche (10.–9. Jh.) das Gebiet des Palatins als Wohngebiet und das Forum als Nekropole benutzt hatten, sind wohl kaum die eigentlichen Stadtgründer gewesen. Die kultische Stadtgründung erfolgte wahrscheinlich zur Zeit der Etrusker.

Gründungslegende

Römische Wölfin. Das etruskische Werk aus dem 6. Jahrhundert vor Christus stellt die Wölfin der Ursprungslegende dar. Die Zwillinge sind eine Ergänzung des Antonio Pollaiuolo aus dem 15. Jahrhundert

Die Legende von der Gründung Roms existiert in zahlreichen Varianten. Zur Zeit des Kaisers Augustus schrieb der römische Historiker Livius in seinen «Libri ab urbe condita»: «Was aus den Zeiten, da die Stadt gegründet wurde, überliefert ist, will ich weder bestätigen noch widerlegen, ist es doch mehr erdichtete Sage als unverfälschtes Denkmal der Geschichte.» Zur Wölfin erklärt er, Laurentia, die Gattin des Hirten Faustulus, habe die Kinder genährt. Weil sie aber als «Lupa» – Dirne – galt, habe sich die Sage mit der Wölfin gebildet.

Religionen und Kulte

In ältester Zeit, als die Römer noch Hirten und Bauern waren, beruhte ihre Religion auf einem fast reinen *Animismus*. Alles war von unpersönlichen, göttlichen Wesen *(numina)* erfüllt. Sie beseelten Bäume, Tiere, Felsen und auch den Blitz und waren weder gut noch böse. Ob sie sich gut oder schlecht verhielten, hing davon ab, wie man ihnen begegnete. Die Aufgabe der Religion war es, die Kräfte dieser Numina zum Guten des Menschen wirken zu lassen.

Für die Gestaltung und Durchführung der Riten war anfangs das Oberhaupt der Familie, der *pater familias,* verantwortlich, später das Oberhaupt der größeren Gemeinschaft, der *König,* der seinerseits das oft komplizierte Ritual, das den Numen genehm war, Priesterschaften übertrug. Kollegien weiser Männer, pontifices und augures, berieten den König in religiösen Angelegenheiten.

Die ältesten Numina waren Geister, die Haus und Hof bewohnten. **Laren** wachten über Haus, Grenzen und Felder, Vesta wachte über das Herdfeuer. Die Numina des Feldes sind aus abstrakter Verlebendigung von Begriffen entstanden. *Robigus* hatte den roten Mehltau abzuwehren (robigo). *Nodotus* ließ das Samenkorn anschwellen (nodus = Knoten). *Volutina* umgab die Ähre mit schützender Hülle, *Patulena* erschloß sie (patulus = offen). Schwangere beteten zu *Fabulina,* die das Sprachvermögen förderte (fabula = Gerede, Erzählung), und zu *Ossopagina,* zuständig für den Knochenbau des Kindes (Os = Knochen).

Die **Penaten** verhinderten, daß der Vorrat Schaden nahm. Man stellte kleine Altäre in der Nähe der Speisekammer her, um den Penaten und Laren Dank- und Speiseopfer zu bringen. Jeder Mensch, auch die Familie, hatte einen *Genius*. Das war eine Art Schutzengel; Genius bedeutete aber auch soviel wie das Belebende, denn der Begriff kommt aus dem Sanskrit und heißt dort ganami, zeugen. Der Genius des Vaters hatte den Vorrang.

Nach dem Tod wurden die Familienangehörigen als **Laren** oder **Lemuren** gefürchtet. Man versuchte, sich vor ihnen mit bannenden Riten zu schützen. Die Verstorbenen konnten aber auch zu schützenden Geistern werden, zu *Manes,* die man wie Götter verehrte. Sie verschmolzen mit den Laren, den guten Geistern für Feld und Haus.

Die *sacra privata* regelte die Riten des Hauses. Die *sacra publica* die des Staates. Numen des Herdfeuers, Vesta, und des Neubeginns, Janus, wurden zu Göttern des Staates.

Vor der Übernahme griechischer Mythologie bestimmen indogermanische Götter den Glauben der Römer. Die **Hauptgötter** waren **Jupiter, Mars** und **Quirinus.** Jupiter ist von indogermanischer Herkunft und war der Tag-Vater. *Dyaus* bedeutet im Sanskrit Himmel, Himmelsgott, er war schon im alten Indien einer der Höchsten unter den Göttern, und dyu-pater wurde zu Jupiter.

Im sagenhaften Zeitalter der Könige (8. Jahrhundert vor Christus) wurde eine Trias von Jupiter, Mars und Quirinus als oberste Götter verehrt. Mars war vom Volk immer stark verehrt worden. Von ihm hat der Monat März seinen Namen. Er war der Gott des Ackerbaus, der das Feld und die Herden mit Fruchtbarkeit segnete und auch die Macht über Zeugung und Tod hatte. Über diese Todesherrschaft wurde Mars zum Kriegsgott. In republikanischer Zeit wurde er nur noch als Kriegsgott verehrt und schließlich dem griechischen Kriegsgott Ares gleichgesetzt. Quirinus hatte dieselbe Bedeutung bei den Sabinern. Sie wohnten auf dem Quirinal, der nach dem Gott Quirinus benannt ist. Als die Sabiner ins römische Volk

Religionen und Kulte

Totenkult

Starb ein Mitglied der Familie, so rief man seinen Namen. Man wollte wissen, ob es wirklich tot war und zeigen, wie gern man es noch unter den Lebenden hätte. Es folgte das Waschen und Einkleiden mit den besten Kleidern. Die Leiche wurde – mit einer Münze als Fährgeld ins Jenseits im Mund – im Atrium aufgebahrt, und zwar mit den Füßen zum Ausgang. Man behängte die Tür mit Tannen- und Zypressenzweigen. Das war das Zeichen, daß ein Toter im Haus war und seine Bewohner dadurch unrein geworden waren. Die Aufbahrung dauerte mehrere Tage. Dann begleiteten die Angehörigen den Toten vor die Stadt. Auf einem Scheiterhaufen wurde er mitsamt seinen Kleidern, persönlichen Gegenständen und Opfergaben verbrannt. Vorher wurde der Leiche ein Finger abgeschnitten und begraben – wohl als Zeichen dafür, daß man die Erdbestattung vorgezogen hätte.
Es folgte schließlich die Reinigung des Hauses und der Menschen, die den Toten berührt hatten.
An einem Tag zwischen dem 13. und 21. Februar, dem letzten Monat des Jahres, besuchten die Überlebenden die Gräber, wie es das «ius manium» vorschrieb und schmückten sie mit Veilchen und Kränzen. Sie opferten den Toten Milch, Honig und Öl. Am 22. Februar folgte das Totenmahl, bei dem man die Toten anwesend glaubte. Dabei wurde aller Streit geschlichtet.
Am 9. November und am 13. Mai versöhnte man sich mit den Geistern der Toten. Die Römer glaubten, daß die Toten zu Geistern würden, zu Laren und Lemuren. Ihren schädlichen Einfluß mußte man magisch bannen. Am Versöhnungsfest ging der Familienvater um Mitternacht barfuß durchs Haus. Er wusch sich die Hände und schnalzte mit den Fingern. Bohnen, die er über seine Schulter warf, sollten die Geister zur Ruhe bringen. «Mit diesen Bohnen erlöse ich mich und die Meinen», wiederholte er neunmal und wusch sich wieder die Hände. Dann forderte er die Toten auf, sich zu entfernen.

integriert wurden, war ein Kriegsgott überflüssig. So wurde Quirinus später mit Romulus, dem zum Überirdischen erhobenen Stadtgründer, gleichgestellt.

Zur Trias an der Spitze der **etruskischen Götterhierarchie** gehörten *Tinia, Uni* und *Menrva*. Tinia war Herr über Blitz und Donner, also dem indogermanischen Jupiter nahe. Uni war wie Juno das Numen des weiblichen Geschlechtslebens. Sie wurde später der griechischen Hera gleichgesetzt. Der Monat Juni hat seinen Namen von ihr. Eine weitere etruskische Göttin war Apru, deren Name sich in unserem Monat April wiederfindet und die der griechischen Aphrodite entspricht. Daraus wird später die römische Venus. Die Römer lernten von den Etruskern unter anderem den Bogen- und Kuppelbau.

Die **Saturnalien** feierte man acht Tage lang. Sie begannen am 17. Dezember beim Saturntempel. In aller Frühe fand ein Opfer statt, danach schallten Rufe durch die Straßen: *Io Saturnalia, Io nona Saturnalia!* Es folgte ein großes Fest der Senatoren und Ritter, an dem sie sich dem Volk ohne das altrömische Staatsgewand, die Toga, zeigten.

In diesen Tagen genossen die Sklaven vollkommene Freiheit: sie durften sogar ihren Herren die Wahrheit sagen und sie für ihre Handlungen tadeln.

Bei Essen und fröhlichem Spiel – besonders populär war das Würfeln um Nüsse (als Symbol der Fruchtbarkeit) – bildete das Geben und Nehmen kleiner Geschenke den Hauptreiz der Feier. Man schenkte den Kindern schön bemalte Tonpuppen und besonders auch Kerzen. Martial zählt noch andere Geschenke auf: ein Notizbuch mit dünnen Plättchen von Cufrusholz oder Elfenbein, ein Kästchen zum Aufbewahren von Münzen, Zahnstocher, Kämme, goldene Haarnadeln, Sonnenschirme, falsche Haare und Farbstifte.

Religionen und Kulte

Von großer Bedeutung für die Angelegenheiten des Staates waren die **Sibyllinischen Weissagungen**. Die Legende berichtet, eine *Sibylle* (Prophetin) habe einem etruskischen König neun Bücher zum Kauf angeboten. Als er sie nicht kaufen wollte, verbrannte sie drei. Als dem König auch die restlichen sechs noch zu teuer waren, verbrannte sie weitere drei. Endlich willigte der König, neugierig geworden, in den Handel ein. Er mußte aber der Sibylle den gleichen Preis bezahlen, der ursprünglich für die neun Weissagungsbücher angesetzt war. Die sibyllinischen Bücher wurden nur in dringenden Fällen befragt, bei Pest, Hungersnot oder in der kritischen Phase eines Krieges. Die Befragungen konnten nur von einem geheiligten Priesterkollegium durchgeführt werden. Die Bücher fielen im Jahr 83 vor Christus einem Brand zum Opfer.

Der **Kaiserkult** begann mit der Vergöttlichung der verstorbenen Kaiser. Später wurde er auch auf lebende Kaiser übertragen – als ein Akt der Loyalität und Solidarität. Bei diesem Kult, der mehr und mehr im staatlichen Gepränge erstickte, war der einzelne Römer nur noch Zuschauer. Die alten Götterkulte lagen darnieder, und der Einfluß der griechischen Philosophie und der Mysterienkulte machte sich bemerkbar. Mit dem Kaiserkult wollte man das Volk wieder an eine Staatsreligion binden.
Im Zuge der Eroberung der Provinzen wie Ägypten, Persien, Nordafrika nahm der Einfluß der **Mysterienkulte** zu.
Kybele (Magna mater, «Große Mutter»), als Geliebte des Attis auch *Adgistis* genannt, war eine kleinasiatische Fruchtbarkeitsgöttin. Der Kult wurde 204 vor Christus in Rom eingeführt. Die Anhänger des Kybelekultes verletzten sich während der Kultfeiern in orgiastischen Tänzen mit Messern und Schwertern, und die Feiern endeten fast immer mit einem

Blutbad. Das veranlaßte den Staat, strenge Beschränkungen einzuführen und den römischen Bürgern die Teilnahme zu verbieten. Größere Verbreitung fand der ägyptische *Isiskult,* Auferstehungskult. Caligula machte ihn zum Staatskult. Er gewann ganz besonders die Gunst der römischen Frauen. Die Initiationsriten zogen sich über zehn Tage hin. Sie erreichten in der eine ganze Nacht dauernden dramatischen Darstellung des Todes und der Auferstehung des Osiris ihren Höhepunkt. (Osiris wurde von seinem Bruder Seth in Stücke geschlagen und von seiner Schwester und Gemahlin Isis mit Hilfe des Anubis wiederbelebt.)

Das **Bacchanal,** ein Fest zu Ehren des Bacchus, hat seinen Ursprung in den griechischen *Dionysosmysterien.* Der Vegetationsgott Dionysos wird im römischen Kult zu Liber, und die Mänaden, weibliche Wesen im Gefolge des Dionysos, werden zu Bacchantinnen. An einem Tag im Frühjahr wurden die mystisch-orgiastischen Feiern streng geheim gefeiert. Die Tänzerinnen tummelten sich bis zur völligen Erschöpfung in ihren orgiastischen Tänzen und zerrissen dabei Tiere. Wegen wüster, zum Teil verbrecherischer Auswüchse, «bacchischer Raserei», wurden die Feiern 186 vor Christus durch einen Senatsbeschluß streng geregelt. In unserer Zeit ist der Rosenmontag (oder die Weiberfastnacht unter anderem im Rheinland) davon übriggeblieben: der Begriff kommt nicht von Rose, sondern vom (kölnisch) «raosenden» (rasenden) Montag. Auch andere Symbole aus dem Dionysoskult finden wir im Christentum wieder, zum Beispiel den Weinstock als Symbol für den Kreislauf der Natur: Tod und Auferstehung, oder den Keltertreter als Christussymbol.

Weitaus stärker verbreitet war der **Mithraskult.** Der Lichtgott Mithras geht auf den persischen Avesta (Zarathustra) und die

Religionen und Kulte

Bodenmosaik aus einem Mithrastempel in Ostia antica (Mithräum des Felicissimo)

indischen Veden zurück. In den Westen kam der Kult durch Sklaven aus dem Osten und durch das römische Heer, in dem er sich großer Beliebtheit erfreute.

Die Ethik des Mithrasglaubens ist der christlichen sehr nahe. Es geht darum, den guten Mächten des Lichts zum Sieg zu verhelfen. Ein Mensch *ist* man nicht, ein Mensch *wird* man. In sieben Stufen der Einweihung mit vielen Schulungen und Übungen wird das echte Menschentum entfaltet und ausgebildet.

Mithras ist Mittler und Erlösergott. Durch seine Geburt auf Erden werden die beiden Prinzipien einander angenähert, die noch in der alten persischen Legende in tiefem Gegensatz standen: das Reich des Lichts und das Reich der Finsternis. Der alte persische Dualismus wird überwunden. Mithras als Mittler harmonisiert die feindlichen Gegensätze.

In der **Mithraslegende** wird erzählt, daß Hirten an der Geburtsstätte des Mithras die Ankunft des Erlösers beobachtet hatten. Seine Geburt wurde am 25. Dezember gefeiert. Die Hirten opferten Erstlingsgaben. Sie sahen den Mithras mit einer phrygischen Mütze bedeckt in der Krone eines Baumes. Diese Szene symbolisiert sehr wahrscheinlich, daß das geistige Urlicht zugleich auch Leben bedeutet (vgl. Johannesevangelium «Und das Leben war das Licht des Menschen»).

Der Himmelsgott schickt einen mächtigen Stier auf die Erde, um sie zu verwüsten. Mithras verfolgt ihn, erreicht ihn am Ende des Gartens Eden und tötet ihn. Aus seinem Blut werden die Ähren, aus seinem Rückenmark wird Erde, aus der der Weinstock wächst. Die Mithrasreliefs stellen meistens den Augenblick der Stiertötung dar. Ein Hund und eine Schlange trinken das Blut, und ein Skorpion frißt den Samen. So bestehen das Leben und die Seele des Stiers in einer anderen Form weiter.

Diese Stiertötung ist ein Symbol für die Überwindung der Stiernatur im Menschen, um dadurch die eigentliche Menschwerdung vorzubereiten.

Es gibt in der heutigen christlichen Kultur zahlreiche Parallelen zum Mithraskult: Die Taufe ist eine davon – Wasser galt schon damals als Lebensspender. Unser Weihnachtsbaum ist eine Spätform des mithräischen Lichtbaumes. Auch das Luciafest in Schweden hat im Mithraskult seinen Ursprung. Nach Konstantin wurde der Mithraskult blutig verfolgt und ausgerottet. Die Tempel wurden meistens mit Kirchen überbaut. Im ganzen Römischen Reich sind Hunderte von *Mithräen* (Kulträumen) bekannt, eines steht mitten in London (im Hof einer Bank).

Zeichendeutung und Priesterdienst

Die **Auguren** deuten den Willen der Götter aus dem Blitz und Donner, dem Vogelflug und -schrei sowie aus der Nahrungsaufnahme der heiligen Hühner. Das *Auspizium* (Vogelschau) war besonders wichtig.

Aus der Leber von Opfertieren lasen die **Haruspizinis** (auch Haruspizes), welchem Gott geopfert werden müsse.

Es gab aber noch eine ganze Reihe anderer Priester, die den öffentlichen Tempeldienst besorgten. **Flamines** (flare = blasen) hatten das Opferfeuer anzufachen und sind auf dem Relief der *Ara pacis* (dem Friedensaltar beim Augustusmausoleum) mit einem Blasbalg auf dem Kopf dargestellt. Die **Vestalinnen** – zunächst vier, später sieben – hatten nicht nur die Pflicht, das Herdfeuer in ihrem Tempel auf dem Forum zu erhalten; sie konnten auch, wenn sie um Gnade gebeten wurden, Strafen erlassen, die vom Richter verhängt waren.

Religionen und Kulte 24

Statue einer Vestalin auf dem Forum

Dem Kollegium der **Pontifices** stand der Pontifex maximus vor. Die Pontifices nahmen im Staatskult eine zentrale Stellung ein. Sie waren zuständig für Kalender, Riten, Opfer, Grabkult, Sakralkunst usw. Das Kollegium bestand aus fünf, später aus 15 Mitgliedern. Der ursprüngliche Sinn dieses Amtes war die Beschwörung der Brücken, die eine wichtige Verbindung zur Außenwelt waren. Seit der Zeit des Augustus blieb das Amt des *Pontifex maximus* fest mit dem Kaisertum verbunden. Der Name ist heute noch erhalten: Pontifex maximus heißt der Papst.

Die Kunst

Zwischen Tiber und Kapitolhügel sind Weihegeschenke mit etruskischen Inschriften in derselben Grabungsschicht zum Vorschein gekommen, in der auch Architekturplastiken griechisch-etruskischen Stils gefunden wurden. Die **frühesten Zeugen römischer Kunst** unterscheiden sich nicht von denen, die in etruskischen Städten wie Cervetri, Veio (Veji) oder in den italischen Städten Velletri, Satricum und Falerii ausgegraben wurden. Stil und Machart zeigen jedoch, daß Rom nicht das Zentrum der Produktion war. Sie beweisen aber, daß Rom im 6. Jahrhundert vor Christus die größte mittelitalische Stadt war.
Ein wichtiger Faktor der **römischen Wandmalerei** war die optische Täuschung (trompe-l'œil, wie es die Franzosen nennen). Es gibt verschiedene überlieferte Anekdoten dazu: Ein römischer Maler malte Trauben so naturalistisch, daß Vögel daran pickten. Sein Kollege malte einen Vorhang. Als sein Rivale dies sah, bat er ihn, den Vorhang zu lüften, damit er sein

Freske aus dem Haus der Livia (Gattin des Augustus) aus Primaporta.
Darstellung eines Gartens mit Hilfe der Lichtperspektive

Werk sehen könne. Worauf dieser seine Niederlage neidlos eingestand und seinem Kollegen sagte: «Mir ist es gelungen, einen Vogel zu täuschen. Du aber hast es fertiggebracht, selbst einen Künstler hinters Licht zu führen.» Ein anderer Maler soll ein Pferd so naturalistisch dargestellt haben, daß richtige Pferde davor wieherten!
Der Maler *Arellius* hat den Göttinnen, die er malte, die Gesichtszüge seiner verschiedenen Geliebten gegeben, so daß man sie beim Betrachten seiner Werke zählen konnte.
Maler und erst recht Bildhauer genossen selbst in Griechenland ein weit geringeres Ansehen als etwa Philosophen, Dichter oder Naturwissenschaftler. In Rom muß ihre Lage eher

Kunst

noch ungünstiger gewesen sein. Nach *Plinius* wurden die Werke vergangener Epochen weit höher eingeschätzt als die zeitgenössischen. Von der griechischen Malerei besaß man eine Liste der Werke und ihrer Schöpfer, aber nicht die Bilder selbst. Bei den Römern war es umgekehrt: Bedeutende Kunstwerke sind erhalten, aber meist kennt man die Namen der Künstler nicht. Plinius nennt einen Maler *Ludius,* der die Häuser mit Landschaften, Hafenansichten und Hirtenszenen

Mosaik aus einem römischen Haus (Thermenmuseum)

ausstattete. Als Künstler der zahlreichen Bilder in der 140 Räume umfassenden Domus Aurea, dem goldenen Palast des Kaisers Nero, wird *Fabullus* genannt. In der römischen Malerei waren Thematik und Maltechnik griechisches Erbe, das ganz den Geschmack der verfeinerten römischen Gesellschaft prägte. Die Frische, die Kühnheit und ihr besonderes Kolorit waren Einflüsse aus der alten italischen Kunst (Italiker).

Die in Pompeji und Ercolano (Herculaneum) gefundenen Fresken geben Aufschluß über den anhaltenden Einfluß des Hellenismus, aber auch über die Entfaltung lokaler Kunst, die aus handwerklichen Strömungen hervorging.

Die Geschichtsschreiber weisen darauf hin, daß sich der griechische Idealismus des 5. Jahrhunderts grundlegend wandelte, als durch die imperialistischen Bestrebungen im Orient mit den Feldzügen *Alexanders des Großen* die universelle auf die Vernunft gegründete Lehre von der Schönheit durch eine vereinheitlichende ästhetische Auffassung ersetzt wurde. Das Platonische System der ideellen Urbilder wurde von einer neuen Tendenz – in der Nachahmung, Empfindung und Ausdruck im Vordergrund standen – abgelöst. Die Nachahmung war schon der erste Schritt zum Naturalismus und alldem, was gerade das römische Genie ausmacht, nämlich Wirklichkeitssinn, geschichtlicher Geist und eine Vorliebe für heroische Themen.

Das Hervorheben der ontologischen (Ontologie = Lehre des Seins) Einmaligkeit in den philosophischen Schulen am Ende der klassischen Zeit führte zur individuellen Darstellung des menschlichen Antlitzes.

Die römische Kunst ist aus dieser Individualisierung des Denkens hervorgegangen, aus der Suche nach einer besonderen Schönheit, die das Streben nach einer idealen Schönheit (Platon) ablöste.

Kunst

Gute alte Zeit?

Den Stadtplan der Metropole konnte man in der römischen Antike nur im Kopf haben. Die meisten Straßen hatten keine Namen. Auch gab es keine Straßenlaternen, die den Weg erhellten. Jeder Fremde war auf einen Führer angewiesen. Gehsteige gab es nur wenige. Und der Brauch, den Abfall auf die Straße zu werfen, machten den Straßenbenützer auch nicht sicherer. Dirnen lagen auf der Lauer. Das Verbrechen wucherte. Der Vorsichtige blieb nachts besser zu Hause. Nicht einfacher, bei Tag wie bei Nacht, war die Reise über Land. Der Vornehme benutzte ein Fahrzeug und ließ sich von Sklaven und Dirnen begleiten. Er mied die Gaststätten, die oft mehr Schmutz als Bequemlichkeit boten, oft sogar richtige Räuberhöhlen waren. Er schlief lieber im Wagen oder in einem am Straßenrand aufgestellten Zelt, am liebsten jedoch bei einem Freund. Die gesellschaftliche Institution des Hospitium verpflichtete zu Schutz und Gastfreundschaft.

Über der Masse mittelmäßiger Repliken und schlechter Kopien griechischer Porträts, die in römischer Zeit angefertigt wurden, hat man die wenigen geretteten griechischen Bronzeporträts oft vergessen. Vergleicht man die originale Produktion **römischer Porträtkunst** mit solcher Massenproduktion, so hebt sie sich durch ihre Eindringlichkeit und Frische ab. Das moderne Interesse an der etruskischen Kunst verführte zu dem Glauben, in ihr sei die Vorstufe der römischen Porträts zu finden. Dabei müssen wir feststellen, daß vor der Mitte des 4. Jahrhunderts vor Christus – also bevor in Griechenland in verstärktem Maß genaue Porträts geschaffen wurden – in der etruskischen und italischen Kunst kein einziges physiognomisch getreues Porträt zu finden ist. Erst später bringt eine zunehmende Charakterisierung zum Lebendigen hin in der etruskischen Kunst häufig einen vermeintlich individuel-

Kunst

Grabporträt eines römischen Ehepaares (Thermenmuseum)

len Ausdruck mit sich. Dennoch sind diese Darstellungen keine eigentlichen Porträts, sondern nichts weiter als menschliche «Typen»: Jünglinge, Greise, Mädchen und Matronen. In den sehr seltenen Fällen, die man als wirkliche Porträts ansehen kann, ist ein hellenistischer Einfluß offensichtlich.
Zu den unter mittelitalischem Einfluß (etruskisch-italisch) stehenden Schöpfungen gehört der berühmte *Brutus* aus dem Konservatorenpalast, zweifellos ein öffentliches Ehrenporträt. Das typisch römische Porträt der republikanischen Zeit hingegen entstand in der privaten Sphäre – genauer: im Bereich des Familienkultes – weniger der Totenverehrung, wenn es auch auf das für ein Grab bestimmte Bild Einfluß gewinnt. Eine nicht zu unterschätzende Bedeutung hatte vor allem für

die naturalistische Gestaltung des Porträts auch der Kult mit der **Totenmaske.**

Die Toten wurden zu Grabe getragen, dabei begleiteten sie die Lebenden der Sippe, und Schauspieler trugen Wachsmasken schon früher Gestorbener der Verwandtschaft vor dem Gesicht, um sie so darzustellen. Diese Masken bewahrte man in einem dazu bestimmten Schrein im Hause auf.

Sechstes Jahrhundert vor Christus: Die Servianische Mauer wird gebaut

Der Sage nach hat schon Romulus auf dem Palatin die erste Mauer Roms errichtet. Später waren Mauern und Tore bei Etruskern und Italikern Symbole städtischer Unabhängigkeit und repräsentierten im römischen Weltreich Macht und Ordnung des Imperiums. Mitte des 6. Jahrhunderts vor Christus hat der etruskische König *Servius Tullius* (von dem auch die Servianische Verfassung stammen soll) die nach ihm benannte **Servianische Mauer** bauen lassen. Die heutigen Mauerreste gehen aber auf das 4. Jahrhundert vor Christus zurück. 378, nach dem verheerenden Galliereinfall, wurde der Neubau der Mauer in der heute zum Teil noch erhaltenen Form beschlossen. Die Arbeiten dauerten bis 353. Die Mauer umgab die sieben Hügel, Kapitol, Quirinal, Viminal, Esquilin, Caelius (den sie überquerte), Aventin und Palatin. Sie war etwa elf Kilometer lang, zehn Meter hoch, knapp vier Meter breit und hatte 15 Tore. Sie wurde mit Tuffsteinquadern aus der Grotta Oscura (bei Veio) gebaut. Pincio, Gianicolo und Vatikan lagen zu der Zeit ganz deutlich außerhalb der Stadt, ebenfalls Trastevere, das zum Gebiet des etruskischen Veio gehörte.

Reste der Servianischen Mauer sind unter anderem beim Bahnhof Termini und auf dem Aventin zu sehen.

Die sieben Hügel und ein Teil des Tiberufers beim heutigen Forum Boarium (Marcellustheater) wurden im 14. Jahrhundert schon besiedelt. Die Niederungen, besonders die Gegend um das Forum, waren sumpfig und eigneten sich nicht als Baugrund. Als die Etrusker in Rom die Macht übernommen hatten (625 vor Christus), entwässerten sie das Land zwischen den Hügeln mit Hilfe eines großen Abzuggrabens, der **Cloaca Maxima,** die noch heute funktioniert. Durch Entsumpfung des Landes wurde es zuerst brauchbar als gemeinsame Weide des Viehs. Nach und nach entstanden Kultgebäude und andere die Gemeinschaft verbindende Stätten: So entstand das Forum.

Im Jahr 575 wurde die Stadt durch Tarquinius Priscus nach etruskischem Ritual gegründet. Es folgten die Grundsteinlegung des Jupitertempels auf dem Kapitol und der Bau des *Circus Maximus* (die große Rennbahn am Fuß des Palatins). Die heute noch sichtbaren Mauern scheinen jedoch nicht vor dem 2. Jahrhundert errichtet worden zu sein.

Die Regierung zur Zeit der Republik

Die zwei wichtigsten Epochen römischer Geschichte – Republik (5. bis 1. Jahrhundert vor Christus) und Kaiserzeit (1. vor bis 5. Jahrhundert nach Christus) – umfassen rund 1000 Jahre. Seit Einführung der Republik um 510 vor Christus standen zwei **Konsuln** an der Spitze der Regierung. Sie ersetzten den früheren König. Es waren zwei, damit sich die Macht nicht auf eine Person konzentrierte. Sie waren auf ein Jahr gewählt

Republikanische Zeit

und hatten während dieser Zeit praktisch monarchische Gewalt: Sie herrschten unumschränkt im richterlichen, administrativen und militärischen Bereich.

Der **Senat** (senes), ursprünglich eine «Versammlung der patres», der Patrizier, der Alten aus dem Adel, wurde immer aus einigen wenigen Familien gewählt. Die Konsuln legten der Volksversammlung kein Gesetz vor, ohne vorher den Senat befragt zu haben. Die **Volksversammlung** (comita) wurde aus den Zenturionen (Hundertschaften) des Heeres gewählt. Der Abgeordnete (Zenturio) war aber nicht als einzelner, sondern als Vertreter seiner Heereseinheit im Rat. Das gesamte Volk wurde auf 193 Zenturien verteilt. Die militärische Ausrüstung, deren Kosten jeder selbst zu tragen hatte, entsprach dem Vermögen jedes einzelnen und damit der ihm auferlegten Steuereinschätzung. Die Reichen setzten sich zusammen aus 18 Reiterzenturien und 80 Zenturien der Schwerbewaffneten, alles in allem waren es also 98 Abgeordnete. Demgegenüber standen die 90 Zenturionen Leichtbewaffneter, zwei Einheiten der Trompeter und Hornbläser, zwei der Schmiede und Zimmerleute und eine der Besitzlosen. Da die Abstimmung also stets 98 zu 95 zugunsten der Reichen ausging, brauchten die 95 Delegierten der Leichtbewaffneten, die aber den größten Teil des Volkes hinter sich hatten, nicht zur Abstimmung zu gehen.

Um dieser Benachteiligung des Volkes entgegenzuwirken, konnten die 35 Stadtbezirke (tribus) – sie stellten die große Mehrheit der Bevölkerung – **Volkstribune** wählen. Anfänglich zwei, später zehn dieser Beamten konnten nun das Volk gegen staatliche Übergriffe durch ihr *Veto* (ich verbiete) schützen. Sie bildeten ein demokratisches Gegengewicht zur *timokratischen* (nach Rang abgestuften) Staatsordnung. In der Kaiserzeit wurde das Volkstribunat wieder zurückgedrängt.

Vom mündlich überlieferten Recht zum Zwölf-Tafel-Gesetz

Seit 450 vor Christus gab es das Zwölf-Tafel-Gesetz. Vorher hatte es nur mündlich überliefertes Recht gegeben, was sich besonders ungünstig für die wirtschaftlich Schwächeren, die **Plebejer** (plebs = Volk) auswirkte. Eine Kommission wurde zu den Griechen entsandt, damit sie deren Gesetzgebung studiere. Es wurde ein Rat von zehn *Weisen* eingesetzt, die die Gesetze auf zwölf Tafeln formulierten. Davon sind nur noch Bruchstücke erhalten. Wir wissen aber, daß die Aufzeichnung Privatrecht, Strafrecht, Sakralrecht und Prozeßrecht einschloß. Die Plebejer empfanden es als Diskriminierung, daß ihnen die Heirat mit **Patriziern** verboten war. Auch das höchste Staatsamt, das Amt des Konsuls, blieb diesem untersten Stand versagt. 367 vor Christus wurde durch die *Licinisch-Sextischen Gesetze* bestimmt, daß jeweils einer der beiden Konsuln Plebejer sein müsse. Zur Versöhnung mit den Patriziern wurde der Konkordiatempel am Kapitol gebaut.

Bedenke, daß du nur ein Mensch bist

Eine wichtige Rolle spielte im alten Rom der **Triumphzug,** den man als eine Art staatlichen Kult oder Ritus bezeichnen könnte. Er dauerte anfänglich einen Tag, später zwei bis drei Tage. Der Zug begann auf dem Marsfeld, an dessen Kultstätten Opfer dargebracht wurden. Durchs Forum Boarium, den Circo Massimo, am Palatin vorbei zog man zur Ostseite des

Brief an die
Margarete
Oehme
TV
Kartoffelwochen
Singe-
abend
Konfi-
Konvent Joachim
Was? Puh, kaum zu glauben das
es dieses Jahr somit
Stativnetz Konvent, Singen
TV,
Zahlkarte

Do 18.9.
14 Stadt-
Kirche neuer
14:1
Theater-
Landes Kito

muss 1820, noch mit

Hand einer Kolossalstatue Konstantins des Großen
(Konservatorenpalast)

Forums, das man auf der Via sacra überquerte, um endlich zum Kapitol aufzusteigen.

An der Spitze des Zuges trug man große Bilder der eroberten Städte und Schlachtdarstellungen sowie Geschenke an den Triumphator – zur Zeit der Republik der Konsul, in der Kaiserzeit der Kaiser. Es folgten die Opfertiere und die Musik (Tubahörner) und die *Liktoren* (Amtsdiener); die *Fasces* (Machtzeichen, Rutenbündel mit Beil) waren mit Lorbeer geschmückt und wurden von Sklaven mitgetragen. Es folgten die hohen Beamten und der Senat. Geiseln und Kriegsgefangene kamen hinterher, die Karren mit der Kriegsbeute schlossen sich an. Als Höhepunkt kam der Wagen des Triumphators. Er trug eine purpur- und goldverzierte Toga. Ein Lorbeerkranz schmückte sein Haupt, das Gesicht war mit Mennige eingefärbt. So stellte er Jupiter dar, dem die eigentliche Feier galt. Der Triumphator hielt in der rechten Hand ein Elfenbeinzepter, in der linken einen Lorbeerzweig. Neben ihm stand außer seinen Kindern auch ein Sklave, der ihm die Krone über das Haupt hielt. Wenn die Menge dem Kaiser zujubelte, ermahnte ihn der Sklave: «Bedenke, daß du nur ein Mensch bist.» Die Soldaten sangen Loblieder auf den Feldherrn, dazwischen oft auch Spottlieder, die dem römischen Sinn für Satire entsprachen und ursprünglich wohl Dämonen fernhalten sollten.

Bevor der Zug das Ende des Forums erreichte, hielt er an; die Gefangenen wurden im Mamertinischen Kerker – dem vielleicht ältesten Bauwerk Roms, gelegen am Osthang des Kapitols – abgeladen. Wenn ihre Hinrichtung gemeldet war, begannen die Feiern im kapitolinischen Jupitertempel. Nun übergab der Triumphator den Lorbeerkranz dem Gott, dem eigentlichen Sieger. Es folgten das Opfer und das Dankgebet für Jupiter.

Zwei Jahrtausende am Tiber

37 Wasserweg und Stadtgraben
43 Ein Friedhof für Kostbarkeiten
44 Trinkwasser und Sintfluten
50 Stadt der acht Häfen

Wasserweg und Stadtgraben

Im Jahre 168 fuhr der erbeutete Fünfdecker des Perseus von Mazedonien mit dem gefangenen König an Bord bis nach Rom hinein. Rom war damals der einzige große Flußhafen des Mittelmeers. Plinius sagt: «Kein anderer Fluß war vorhanden, der die Erzeugnisse des ganzen Universums hätte transportieren können.» Er nennt den Tiber den gefälligsten Vermittler aller Dinge der Welt. Und Älius Aristides schreibt: «Wer alles sehen will, muß durch die ganze Welt reisen – oder nach Rom kommen», dank dem Tiber, der Menschen, Waren und Schätze der ganzen im Imperium Romanum zusammengeschlossenen Welt nach Rom trug. Zur Zeit der großen Herbstregen und der Schneeschmelze ist der Fluß auch heute noch so breit, tief und mächtig wie vor 2000 Jahren. Alljährlich mißt man um diese Zeiten einen Wasserstand von 13 oder 14 Metern, der auch größeren Seeschiffen erlauben würde, in Rom zu ankern. Der wichtigste Nebenfluß des Tiber ist der

Ponte Molle, die Milvische Brücke

Aniene. Er kommt aus den Abruzzen, treibt in Tivoli ein großes Kraftwerk an, stürzt über die berühmten *Kaskaden der Villa d'Este in Tivoli* und sucht sich durch die Campagna seinen kurvenreichen Weg. Auch er ist zweimal im Jahr ein reißender Strom, der dem Tiber ungeheure Wassermengen zuträgt. Die Wasser der Toskana, Umbriens, Latiums und teilweise der Abruzzen vereinigen sich so im Tiber.

Beim *Ponte Molle,* oder *Ponte Milvio,* tritt der Fluß in Rom ein, jener Brücke, in deren Nähe am 28. Oktober 312 Konstantin I. seinen Gegner Maxentius in der Entscheidungsschlacht schlug. Keine drei Kilometer stromab von der Milvischen Brücke ragt Kaiser Hadrians Mausoleum, die Engelsburg, Gegenstück zum Mausoleum des Augustus, schräg gegenüber auf dem andern Tiberufer. Tiberaufwärts kamen die Feinde. Im Jahre 537 erschien König Vitigis mit seinen Goten

Der Tiber mit der Engelsburg, dem Mausoleum des Kaisers Hadrian, und Sankt Peter

Stadtmauern und antike Bauwerke zur Zeit Konstantins

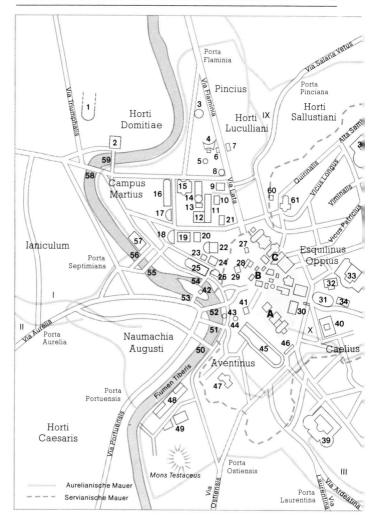

Stadtmauern und antike Bauwerke zur Zeit Konstantins 41

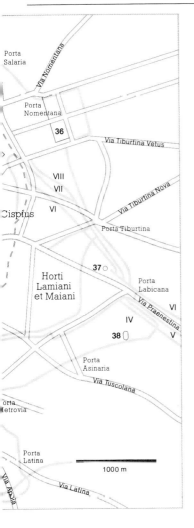

1 Hippodrom (Gaianum)
2 Mausoleum des Hadrian
3 Mausoleum des Augustus
4 Sonnenuhr des Augustus
5 Säule des Antoninus Pius
6 Friedensaltar des Augustus
7 Sonnentempel
8 Säule des Mark Aurel
9 Tempel des Hadrian
10 Isis-und-Serapis-Tempel
11 Saepta Julia
12 Thermen des Agrippa
13 Neptunsbasilika
14 Pantheon
15 Thermen des Nero
16 Stadion des Domitian
17 Odeon
18 Pompejustheater
19 Portikus des Pompejus
20 Republikanische Tempel
21 Porticus Divorum
22 Theater und Krypta des Balbus
23 Portikus des Filippus
24 Portikus der Octavia
25 Circus Flaminius
26 Marcellustheater
27 Juno-Monete-Tempel
28 Tabularium
29 Jupitertempel
30 Konstantinsbogen
31 Kolosseum
32 Thermen des Titus
33 Thermen des Trajan
34 Palestra der Gladiatoren ▶

und schloß die Stadt ein. Der byzantinische Feldherr Belisar, der im Jahr zuvor Rom besetzt und die Herrschaft von Byzanz in Italien eingeleitet hatte, schlug von der Engelsburg aus die Belagerer ab. Damals sind die herrlichen Kunstwerke des Hadrianmausoleums zugrunde gegangen. Die byzantinischen Verteidiger zerschlugen sie, um sie als Wurfgeschosse gegen die Goten zu benutzen, welche die Festung auf Sturmleitern erklommen. Später hat man in den tiefen Gräben um die Engelsburg viele solcher unersetzlicher Bruchstücke gefunden.

35 Diokletiansthermen
36 Pretorianerkaserne
37 Nymphäum der Gärten des Licinius
38 Amphitheater
39 Caracallathermen
40 Tempel des Claudius
41 Bogen des Ianus Quadrifrons
42 Äskulaptempel
43 Rundtempel
44 Herkulestempel
45 Circus Maximus
46 Septizodium des Septimius Severus
47 Thermen des Decius
48 Portikus Emilius
49 Magazine
50 Ponte di Probo
51 Ponte Sublicio
52 Ponte Emilio
53 Ponte Cestio

54 Ponte Fabricio
55 Ponte Aurelio
56 Ponte di Agrippa
57 Militärhafen
58 Ponte di Nerone
59 Ponte Elio
60 Serapistempel
61 Konstantinsthermen

Aquädukte

I Acqua Alsietina
II Acqua Traiana
III Acqua Antoniniana
IV Aniene Nuovo
V Acqua Marcia *Tepula Julia*
VI Aniene Vecchio
VII Acqua Marcia
VIII Acqua *Tepula*
IX Acqua Vergine
X Acqua Claudia

Ein Friedhof für Kostbarkeiten

Ein Schweizer Gelehrter hat einmal das Flußbett des Tiber *einen einzigen Friedhof für Statuen* genannt. Aber er ist es nicht nur für Statuen. Seit die Verteidiger der Engelsburg ihre kostbare Munition verschossen haben, zählt eine lange schwarze Chronik die Verbrechen der Eroberer auf. Immer wieder haben die Römer zahlreiche Kostbarkeiten im Fluß versenkt, damit sie nicht den Plünderern in die Hände fielen. Und der Fluß hat sich als treuer Bundesgenosse erwiesen. Die Vandalen unter Geiserich wollten im Jahre 455 nach einer furchtbaren Plünderung auf dem Tiber ihre Beute wegschaffen. Am Ufer der Marmorata, zu Füßen des Aventins, lagen ihre Schiffe vertäut, auf die sie die erbeuteten Schätze schleppen ließen. In *Ostia* sollten sie dann auf große Seeschiffe umgeladen und nach Karthago gebracht werden. Aber der Tiber hatte es anders im Sinn, die Schiffe waren überladen, viele von ihnen kenterten und ruhen nun mit allen Schätzen auf dem Grund. Der Legende nach befindet sich darunter auch der große, goldene, siebenarmige Leuchter aus Salomos Tempel zu Jerusalem, der nahe beim *Ponte Rotto* versunken sein soll. Vielleicht ist es derselbe, dessen steinernes Bild wir im Titusbogen sehen.

Während der großen Pest von 291 vor Christus, die durchaus der realen Geschichte angehört, befragten die verängstigten Römer die Sibyllinischen Bücher und schickten ein Schiff aus, um aus dem weltberühmten Heiligtum des Asklepios zu Epidaurus eine Schlange, eine der heiligen Schlangen des Gottes, zu holen. Nach des Schiffes Rückkehr entschlüpfte das Tier und schwamm zur Insel. Darauf hat man hier ein neues Asklepiosheiligtum gebaut, das dem griechischen Epidaurus Konkurrenz machte. Griechische Ärzte heilten hier nach geheimnisvollen Methoden. Ein ägyptischer Obelisk bildete den Schiffsmast der Insel. Im 16. Jahrhundert stürzte er ein. In einem Münchner Museum steht ein Bruchstück, das König Ludwig von Bayern dorthin bringen ließ.

Trinkwasser und Sintfluten

Zu den Gestalten, die mit der Tiberinsel und ihrem Heiligtum eng zusammenhängen, gehört der um die erste Jahrtausendwende auf dem Aventin residierende Kaiser *Otto III.,* der Sohn Ottos II. und der Byzantinerin Theophano. Von Kind auf schwächlich und kränklich, besuchte er die Insel oft, um dort Heilung zu finden. Über den Resten des Asklepiostempels baute er die Kirche San Bartolomeo, die 1557 durch Hochwasser zerstört und 1624 neu gebaut worden ist. In seinen byzantinischen Gemächern träumte Otto III. davon, Rom zur Hauptstadt des Reiches, zur Hauptstadt der Welt zu machen. Aber die Römer wollten nicht. Sie haßten, sie vertrieben ihn – und aus Rache zerstörte er die antiken Wasserleitungen rings um die Stadt. Was das bedeutete, ist leicht zu erkennen, wenn man sich erinnert, daß Rom zur Zeit seiner Hochblüte über Aquädukte täglich 700 000 Kubikmeter berühmt guten Wassers bezog. Die unzähligen Brunnen vertrockneten, die großen Thermen lagen verödet. Wenn die Römer Wasser trinken oder sich und ihre Wäsche waschen wollten, konnten sie es nur aus dem Tiber holen. Uns schaudert es heute bei dem Gedanken, dieses «schmutzige» Flußwasser zu trinken.

Die Wasserträger bildeten im Mittelalter eine eigene Zunft, sie trugen oder fuhren das Tiberwasser zu den großen Zisternen der Stadt, dort lagerte es fünf, sechs Tage lang, bis der

Brunnen bei der Kirche Santa Sabina auf dem Aventin

Kalk sich gesetzt hatte, und dann wurden Esel mit drei Fäßchen links, drei Fäßchen rechts beladen und durch die Stadt geführt. Die Verkäufer waren meist Frauen. Und zu den Konsumenten zählten sogar die Päpste. Clemens VII. zum Beispiel nahm sich, als er zur Hochzeit seiner Nichte Katharina von Medici nach Marseille segelte, einige Fässer Tiberwasser mit, und die Oratorianer aus dem Orden des römischen Stadtheiligen Filippo Neri tranken in ihrem Kloster noch im 19. Jahrhundert nur Tiberwasser...

Die Hochwasser des Tiber bilden seit mehr als 60 Jahren keine Gefahr mehr. Früher haben die Überschwemmungen ganz entsetzlich gewütet. Durch viele Jahrhunderte war Rom die Stadt der Sintfluten. Im Altertum hatte das Tiberbett ungefähr sein heutiges Niveau, die Fundamente der alten Brücken beweisen es. Aber das Tibertal und der ganze Bezirk, in dessen Mittelpunkt etwa das Pantheon steht, lagen fünf bis acht Meter tiefer. Also brauchte der Tiber nur wenig zu steigen, um eine Sintflut auszulösen. Aber er stieg zuzeiten bis zu 18 Meter. Diese periodischen Überschwemmungen waren wohl der Grund, warum die Latiner – oder die Etrusker – die erste Stadt auf den Hügeln anlegten und warum das Marsfeld, also das Gelände der mittelalterlichen päpstlichen Stadt, so lange sumpfig und unbebaut dalag. Erst um Christi Geburt herum begann man dort Häuser zu errichten.

Der Tiber hat einmal seinen Lauf geändert, man weiß nicht wie und warum. Ursprünglich machte er nicht den großen Bogen von der Engelsburg bis zur Insel, sondern floß von der Engelsburg in der Richtung des Pantheons. Das ganze Viertel zwischen der heutigen Piazza del Popolo und dem Kapitol stand oft meterhoch unter Wasser. An vielen Stellen der Stadt bezeichnen Wassermarken den hohen Stand der Fluten. Rom muß wie Venedig ausgesehen haben, nur daß die Häuser, statt auf Inseln, im Wasser standen.

Die Bevölkerung, die in die oberen Stockwerke flüchtete, blieb oft tagelang ohne Lebensmittel. Viele Menschen hat das Hochwasser das Leben gekostet – 1230 zählte man 7000 Ertrunkene. 1465 kam das Hochwasser so plötzlich, daß die im Konsistorium vereinten Kardinäle kaum noch über die Engelsbrücke flüchten konnten. Damals ertranken alle Gefangenen im Gefängnis *Tor di Nona* am Tiberufer. 130 Jahre später riß der entfesselte Strom das Geländer der *Engelsbrücke* fort und brachte den uralten *Pons Palatinus* zum Einsturz; unterhalb der Tiberinsel steht heute noch seine Ruine, die seitdem *Ponte Rotto* heißt, zerbrochene Brücke. Am furchtbarsten war die Hochflut Ende 1870, drei Monate nach dem Einzug Viktor Emanuels II. 17,5 Meter hoch stieg der Tiber, die Säulen des Pantheons standen zu einem Drittel im Was-

Tiber

Brunnen an der Via della Conciliazione

ser. Pontons der Pioniere versorgten die Einwohner mit dem Nötigsten. Der Schaden in den unzähligen Läden am Corso und in der Altstadt war unermeßlich. «Am 28. Dezember», berichtet Ferdinand Gregorovius 1870, «trat der Tiber mit furchtbarer Gewalt aus und setzte halb Rom unter Wasser. Die Flut stieg plötzlich um fünf Uhr morgens; bald bedeckte sie den Corso und drang durch die Via Babuino gegen den Spanischen Platz vor. Seit 1805 hatte keine Tiberüberschwemmung eine gleiche Höhe erreicht.

Das Getto, die Lungara, die Ripetta haben damals stark gelitten. Der Anblick der Straßen, worin Kähne fahren wie in Venedig, war seltsam; die Fackeln und Lichter werfen auf das Wasser breite, spiegelnde Reflexe. Aus den Häusern schrie man verzweifelt nach Brot...»

Nun endlich beschloß man, das uralte Ungeheuer durch große Travertinkais zu bändigen. Noch während der Arbeiten kam eine neue Sintflut. 250 Meter der Kaimauern stürzten ein. Schiffbar ist der Fluß heute bis zur Tiberinsel; gelegentlich wird er von Regattabooten und auch von Touristikmotorbooten befahren.

Als *Vitigis* 537 Rom belagerte, tat er das, was rund 500 Jahre später noch einmal Otto III. getan hat: er unterbrach Aquädukte. Damit waren auch die mit Wasserkraft betriebenen Mühlen in der Stadt lahmgelegt. Das organisatorische Genie, der große *Belisar,* der die Stadt verteidigte, ersann damals die Mühlen auf dem Tiber, deren Räder durch die Strömung angetrieben wurden.

Bei der Kanalisierung hat man große Fehler gemacht und dem Flußbett eine gleichbleibende Breite von 100 Metern gegeben, was zu Versandungen geführt hat. Der Traum Garibaldis, aus Rom wieder eine Seestadt zu machen und ihm seine einst berühmte Ripa Grande wiederzugeben, hat sich leider

Tiber

Toga, Tunika und Stola

In der Öffentlichkeit trug der freie Römer die Toga, ein rund neun Quadratmeter großes Stück ungefärbten Wollstoff. Sie umgab ihn mit Würde. Die Toga der Senatoren war mit Purpur gesäumt, die Ritterklasse wurde durch einen schmalen Purpurstreifen gekennzeichnet. Unter der Toga trug der Römer die Tunika, ein Wollkleid, das zugleich als Nachthemd diente. Kaiser Augustus, der zu Erkältungen neigte, trug nicht weniger als vier Tuniken übereinander. Nur Arbeiter trugen einen Hut. Jedermann bekleidete seine Füße mit Sandalen, die nur bei schlechtem Wetter oder bei feierlichen Anlässen durch schweres Schuhwerk, ähnlich unserem heutigen, ersetzt wurden. Die Stola der Frauen war ein langes Kleid, das sie als äußere Tunika über einer unteren in der Taille gürteten. Außer Haus kam noch ein rechteckiger Mantel dazu. Römische Damen benutzten Fächer und Schirme, Spiegel und Kämme, und ihre Frisuren wurden nach dem ersten Jahrhundert immer kunstvoller.

---

nicht erfüllt. Nicht nur der Wasserstand verhindert es. Auch die Tibermündung bei *Ostia* ist versandet. Und schließlich gibt es in Rom keine Lande- und Lagerplätze mehr. Rom hat als Seestadt abgedankt. Dabei hat es auch als Hafenstadt eine glänzende Vergangenheit. Der Fluß spielte in der Stadt von ehemals eine lebenswichtige Rolle. Ein senatorischer Beamter (Konsular) war mit seiner Verwaltung beauftragt, der *Curator alvei et riparum et cloacarum urbis,* also der Aufseher über die Ufer und die Abwasser, später die Präfekten und Präsidenten der Ufer. In seinen Häfen kam alles zusammen, was die Weltstadt an Gütern benötigt: Getreide, Wein, Öl aus allen Mittelmeerländern; Wolle aus Spanien; Seide, Leinen, Teppiche aus Alexandrien; Fische aus dem Schwarzen Meer; medizinische Gräser aus Afrika und Sizilien; Diamanten und andere Edel-

Aqua Antoniana. Aquädukt an der Via Appia

steine aus Ostindien; Marmor aus Asien und Afrika; Edelhölzer von den Küsten des Atlantischen Ozeans. Von alldem waren die *Horrea,* die Magazine, und die *Emporia,* die Märkte, übervoll. Vom Verkehr auf dem Tiber lebte ein großer Teil der Bevölkerung, der sich, ganz wie heute, in Gewerkschaften organisiert hatte; Reeder, Schiffsbauer, Bootsleute, Stauer.

Stadt der acht Häfen

Der Tiber war so belebt, daß es in Roms Glanzzeit nicht weniger als acht Häfen an seinen Ufern gab. Sie begannen unterhalb der Tiberinsel mit dem Hafen *Ripa Grande* und endeten bei Porta del Popolo etwa mit dem *Holzhafen.*

Den architektonisch schönsten und interessantesten kennen wir von einem Stich Piranesis. Es ist der *Ripetta-Hafen,* der gegenüber dem heutigen Justizpalast lag: Clemens XI. hat ihn bauen lassen aus den Steinen eines Kolosseumsbogens, der beim Erdbeben von 1703 zusammengestürzt war. Eine großflügelige Treppe führte zum Fluß hinunter. Ein kleiner Leuchtturm inmitten der weiten Anlage leuchtete nachts den Schiffen. Er leuchtete auch Goethe, wenn er abends die blonde Magdalena Riggi besuchte, die «schöne Mailänderin» seiner *Italienischen Reise.* Den spanischen Wein, den die beiden so gern tranken, ließ Goethe oder vielmehr Signor Filippo Moeller, wie sein Pseudonym in Italien lautete, von einem der Schiffe im Hafen holen.

Ein Jahrhundert noch nach Goethes römischem Aufenthalt hat der schöne Hafen Roms existiert, ehe er mehr und mehr verödete. Als die große Tiberregulierung kam, verschwand er, wie das ganze reizvoll-charakteristische Bild der Tiberufer mit ihren Wiesen, Weingärten, Osterien, ihren bis dicht an den Fluß herangerückten Häusern, Türmen und Palästen.

Wenn das Wasser unter der letzten der 14 Brücken hindurchgeflossen ist, erlöschen die Lichter. Noch 40 Kilometer weit wälzt sich der Fluß in vielen Krümmungen durch die römische Campagna. Zur Regenzeit und zur Zeit der Schneeschmelze in den Bergen Umbriens setzt er noch einmal die Ufer unter Wasser und wird breit, mächtig wild – wie in seinen großen Tagen, als hier die Flotten stromaufwärts zogen, um den unersättlichen Magen der Millionenstadt zu füllen. – Er fließt vorbei an den Ruinen des alten *Ostia,* das mit seinem internationalen Völkergemisch großer Stapelplatz für Waren aus aller Welt war. Dort begann damals das Meer. Heute hat der Fluß sein flaches Delta um drei Kilometer nach Westen vorgeschoben, und seine Mündung ist kanalisiert.

Brennpunkte des antiken Lebens

52 Die Foren und ihre Geschichte
54 Rundgang durch das Forum Romanum
80 Das Kolosseum: Gladiatoren- und Tierkampf
87 Das Pantheon: Inbegriff architektonischer und geistiger Vollkommenheit
90 Die Engelsburg: Kaisergrab, Festung, Staatsgefängnis
98 Die Thermen: Körperpflege, Sport, Spiel und Klatsch

Die Foren und ihre Geschichte

Als die Menschen auf den römischen Hügeln noch in Lehmhütten wohnten, war das **Forum** ein Tal dazwischen, das alle gemeinsam nutzten. Es lag ursprünglich außerhalb *(fuori)* der Siedlung, wie der Name sagt. Als die Etrusker die Stadt gründeten, muß einer der ersten Bauten die große Drainage im Gebiet des Forums gewesen sein: die **Cloaca Maxima.** Durch die Entsumpfung wurde das Tal im 7. Jahrhundert vor Christus allmählich zum gemeinsamen Weideland, zu einer Allmende. Schon in voretruskischer Zeit entstanden erste Grabstätten und Kultbauten. So fand man einen archaischen Friedhof, und aus dieser Zeit stammen auch das *Vulcanal* (Altar des Gottes Vulcanus) und der Altar der *Venere cloacina* sowie das *Grab des Romulus,* das aber wahrscheinlich eine Kultstätte war. Im 6. Jahrhundert vor Christus bauten die

Die Foren 53

Etrusker den Jupitertempel auf dem Kapitol. Die *heilige Straße* entstand. Viele Jahrhunderte hindurch zogen Triumphzüge durchs Forum zum Jupitertempel. Im Laufe der Zeit drängten sich immer mehr Gebäude, die für die Bevölkerung von zentraler Bedeutung waren, auf engem Raum zusammen – das Forum war zum «Nervenzentrum» des Staates geworden. Dort lagen Tempel und Opferstätten, Siegesmonumente, Triumphbögen, das erste Parlament, Gerichtsgebäude, Märkte, Rednertribüne, Staatsarchiv, Gefängnis, das Vestalinnenkloster mit dem immerbrennenden Feuer, der Nabel der Stadt und der goldene Meilenstein.
Schon zur Zeit des ersten Kaisers (Augustus, 63 vor bis 14 nach Christus) genügte der Platz auf dem Forum nicht mehr für all die Gemeinschaftsmonumente und -bauten, die zum Teil auch aus dem ehrgeizigen Streben der einzelnen Kaiser entstanden. In der späten Kaiserzeit war das Forum ein dichtbebauter Stadtzentrumsplatz, mit vielen alten und neuen Bauwerken, und mittendurch führte die heilige Straße.

Auf dem Forum zeigte man sich täglich, wenn man bekannt sein wollte. Die Nachrichten vom Reich trafen hier ein. Jeden Tag rief zur Mittagsstunde ein eigens dazu eingesetzter Beamter die Zeit aus: «Meridium est.» Eine große Rolle im politischen Leben spielte die Rednertribüne. Jedermann konnte (in diesem patriarchalischen System allerdings wirklich nur die Männer) auf der Rednertribüne zum Volk reden. Auch die Arbeit wurde dort von den Herren den Taglöhnern vergeben. Jeder Wagenverkehr war auf dem Forumsgebiet untersagt. Nur für die Vestalinnen, die Hüterinnen des Feuers im Vestatempel, galt das Verbot nicht. Die Tradition dieses zentralen Platzes, auf dem sich das Stadtvolk zu politischer Diskussion, zur Information über das Geschehen in der Welt, zu Arbeitsentgegennahme, Geschäftsabschluß und Klatsch traf, finden wir auch heute noch in der «Piazza» der italienischen Stadt. Dieselbe Funktion hatte bei den Griechen die Agora.

Rundgang durch das Forum Romanum

Das Forum Romanum ist eine der wichtigsten archäologischen Fundstätten der Welt. Im 19. Jahrhundert begannen die Ausgrabungen, vorher hatte es jahrhundertelang als Kuhweide gedient.

Titusbogen. Zu Ehren Titus' nach der Unterwerfung Palästinas gebaut

(Die Zahlen in Klammern beziehen sich auf den Plan Seite 56/57.)

Die **Basilica Aemilia** (1) wurde 179 vor Christus im Auftrag der Zensoren Aemilius Lepidus und Fulvius Nobilior gebaut; 78 vor Christus ließ Ämilius Paulus sie umbauen, 14 vor Christus fiel sie einem Brand zum Opfer. Augustus baute das Gerichtsgebäude wieder auf. Im 5. Jahrhundert wurde der Bau wieder durch ein Feuer vollständig zerstört. Die erhaltenen Reste weisen auf einen einst prachtvollen Bau hin. Er war zweigeschossig und hatte einen doppelten, etwa 100 Meter langen Säulenumgang. An der Straßenseite war eine Reihe Verkaufsläden eingebaut.

Um 600 vor Christus baute König Tarquinius Priscus die Cloaca Maxima. Im 2. Jahrhundert vor Christus wurde sie überwölbt. An der Stelle, wo die Entwässerungsanlage von Nordosten her ins Forum eintritt, wurde die **Kultstätte der Venus Cloacina** (2) errichtet. Als Lebensgöttin war sie für den Schutz des entsumpften Bodens zuständig. Von dem ursprünglich aus einer Plattform mit zwei weiblichen Figuren bestehenden Heiligtum ist nur das Podium erhalten.

Die **Curia** (3), das Senatsgebäude, wurde in ihrer ältesten Form vom sagenhaften dritten König Tullus Hostilius gebaut. Diese Curia Hostilia wurde in republikanischer Zeit von Sulla erneuert und Jahrzehnte später nach einem Brand wiederaufgebaut. 283 nach Christus brannte die Curia nochmals vollständig aus und wurde von Diokletian nach den alten Plänen noch einmal neu aufgebaut. Im Mittelalter wurde sie in eine Kirche umgewandelt. Zwischen 1931 und 1937 hat man die zur Kirche gehörenden Mauern wieder entfernt.

Im Inneren der Curia findet man noch Spuren der Marmorverkleidung und einen prachtvollen Boden in *Opus sectile:* Geschnittene farbige Steine sind zu kunstvollen Ornamenten

Forum Romanum 56

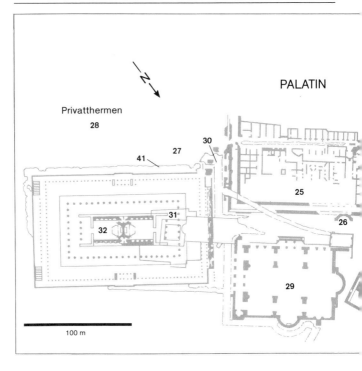

1 Basilica Aemilia
2 Kultstätte der Venus Cloacina
3 Curia
4 Komitium
5 Lapis niger
6 Decenniumsbasis
7 Triumphbogen des Septimius Severus
8 Umbilicus Urbis
9 Vulcanal
10 Rostra
11 Phokassäule
12 Latus Curtius
13 Miliarum Aureum
14 Saturntempel
15 Basilika Julia
16 Ehrensäulen
17 Tempel des Julius Cäsar
18 Regia
19 Vestatempel
20 Kastor-und-Pollux-Tempel
21 Lacus Juturnae

Forum Romanum

- 22 Tempel des Divus Augustus
- 23 Santa Maria Antiqua
- 24 Haus der Vestalinnen
- 25 Portikus Neros (Horrea Margaritaria)
- 26 Kleiner Bacchustempel
- 27 Tempel des Jupiter Stator
- 28 Privatthermen
- 29 Maxentiusbasilika
- 30 Titusbogen
- 31 Antiquarium
- 32 Tempel der Venus und Roma
- 33 Romulustempel
- 34 Archaische Nekropole
- 35 Tempel des Antonius und der Faustina
- 36 Mamertinischer Kerker
- 37 Kondordiatempel
- 38 Tempel des Vespasian
- 39 Portikus der Dei Consenti
- 40 Tabularium
- 41 Via Sacra

Forum Romanum

zusammengefügt. Seitlich sind die Stufen zu sehen, auf denen die Senatoren ihre Plätze hatten. An der Rückwand befanden sich eine goldene Viktoriastatue und ein kleiner Altar. Seit 1949 stehen in der Kurie zwei Marmorschranken, die zwischen dem Comitium und der Phokassäule gefunden wurden. Sie stammen nicht, wie ursprünglich angenommen, aus der Zeit Trajans, sondern aus der seines Nachfolgers Hadrian. Ein Ereignis aus der Zeit Trajans wird darauf geschildert: die *institutio alimentaria,* die die Versorgung armer Kinder durch den Staat regelte.

Auf der rechten Seite ist die Verbrennung der Schuldurkunden nach einem Schuldenerlaß Kaiser Hadrians aus dem Jahr 118 nach Christus dargestellt. Die Schrankenreliefs sind von großer Bedeutung, da sie uns ein Bild der Gebäude des Forums zur Zeit Trajans und Hadrians überliefern: Augustusbogen, Kastor-und-Pollux-Tempel, die Basilika Julia und Marsyasstatue mit dem Feigenbaum, der zusammen mit einem Weinstock und einem Olivenbaum im Forum gestanden hat. Auf der Rückseite beider Schranken sind die *suove-*

Korinthisches Kapitell
mit Akanthusblättern

Forum Romanum

taurilia zu sehen. *Sus* (Schwein), *ovis* (Schaf) und *taurus* (Stier) waren die Tiere, die der Ernährung des Volkes dienten. Nur sie wurden für die offiziellen Staatsopfer verwendet.

Das **Komitium** (4) war der Ort der Volksversammlung in früher republikanischer Zeit. Hier wurden die Volksvertreter gewählt. Eine halbkreisförmige Rostra wurde ausgegraben, die Vorgängerin der heute zum Teil noch erhaltenen aus der Zeit Cäsars. Der Platz war ursprünglich viel größer. Bei Ausgrabungen wurde auch ein Sitz gefunden, auf dem die Abgeordneten fremder Staaten Platz nehmen konnten.

Das Romulusgrab, der **Lapis niger** (5), ist ein schwarzer Marmorblock, unter dem nach alten Berichten das Grab des sagenhaften Stadtgründers Romulus liegen soll. Die Ausgrabungen von 1899 haben gezeigt, daß es sich tatsächlich um eine archaische Grab- oder Kultstätte handeln könnte. Der lateinische Text auf dem Stein konnte noch nicht übersetzt werden. Nur das Wort Rex (König) ist klar. Es könnte sich um einen Gesetzestext handeln, mit dem man die Profanierung des Ortes verhindern wollte.

Die **Decenniumsbasis** (6) entstand im Jahr 303 nach Christus zur Feier des zehnjährigen Regierungsjubiläums Diokletians und seiner drei Mitregenten. Das Hauptrelief zeigt den Kaiser beim Opfer; Viktoria bekränzt ihn, und der Kriegsgott Mars, dem das Opfer gilt, wird vom Genius des römischen Senats begleitet. Die Stadtgöttin Roma sitzt neben dem Kaiser. Zwei andere Seiten zeigen den Opferzug und die Opfertiere. Auf der Rückseite halten Siegesgenien die Glückwunschinschrift.

Der **Triumphbogen des Septimius Severus** (7) wurde 203 nach Christus von Volk und Senat dem Kaiser Septimius Severus und seinen Söhnen Geta und Caracalla zur Erinnerung an deren Sieg über Parther, Araber und Adjabener (Bewohner Sy-

riens) geweiht. Die Reliefs an den Basen der Säulen zeigen römische Soldaten mit orientalischen Gefangenen; Siegesgöttinnen sind in den Zwickeln der Hauptbogen zu sehen. Die kleinen Figuren darunter symbolisieren die vier Jahreszeiten. Die Reliefs über den seitlichen Durchgängen beziehen sich auf die Feldzüge gegen die Parther und Araber. Früher stand eine sechsspännige Bronzegruppe mit dem Kaiser und seinen Söhnen auf dem Bogen.
Umbilicus Urbis (8), der «Nabel der Stadt», war der symbolische Mittelpunkt Roms und des Imperiums.
Eine der ältesten Kultstätten aus der Königszeit ist das **Vulcanal** (9), der Altar des Vulcanus (Gott des zerstörenden Feuers).
Rostra (10) nennt man die «Rednertribüne» aus dem Jahr 44 vor Christus. Sie war drei Meter hoch, 24 Meter lang und zwölf Meter breit. Der Name kommt von den Schiffsschnäbeln, die hier am Vorgängerbau im Jahr 338 vor Christus nach dem Sieg der Römer bei Antium angebracht wurden.
608 nach Christus wurde die **Phokassäule** (11) zu Ehren des oströmischen Kaisers Phokas errichtet. Sie stammt aus einem Gebäude aus dem 1./2. Jahrhundert nach Christus. Auf dem Boden erinnert eine Inschrift, «L. NAEVIUS..... INU, S. PR.», daran, daß der Prätor Naevius Surdinus zu Zeiten des Augustus den Boden an dieser Stelle um 1,5 Meter erhöhen ließ.
Latus Curtius (12) ist ein eingezäunter Platz mit einer Metallplatte in der Mitte. Nach einer Legende soll sich an dieser Stelle im Jahr 362 vor Christus ein gewaltiger Erdspalt aufgetan haben. Das Orakel prophezeite, der Spalt werde sich erst schließen, wenn die Römer ihren kostbarsten Besitz hineinwerfen würden. Marcus Curtius, ein Jüngling adeligen Geschlechts, deutete das Orakel dahin, daß das höchste Gut

Forum Romanum

Blick auf den Triumphbogen des Septimius Severus, der im Mittelalter eine Festung der Frangipani gewesen ist

Saturntempel und Septimius-Severus-Bogen

Roms seine jungen Männer seien, und stürzte sich mit seinem Pferd in den Schlund, der sich sofort schloß.

Vom **Miliarum Aureum** (13) aus wurden alle Distanzen hinaus ins Römische Reich gemessen. Die Entfernungen der wichtigsten Städte waren in goldenen Lettern auf der Säule verzeichnet.

Der ursprüngliche Bau des **Saturntempels** (14) geht ins Jahr 498 vor Christus zurück. Die heute noch sichtbaren Reste stammen aus einem Bau des 4. Jahrhunderts nach Christus. Der Tempel dient auch zur Aufbewahrung des Staatsschatzes. Zwischen 55 und 44 vor Christus hat Julius Cäsar die **Basilika Julia** (15) errichtet. Das zweistöckige Gebäude bedeckte eine Fläche von 101 auf 49 Meter, es war Sitz der Justizverwaltung und Versammlungsort der *Centumviri*. Auf der Seite zur Via Sacra stand eine säulengestützte Vorhalle; sie war der Treffpunkt der Geschäftsleute. Über 100 eingeritzte Spieltafeln, *tabulae lusoriae,* weisen auf den Zeitvertreib mit Spielen hin. Vom Dach aus streute einst Caligula Goldmünzen unters Volk.

Die **Ehrensäulen** (16) sind sieben Steinbasen, auf denen früher Skulpturen von Römern standen, die sich um den Staat verdient gemacht hatten.

Unter Augustus wurde im Jahr 29 vor Christus der **Tempel des Julius Cäsar** (17) an der Stelle errichtet, wo 44 vor Christus die Leiche Cäsars verbrannt worden war; genau ist es der Altar in der Nische in der Mitte. Der Tempel stand auf einem Podium, das wieder aufgerichtet wurde. Einst war er, wie die Rostra, mit Schiffsschnäbeln geschmückt.

Der Legende nach soll die **Regia** (18) von Numa Pompilius, dem zweiten der sieben römischen Könige, gegründet worden sein. Dort wohnte der Herrscher, der gleichzeitig oberster Priester war. In republikanischer Zeit war die Regia Sitz des Pontifex maximus. Hier waren die *fasti consulares,* ein Verzeichnis der römischen Konsuln und Triumphzüge, angebracht (heute im Konservatorenpalast). Die Heiligtümer des Mars befanden sich im Innern mit den geweihten Speeren, die klirrten, wenn ein Krieg bevorstand. In der Regia lag auch der Raum der *obs consiva,* der Göttin der Gerichte. Nur der Pontifex und die Vestalinnen hatten Zugang zu diesen Räumen, in denen die Annalen verfaßt und aufbewahrt wurden.

Der älteste Bau des **Vestatempels** (19) geht auf Numa Pompilio zurück; er wurde mehrmals erneuert, zuletzt unter Julia Domna, der Frau des Septimius Severus (191). 1930 wurden die erhaltenen Teile wieder zusammengesetzt. Der Tempel barg das heilige Feuer der Vesta, der Göttin des Herdfeuers. Ein zentraler Rundbau war umgeben von 20 korinthischen Säulen, die mit Bronzegittern verbunden waren. Die Vestalinnen hüteten die Flamme, jede hatte acht Stunden Dienst. Wenn eine der Priesterinnen das Feuer ausgehen ließ, wurde sie ausgepeitscht. Brach sie das Keuschheitsgelübde, wurde sie in die Stadtmauer eingemauert.

Die älteste Form des **Kastor-und-Pollux-Tempels** (20) geht auf das Jahr 484 vor Christus zurück. Damals sollen Kastor und Pollux den Römern in einer Schlacht gegen die Etrusker am Regillussee zu Hilfe gekommen sein. Hier sollen sie ihren Sieg verkündet und an der angrenzenden Quelle der Nymphe Juturna ihre Rosse getränkt haben. Die heute erhaltenen Teile gehen auf Augustus zurück.

Der **Lacus Juturnae** (21) ist ein sechs Meter tiefes Becken, eine alte Quelle der Nymphe *Juturnae*. Auf dem Altar beim Becken sind auf einem Relief Kastor und Pollux, ihre Mutter *Leda* mit dem Schwan (Zeus) und eine Lichtgöttin mit Fackel dargestellt; dahinter ein Tempelchen aus augustäischer Zeit, das dem Kult der Nymphe gewidmet war. Fresken aus dem 8. und 9. Jahrhundert sind im angrenzenden *Oratorium der 40 Märtyrer* erhalten.

Der Name **Tempel des Divus Augustus** (22) ist falsch. Sehr wahrscheinlich war der «Tempel» ein Zugang zum Palast des Domitian auf dem Palatin.

---

65 Forum Romanum
66/67 Kolosseum
68 Fontana del Moro auf der **Piazza Navona**
69 Äskulappavillon auf dem **Pincio**
   Nymphäum im Garten der **Villa Giulia**
70 Pamphilipalast im Park der **Villa Doria**
71 Barockbrunnen im **Hof des Thermenmuseums**
72 **Tiberinsel**
   Marktszene

Forum Romanum 73

In die Räume einer Bibliothek oder eines Archivs wurde im 6. Jahrhundert die Kirche **Santa Maria Antiqua** (23) eingebaut, und im 9. Jahrhundert drohten die Ruinen des darüberliegenden Kaiserpalastes die Kirche zu begraben. Im 10. Jahrhundert wurde im Gelände des **Venus-und-Roma-Tempels** (32) die Kirche *Santa Maria Nuova* errichtet (heute *Santa Francesca Romana*).
Rund 300 Jahre später wurde sie aufgegeben und darüber *Santa Maria Liberatrice* gebaut, die im 18. Jahrhundert erneuert und ein Jahrhundert später wieder abgebrochen wurde, damit Santa Maria Antiqua ausgegraben werden konnte.
Die Priesterinnen der Vesta wohnten im **Haus der Vestalinnen** (24). Ihre Zimmer umgaben den Innenhof, das Peristyl. Die Bassins dienten zu kultischen Waschungen. Marmorstatuen der Priesterinnen säumen das Peristyl. Es fällt auf, daß am Sockel einer Statue die ganze Inschrift «ausradiert» ist. Eine auf 364 nach Christus datierte Inschrift auf einer anderen Basis beim Ausgang rühmt die hervorragenden Eigenschaften der Vestalin, verschweigt aber deren Namen. Er wurde ebenfalls später entfernt. Es könnte sich um die Vestalin Claudia handeln, die, nach einem Bericht des Prudentius, zum Christentum übergetreten war.
Der kleine **Bacchustempel** (26) war ein Rundtempel, von dem nur ein einziges Fragment übriggeblieben ist: ein Marmorblock mit Tänzerin.
Die **Maxentiusbasilika** (29) wurde von Maxentius 306 nach Christus begonnen und von Konstantin sechs Jahre später vollendet. Sie diente, wie alle vorangegangenen Basiliken, der Rechtspflege und dem Geschäftsverkehr; sie übertraf alle Vorgängerbauten an Größe und an Kühnheit der Konstruktion. Eine weite Halle, durch vier Pfeiler in drei Schiffe geteilt, bedeckte eine Fläche von 100 auf 76 Meter. Acht Marmorsäu-

Maxentius- oder Konstantinsbasilika am Forum

len begrenzten das Mittelschiff; eine davon steht noch heute bei der Kirche *Santa Maria Maggiore,* eine weitere an der *Piazza di Spagna.* Bemerkenswert ist das kassettierte Tonnengewölbe, das vielen Architekten der Renaissance als Vorbild diente. Die Bronzeplatten des Dachs ließ Papst Honorius I. 626 entfernen, um damit die Peterskirche zu decken.

Unter *Domitian* wurde von Volk und Senat zum Gedenken an den Sieg über die Juden (70 nach Christus) der **Titusbogen** (30) errichtet. Der Mittelteil hat sich erhalten, der obere Teil stammt von einer Restaurierung unter Valadier, der den Bogen aus der Ruine des Frangipanipalastes befreite, in den er im Mittelalter eingebaut war. Die Reliefs zeigen den Kaiser im Triumphzug nach der Eroberung Jerusalems, Soldaten mit der Kriegsbeute, den siebenarmigen Leuchter und die Bundeslade; in der Bogendecke die Apotheose (Vergöttlichung) des gestorbenen Kaisers, den ein Adler in den Himmel trägt.

Forum Romanum

Das **Antiquarium** (31) birgt im ersten Stock Funde aus dem Forum. Der **Tempel der Venus und Roma** (32) wurde 135 nach Christus von Hadrian errichtet und 307 von Maxentius erneuert. Im Innenraum sind zwei Apsiden mit dem Rücken gegeneinander gestellt. Die gegen das Kolosseum gerichtete enthielt ein Kolossalbild der Venus, die gegen das Kapitol gerichtete das der Stadtgöttin Roma. Eine Kolonnade aus korinthischen Säulen umgab den Tempelraum. Einen Teil des Tempelbezirks nimmt heute die Kirche *San Francesca Romana* ein.
Als kleiner Rundbau präsentiert sich der **Romulustempel** (33), dessen dreistufiges Dach eine Laterne des 17. Jahrhunderts krönt. Die Ansicht, der Bau sei ein Tempel für den als Kind gestorbenen Sohn des Kaisers Maxentius, ist nicht sehr glaubwürdig. Wahrscheinlicher ist, daß es sich um einen Seiteneingang zum *Templum sacrae urbis* im Forum des Vespasian han-

Maxentiusbasilika am Forum

delt. Interessant ist das Tor mit dem gut schließenden, noch aus der Antike stammenden Schloß.

Kaiser Antoninus Pius errichtete den **Tempel des Antoninus und der Faustina** (35) für seine 141 nach Christus gestorbene Frau Faustina. Die Inschrift *Divae Faustinae ex S(enatus) C(onsulto)* weist auf ihren frühen Tod hin. Als nach dem Tod des Kaisers auch dessen Kult in den Tempel aufgenommen wurde, hat man die obere Schriftzeile: *Divo August...* angebracht.

Der **Mamertinische Kerker** (36), heute eine Petrus geweihte Kapelle, lag einst an der Straße der Triumphzüge, und die feindlichen Heerführer wurden in dieses Gefängnis geworfen, bevor der Triumphzug am Jupitertempel auf dem Kapitol endete. Der obere, trapezförmige Raum war das eigentliche Staatsgefängnis. Der untere, runde Raum war wohl eine Zisterne, wie sie in etruskischen Häusern gebaut wurden. Der Legende nach soll *Petrus* mit dem Wasser der hier noch erhaltenen Quelle seine Kerkermeister getauft haben.

Seit 367 vor Christus besteht der **Konkordiatempel** (37), der aus Anlaß der Aussöhnung zwischen Patriziern und Plebejern gebaut wurde. Die erhaltenen Reste des Tempelunterbaus stammen aus den Jahren 7 und 10 nach Christus.

Domitian hat seinem Bruder Titus und seinem Vater Vespasian den **Tempel des Vespasian** (38) geweiht. Unter Septimius Severus wurde er Ende des 2. Jahrhunderts restauriert.

Ein Kultbau für die zwölf olympischen Götterpaare *(consentes)* war der **Portikus der Dei Consenti** (39). Es handelt sich um die romanisierten Götter, zum Beispiel Hera-Zeus, Juno-Jupiter, Aphrodite-Ares, Venus-Mars usw. 367 nach Christus wurde der Bau nochmals erneuert – offensichtlich aus Protest gegen das seit 313 als Staatsreligion anerkannte Christentum. Der älteste Bau stammt aus dem 3. Jahrhundert vor Christus.

Kaiserforen

Das Forum des Augustus

Vom 78 vor Christus errichteten **Tabularium** (40), dem Staatsarchiv, haben sich Teile im Unterbau des Senatorenpalastes erhalten (vgl. auch Seite 132). Es war noch im Mittelalter Salzdepot und Gefängnis (kann mit besonderer Bewilligung besichtigt werden).

Als das Forum Romanum zu eng geworden war, begann man mit dem Bau der **Kaiserforen**. Das bedeutendste war das Forum des Kaisers Trajan. Es übertraf alle andern an Größe und war ein Werk des Apollodores aus Damaskus.

Ein weiter, säulenumringter Platz, in dessen Mitte das bronzene Reiterstandbild des Kaisers stand, schloß sich an das Forum des Augustus an. An beiden Längsseiten folgten große halbrunde Markthallen. Von der rechten Seite sind die beiden unteren (von ursprünglich sechs) Stockwerken gut erhalten. In die oberen wurde im 13. Jahrhundert die Torre delle Milize,

Römische Reliefszenen an der Trajanssäule

ein Geschlechterturm, eingebaut. Auf der Rückseite des Platzes stehen noch Reste der Basilika Ulpia. Die zweigeschossige Gerichtshalle war fünfschiffig und hatte drei Portale. 96 Porphyrsäulen umgaben in zwei Reihen den zentralen Raum, der an beiden Enden mit Apsiden abgeschlossen war.

Hinter der Basilika steht die vorzüglich erhaltene **Trajanssäule,** die Triumphsäule des Kaisers. Sie wurde nach dem endgültigen Sieg über die Dakier (101–108 n. Ch.) errichtet. Mit über 2500 Marmorfiguren sind auf einem 200 Meter langen Reliefband die Ereignisse dieser Kriege dargestellt. Die Säule ist 42 Meter hoch und aus 17 Marmortrommeln zusammengesetzt. Eine Wendeltreppe im Innern führt zur Spitze, auf der einst die Statue des Kaisers stand. Sie wurde 1587 durch eine Petrusstatue ersetzt. Zu beiden Seiten standen kleine, einräumige Gebäude, die als Bibliotheken gedient hatten.

Kaiserforen

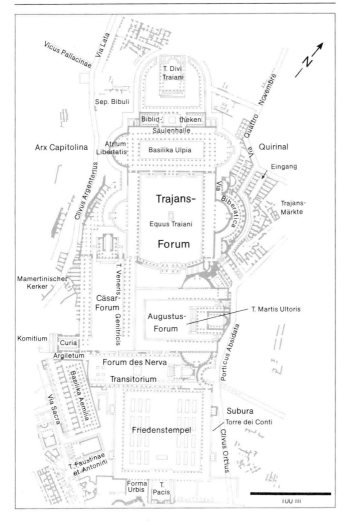

Das Kolosseum: Gladiatoren- und Tierkampf

Ist das Pantheon das einzige fast vollständig erhaltene bedeutende Bauwerk des antiken Rom, so ist das Amphitheater des Kaisers *Flavius Vespasianus,* das **Kolosseum,** das einzige, über dessen Geschichte wir nahezu lückenlos unterrichtet sind. Es ist eine Geschichte, in der sich im Grunde das ganze Schicksal der Urbs seit der frühen Kaiserzeit spiegelt.

Vespasian begann das Riesenwerk des Baues nach dem Jüdischen Krieg: jüdische Gefangene, von den Siegern in die Sklaverei verschleppt, haben daran mitgefront, wie mehr als zwei Jahrtausende vorher ihre Urväter beim Bau der ägyptischen Königsgräber. Aber Vespasian erlebte die Vollendung des Baues nicht, und ebensowenig sein Sohn Titus, der das Theater nach dem Namen seiner Gens benannte. Ehe es ganz fertig war, richtete ein Blitz große Verwüstungen darin an. Erst Domitian setzte ihm den Mauerkranz auf und vollendete so das nach den Pyramiden größte Bauwerk der antiken Welt.

Nicht weniger als 100000 Kubikmeter Travertin waren verbaut worden; die Eisenklammern allein, welche die großen Steinquader ohne Mörtel zusammenhielten, wogen 300 Tonnen. Der Franziskanerpater François Jaquier hat in mühevollen Berechnungen herausgefunden, daß die Kosten des Mauerwerks, ohne Verkleidung, Inneneinrichtung und den überreichen sonstigen Schmuck, 16 Millionen Goldfranken oder zwölfeinhalb Millionen Goldmark betragen haben: eine gewaltige Summe, selbst für die auf baulichem Gebiet besonders große Hybris der Cäsarenzeit!

Haben die Feierlichkeiten der Einweihung im Jahr 80, die volle 100 Tage dauerten und bei denen nicht weniger als 5000 wilde Tiere, Löwen, Panther, Elefanten und andere, getötet wurden, ebensoviel gekostet? 50000 bis 70000 Zuschauer faß-

Kolosseum

Der Konstantinsbogen

te der gigantische Bau; der Eintritt war frei für jedermann, es wurden numerierte Karten ausgegeben.

70 Jahre lang diente das *Amphitheatrum Flavium* den ungeheuerlichsten Spektakelstücken einer mehr und mehr aus den Fugen geratenden Zeit. Wie kein zweites Bauwerk in Rom ist das Kolosseum der steinerne Beweis dafür, daß die äußere Gesittung, welche die nachhaltige Berührung mit griechischer Kultur den Erben der Quiriten verliehen hatte, nie bis zum innersten Kern des Volkes vorgedrungen war.

Eine gewaltige Feuersbrunst, die 350 *Insulae* – Mietskasernenblocks – in Asche legte, hat auch das Theater schwer beschädigt; aber man stellte es in Eile wieder her, um dort die Triumphe Mark Aurels zu feiern. Seine größte Glanzzeit erlebte es unter dessen Sohn Kaiser Commodus, der auf der blutdünstenden Bühne selbst als Gladiator und Tierkämpfer auftrat.

Am 23. August 207 entlud sich ein besonders schweres Gewitter über Rom: der Blitz fuhr abermals in das Theater, es brannte völlig aus, obwohl gleichzeitig ein Wolkenbruch von seltenen Ausmaßen niederging und man, wie ein Augenzeuge berichtet, «sozusagen alles Wasser Roms zum Löschen herbeischleppte». Die gesamte Inneneinrichtung des viergeschossigen Riesenbaues, alle Treppen, dazu das ganze obere Stockwerk waren zerstört. Septimius Severus, in dessen Regierungszeit diese Katastrophe fiel, erneuerte den arkadenlosen Oberstock, aber an Spiele war lange nicht mehr zu denken. Dann blieb der Bau eine längere Periode von Schicksalsschlägen verschont, man benutzte ihn wieder, und er war – auch nach Einführung des Christentums als Staatsreligion – weiterhin Schauplatz für Tierhetzen und Gladiatorenkämpfe, denen Konstantins humane Edikte vergeblich ein Ende zu machen suchten.

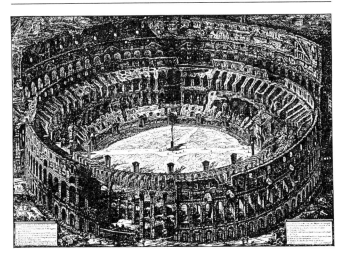

Im Jahre 403 erlebte das Kolosseum noch einmal eine Tragödie, die an die furchtbaren Christenmorde der frühen Zeit erinnerte. Während eines Gladiatorenkampfes erhob sich plötzlich ein Mönch und begann fanatisch gegen diese unchristliche Menschenschlächterei zu predigen. Die, wie so oft seit Hunderten von Jahren, vom Blutrausch ergriffene Menge warf sich auf ihn und erschlug ihn. Sein Tod war nicht vergeblich, denn von nun an blieben Gladiatorenkämpfe rigoros verboten.

Vier Jahrzehnte später wurde Mittelitalien von einem besonders schweren Erdbeben heimgesucht; auch die gewaltigen Steinquader des Amphitheaters widerstanden ihm nicht völlig, große Teile stürzten ein. Erst um die nächste Jahrhundertwende, als der Ostgote Theoderich der Große auf dem verfallenden Palatin residierte, wurden wieder Tierhetzen veranstaltet, zu denen man die «Bestien» sogar aus Afrika holte. Im

Jahre 523, nicht lange vor dem Ende des Ostgotenreiches in Italien, fanden die letzten Schauspiele statt. Der zwanzigjährige Krieg, der mit dem Sieg der Byzantiner endete, ließ Rom mehr und mehr veröden; schließlich war keine Stimmung mehr für solche Lustbarkeiten vorhanden – und höchstwahrscheinlich auch kein Geld. Aber erhalten blieb der Riesenbau.

Noch mehr als 100 Jahre später schrieb der angelsächsische Kirchenhistoriker Beda Venerabilis die prophetischen Sätze: «Solange das Kolosseum steht, wird auch Rom stehen; wenn das Kolosseum fällt, fällt auch Rom; wenn Rom fällt, fällt auch die Welt.» Nicht nur als Prophezeiung sind diese Worte bemerkenswert, sondern auch deshalb, weil darin zum erstenmal die Bezeichnung «Kolosseum» für das Flavische Amphitheater auftaucht. Damit scheint eine Hypothese erschüttert, die behauptet: der Name «Kolosseum» stamme daher, daß bei der Stelle, wo Vespasian den Bau begann, einst der berühmte «Colossus» des Nero – mit dem porträtähnlichen Haupt des größenwahnsinnigen Kaisers – gestanden habe (der Standort ist heute in einer neugeschaffenen Fußgängerzone gut sichtbar). Wäre dem so, dann wäre die heute allgemeine, volkstümliche Bezeichnung sicher einmal in den 700 Jahren gebraucht worden, die der Bau zu Bedas Zeiten schon bestand. Die viel ungezwungenere Erklärung ist eben die, daß seine gewaltigen Maße, die selbst uns Heutigen noch imponieren, auf die Betrachter einer späten Zeit, die längst verlernt hatte, derartige Architekturwerke hervorzubringen, «kolossal» gewirkt haben.

300 Jahre noch stand das Kolosseum, wie Beda Venerabilis es etwa um 700 nach Christus gesehen: dann teilte es das Los so vieler bedeutender Bauten in Rom, Festung eines der unter-

einander in blutiger Fehde liegenden Adelsgeschlechter zu werden. Die *Frangipani* hausten darin beinahe ein Jahrhundert, und in dieser Zeit hat der zur Festung verwandelte Bau schwere Schäden erlitten. Von den Frangipani ging er in den Besitz der *Anibaldi* über. Und dann kam 1349 das letzte der furchtbaren mittelitalienischen Erdbeben, das Petrarca beschrieben hat, und legte weitere große Teile des Kolosseums in Trümmer. Damit schien sein Schicksal, wie das fast aller antiken Bauten der Stadt, endgültig besiegelt. Die Frangipani verwendeten seine Steine zum Bau ihres großen Palastes; später wurden Riesenmengen in das Hospital am Lateran verbaut, in den Palazzo Venezia, in die Cancelleria, in den Palazzo Farnese; für sie alle war das Kolosseum der schier unerschöpfliche Steinbruch. Noch 1703, als infolge der Witterungseinflüsse neue Teile einstürzten, schaffte man den Travertin der äußeren Bekleidung an den Tiber, um daraus die berühmte Ripetta-Treppe zu bauen. Zu Beginn des 16. Jahrhunderts war die trostlose Ruine eine Art Passionstheater geworden; unter Paul III. führte man darin die Leidensgeschichte Christi auf. Doch ungefähr gleichzeitig war, wie Cellinis Abenteuer beweist – das Kolosseum Schauplatz von allerlei dunklem Zauberer- und Hexenwahn.

Sixtus V. dachte daran, das alte Gemäuer völlig niederzureißen, fand aber schließlich, daß es doch noch gut genug sei, in ihm eine **Wollmanufaktur** einzurichten, die in Rom fehlte. Er ließ sich von Domenico Fontana Pläne für den zweckmäßigen Ausbau vorlegen. Der Tod des Papstes verhinderte jedoch die Ausführung. Clemens IX. befahl, die Bogen des Erdgeschosses zuzumauern; die langen Gänge wurden in **Magazine für Dünger** verwandelt, aus dem man den Salpeter für die nahe Pulverfabrik bei San Pietro in Vincoli gewann, ein Zweck, dem das Kolosseum bis 1801 diente.

Dessenungeachtet hatte Benedikt XIV. um die Mitte des 18. Jahrhunderts den für das Schicksal des merkwürdigen, geschichtereichen Bauwerks entscheidenden Schritt getan. Er verfügte, daß die Stätte, an der so viele Christen um des Glaubens willen ihr Blut vergossen hatten, fortan heiligzuhalten sei. Er erlag damit einem allgemeinen Irrtum der Zeit, denn es ist erwiesen, daß Christen niemals ihr Blut im Kolosseum vergossen haben, außer dem Kirchenvater Ignatius von Antiochien um 110. Benedikt XIV. errichtete in der Arena ein großes Kreuz, als ein vielleicht zu optimistisches Zeichen, daß das Christentum die Gesittung gebracht habe, um die frühere Kulturen vergeblich gerungen hatten. Dieses Kreuz wurde 1870 nach dem Ende des Kirchenstaates beseitigt und erst bei Abschluß der Lateranverträge 1929 wieder aufgestellt.

So war wenigstens der Jahrhunderte währende Raubbau, der schließlich zur völligen Vernichtung hätte führen müssen, beendet. Pius VII. ging einen Schritt weiter und setzte auch dem organischen baulichen Verfall ein Ende. Er baute 1805 die erste der Stützmauern an der dem Lateran zugekehrten Seite; sie mußte in aller Eile aufgerichtet werden, denn ein beträchtlicher Teil des antiken Mauerwerkes drohte einzustürzen. Als 1828 sein Nachfolger Leo XII. die Ruinen an der zum Forum gerichteten Seite zu sichern begann, hatte er Zeit genug, die Stützbauten dem Stil der Antike anzupassen.

Damals hatten die Archäologen, die seit der französischen Besetzung auf dem Forum und andernorts gruben, sich auch des Kolosseums bemächtigt. 1801 begann man, die ungeheuren Erdmassen hinauszuschaffen, die mehr als ein Drittel seiner Höhe ausfüllten. Es dauerte beinahe drei Jahre, bis sie beseitigt waren. Dann reinigte man das Innere, legte die riesigen Keller unter dem ehemaligen Fußboden der Arena frei, die als Käfige für die wilden Tiere und als Aufenthaltsräume der todgeweihten Gladiatoren gedient hatten. So arbeitete man durch Jahrzehnte, bis gegen Ende der weltlichen Papstherrschaft *Pietro Rosa* das alte Gemäuer von der malerischen Überwucherung durch Pflanzen, Sträucher, Bäume säuberte und ihm die freilich kalte und nüchterne Form gab, in der wir es jetzt sehen: das Skelett eines ehemals phantastisch in Marmor und Bronze schillernden Fabelwesens.

Das Pantheon: Inbegriff architektonischer und geistiger Vollkommenheit

Woher das Pantheon seinen Namen hat, ist ungeklärt. War der Tempel allen Gottheiten geweiht, oder wollte man ihn als den heiligsten der Tempel bezeichnen?
Am Architrav unter dem Frontgiebel steht die Inschrift: M(arcus) AGRIPPA L(ucii) F(ilius) CO(n)S(ul)TERTIUM FECIT. Um 27 vor Christus hat Agrippa das Bauwerk errichtet. 80 nach Christus ist es abgebrannt und von Domitian wiederaufgebaut worden. 30 Jahre später wurde es vom Blitz getroffen. Hadrian begann mit dem Neubau 118, 128 war er fertig. Er wich vom Agrippatempel deutlich ab, der wahrscheinlich den sieben Planetengöttern, darunter Mars und Venus, geweiht war.
Der große Unterschied des Pantheons zu anderen römischen Tempeln war der kuppelförmige Raum, den man von den Thermen her zwar kannte, aber hier wurde er als Kultraum benutzt. In einem herkömmlichen Tempel versammelte sich das Volk *vor* dem eigentlichen Kultraum, der nur für die Götterstatue bestimmt war. Hier versammelte sich das Volk *im* Raum. Die Ursache dafür scheint eine neue religiöse Vorstel-

lungswelt gewesen zu sein. Die *Stoiker* hatten Gott im pantheistischen Sinn begriffen. Das Weltall ist für sie erfüllt von *Logoi spermatikoi,* von Samenteilchen göttlicher Vernunft, vom göttlichen Geist also. Der Innenraum des Pantheons bedeutete also den Kosmos, der erfüllt ist von göttlichem Geist. Zur Kaiserzeit hatte diese Lehre großen Einfluß. Die Stoiker verstanden die einzelnen Gottheiten als Personifikationen von Kräften des allgegenwärtigen göttlichen Geistes. Sie waren die ersten, die einen umfassenden Humanitätsgedanken und einen ebenso umfassenden Kosmopolitismus vertreten haben. Gerechtigkeit und Menschenliebe gehörten zu ihren grundlegenden Forderungen.

Das Pantheon ist eine der großartigsten Leistungen römischer

Architektur. Der Bau weicht stark von den üblichen Tempelbauten ab. Der Raum hat die Form einer Kugel von 43,4 Metern Durchmesser und im Scheitel eine neun Meter große Öffnung. Plastische, goldfarbene Sterne auf blauem Grund zieren die Kassetten. In den sieben großen, teils rechteckigen, teils runden Nischen standen sehr wahrscheinlich die Statuen der Götter, denen der Tempel geweiht war. Die *Eingangshalle* ist über 33 Meter breit, 13 Meter tief und wird von 16 monolithischen Granitsäulen mit korinthischen Kapitellen in drei Schiffe geteilt. Das mittlere führt zum Eingang. Die zwei seitlichen führen zu zwei Nischen, in denen die Kolossalstatuen des Augustus und der Agrippa gestanden haben sollen.

Der Bau ist deshalb so gut erhalten, weil der oströmische Kaiser Phokas ihn dem Papst Bonifatius IV. schenkte, der daraus die Kirche **Santa Maria ad Martyres** machte. Viele Märtyrergebeine aus den Katakomben wurden hier beigesetzt.

Das Pantheon hat einige Plünderungen erlebt: Konstantin II. riß die Goldbronzeziegel vom Dach und brachte sie nach Konstantinopel. Urban VIII. aus dem Haus Barberini schmolz das Bronzerelief des Giebels und den Bronzebelag des Deckengebälks ein und ließ daraus die Säulen für den Baldachin des Petersdoms und Kanonen für die Engelsburg gießen. Bitter wurde gespottet: *Quod non fecerunt barbari, fecerunt Barberini* (Was die Barbaren nicht getan, das tun die Barberini). Als Bernini zwei Glockentürme aufstellte, nannten die Römer sie die *Eselsohren Berninis;* 1893 wurden sie abgerissen.

Die Marmorverkleidung des Innenraums ist antik. Die Stuckverkleidung im oberen Teil ist jedoch erst 1747 entstanden; ihre ursprüngliche Gliederung wurde an einer Stelle nach alten Zeichnungen wiederhergestellt. Die Vergoldung im Innern der Kuppel ist verschwunden. In den **Rundnischen** stehen heute Altäre und Grabmäler: 1. Nische rechts: Verkündigung, Melozzo da Forlì zugeschrieben; 2. Nische: Grab des Vittorio Emanuele II. († 1878); 1. Nische links vom Hauptaltar: Grab des Kardinalstaatssekretärs Ercole Consalvi († 1824) von Thorwaldsen; links davon: *Grab des Raffael* (1483–1520), darüber eine Madonnenstatue, entworfen von Raffael, ausgeführt von Raffaello da Montelupo; rechts davon: Grabschrift für Raffaels Braut Maria Bibbiena, die vor ihm starb; es folgt das Grabmal König Umbertos I. († 1900) und seiner Frau Margherita († 1926); nach dem Altar der heiligen Agnes links das Grab des Malers und Architekten Baldassare Peruzzi (1481–1536) und in der letzten Nische die Ruhestätten der Maler Taddeo Zuccari (1529–1566), Pierin del Vaga (1501–1547) und Flaminia Vacca (1538–1605).

Die Engelsburg: Kaisergrab, Festung, Gefängnis

Das **Castel Sant'Angelo** am rechten Tiberufer ist nur noch ein Schatten dessen, was es einst war. Im Lauf von fast 2000 Jahren wurde es grundlegend verändert, nicht nur durch die überall übliche Beraubung, sondern vor allem durch unzählige Um- und Ausbauten, die aus dem einstigen künstlerisch streng gegliederten Mausoleum einer Kaiserfamilie eine für ihre Zeit ungewöhnlich starke Festung, vielleicht die stärkste Italiens, gestaltet haben.

Diese Festung, über der – seit 1752 – eine Engelsstatue des belgischen Bildhauers Peter van Verschaffelt thront, ist wohl der am meisten nach Krieg und Verbrechen aller Art stinkende Ort der ganzen Stadt, die durchaus nicht «heilig» genannt

Castel Sant'Angelo, ursprünglich Mausoleum des Kaisers Hadrian

zu werden verdient. Kurz vor der Jahrtausendwende sind in diesem mächtigen düsteren Gemäuer nicht weniger als drei Päpste umgebracht worden – ausgehungert, vergiftet oder stranguliert. Und die Zahl derer, die hier im Lauf wilder Zeiten durch päpstliche Bluturteile ihr Leben verloren, ist Legion.

Dabei war das, was wir heute Castel Sant'Angelo nennen, ursprünglich ein Ort, der dem letzten Frieden einer «animula vagula blandula» geweiht war. Kaiser *Hadrian* baute es 135 als letzte Ruhestätte für sich und seine Familie, vollendet wurde das Mausoleum 139 unter Antoninus Pius. Tief vom Geist des Hellenentums durchtränkt, hatte er seine Hände, wenn wir von der grausamen Niederwerfung des Bar-Kochba-Aufstandes in Palästina absehen, nie mit Blut befleckt. Als erster prägte er die Worte, die seither als unvergängliche Aureole über der Stadt am Tiber leuchten: **Roma aeterna.** Was er sich als bewußtes Gegenstück zum Augustusmausoleum am linken Tiberufer schuf, muß an Pracht die Schöpfung seines Vorgängers weit übertroffen haben.

Der gigantische Rundbau, von dem wir nur noch den nackten Ziegelkern sehen, stand auf einer viereckigen, mit Travertin verkleideten Basis von etwa vier Metern Höhe. Durch das natürliche Wachsen des Erdbodens und vor allem durch die mächtigen Uferkaibauten bei der großen Tiberregulierung der Savoyerzeit ruht die Basis heute zu einem beträchtlichen Teil unter dem Niveau, und der ganze Bau wirkt darum sehr viel niedriger und weniger imposant als ehemals. Der beherrschende Rundturm war mit Marmorplatten belegt, die man später geraubt hat. Eine Halle aus korinthischen Säulen umgab ihn, und den Sims seiner Plattform schmückten zahlreiche kostbare Bildwerke griechischer Arbeit, Menschen und Pferde, angeblich sogar Werke der beiden Großmeister Praxi-

Engelsburg

teles und Lysippos – mindestens aber Kopien wie etwa die Roßbändiger auf dem Quirinal. Den Turm mit einem Durchmesser von 64 Metern krönte ein *Dachwäldchen* aus reihenweise angeordneten Zypressen. In ihm soll noch ein kleiner *Rundtempel* mit Kuppel und Säulenhallen gestanden haben.
In der Mitte des großen steinernen Zylinders lag und liegt – wenn auch verödet – die **kaiserliche Grabkammer.** Von den Pyramiden Ägyptens, die er auf seiner Nilreise besucht hatte, mag Hadrian die Idee zu dem gewundenen Gang mitgebracht haben, durch den man hierher vordringt. In den Wänden des einst prächtig ausgeschmückten Gemachs befanden sich Nischen für Sarkophage und Aschenurnen. Wir wissen mit Sicherheit, daß dort *Antoninus Pius, Mark Aurel* und *Septimius Severus* bestattet worden sind. In der Mitte des viereckigen, düster schweigenden, quadergefügten Raumes stand ehemals die große porphyrne Urne, in der Antoninus Pius die aus Puteoli nach Rom überführte Asche seines Adoptivvaters zur letzten Ruhe beisetzte. Der frommen Legende nach dient das Becken von Hadrians Aschenurne heute als Taufstein in der Basilika von Sankt Peter; aber auch das ist unbewiesen und unbeweisbar. 95 Jahre lang sind hier Kaiser bestattet worden. War 300 Jahre nach Einzug der letzten Kaiserurne die ursprüngliche Bedeutung dieses Bauwerks schon vergessen? Bereits *Aurelian* (214–270 n.Chr.) hat die Moles Hadriani nur als Festung betrachtet und *Honorius,* erster Kaiser Westroms nach der Reichsteilung von 395, als starkes Bollwerk, neben der gigantischen Mauer, mit der jener Rom umringt hatte. Nun beginnt die Geschichte des Kastells, die vielleicht interessanter ist als die irgendeines anderen Bauwerks in Rom.
Als im Jahre 537 *Vitigis* mit seinen Gotenscharen die Stadt einschloß, warf sich der byzantinische Feldherr und Verteidiger Belisar mit einer kleinen Garnison in das *Hadrianmauso-*

leum, setzte es improvisiert in Verteidigungszustand und schlug siegreich alle Stürme der Belagerer ab, wie oben angedeutet. *Belisar* triumphierte über Vitigis, die Einnahme der Festung gelang den Goten nicht; erst als 15 Jahre später abermals ein Gotenheer unter *Totila* Rom einschloß, fiel auch dieses starke Bollwerk in seine Hand und blieb bis zum Tod Totilas von den Goten besetzt. Unter *Alexander VI.* und *Urban VIII.* hat man in den tiefen Gräben rings um die Engelsburg viele der damals zerstörten Kunstwerke in Bruchstücken gefunden. So kam auch der **Kolossalkopf Hadrians** ans Licht, der heute zu den Kostbarkeiten der Vatikanischen Sammlungen zählt. Aus dem nahen Tiber wurde ein Faun gefischt. Das mittelalterliche Aussehen des zur Festung gewordenen Kaisergrabes können wir uns kaum vorstellen. Erst *Benedikt IX.* baute den hohen Wachtturm auf der oberen Plattform und die beiden Bastionen, die fast ein halbes Jahrtausend lang gestanden haben. Alexander VI. ließ durch Antonio Sangallo, den Miterbauer des Palazzo Farnese, in den vier Winkeln der quadratischen Basis achteckige Türme errichten.

Im Jahre 590, als das Ostgotenreich bereits wieder zerfallen und wie das Italien südlich Ravennas zu einem Exarchat, das heißt einer Provinz von Byzanz, geworden war, trat das berühmte Ereignis ein, dem Hadrians Mausoleum seinen heutigen Namen verdankt. In Rom wütete damals eine besonders schwere Pest, die viele Opfer forderte. *Gregor I.,* der Große, zog unter Gebeten und Litaneien an der Spitze einer Bittprozession durch die entvölkerte Stadt. Als er über die *Engelsbrücke* kam, die vom linken Ufer des Tiber gerade auf das Mausoleum zuläuft, hatte er eine Vision. Er sah über dem Rundturm in den Wolken den Erzengel Michael mit ausgebreiteten Flügeln, der sein Schwert in die Scheide stieß. Gregor deutete dies als Zeichen, daß die Seuche enden würde –

und er behielt recht. In der *Salviatikapelle* von San Gregorio Magno, die an der Stelle seines Geburtshauses steht, ist noch eine bildliche Darstellung der Engelserscheinung zu sehen. Zur Erinnerung an dieses Wunder ließ Gregor I. auf der Spitze der Festung das marmorne Bildwerk des Engels, der das Schwert in die Scheide steckt, anbringen – es ist nicht mehr das heutige, und es scheint im Laufe der Jahrhunderte mehrmals ausgewechselt worden zu sein. Eine Engelsstatue von Guglielmo della Porta, die früher die Engelsburg krönte, steht im *Cortile Dell'Angelo,* im Hof der Engelsburg. Benedikt XIV. Lambertini hat die heutige Figur 1752 aus Bronze gießen lassen, die seitdem über dem Rundturm ragt.

Die wildeste Zeit hat das Kastell «Angelus inter nubes» – so lautete seit jener päpstlichen Vision sein Name – wohl Ende des ersten Jahrtausends erlebt. Damals war die Festung, die ihre alte Bedeutung längst verloren hatte, eine der zahlreichen baronalen Burgen, in denen die römischen Adelsgeschlechter sich verschanzt hielten und um die Herrschaft der Stadt rangen. Lange befand sie sich im 10. Jahrhundert in der Hand der berüchtigten Semetria Marozia aus dem wilden Geschlecht der Grafen von Tuskulum. Sie war die Geliebte Papst Sergius' III. und gebar von ihm einen Sohn, der später als Johannes XI. selbst den Stuhl Petri bestieg. Es war die dunkelste Zeit des Papsttums. Als Alberich II., Dux von Rom und Sohn der Marozia aus ihrer ersten Ehe, die Mutter ins Gefängnis werfen ließ, wo sie starb, fiel die Burg in die Hände der Frangipani, die schon das Kolosseum besetzt hielten. Von ihnen kam sie an die Orsini. Und dann begannen die Fehden zwischen Päpsten und deutschen Kaisern, in denen die Engelsburg als stärkstes Festungswerk Roms eine Rolle spielte.

Zwischen 900 und 1003 haben nicht weniger als 25 Päpste auf dem Thron gesessen. Manche von ihnen hat die Engelsburg

als Gefangene gesehen: *Johannes X.* ist in ihren Kellern erwürgt worden, wie 35 Jahre später *Benedikt VI.; Johannes XVI.* haben seine Wärter verhungern lassen, und auch *Gregor VII.* saß lange dort gefangen, bis es ihm gelang, Robert Guiscard zu Hilfe zu rufen. Damit befreite er sich zwar, aber er bereitete Rom das entsetzliche Schicksal des Normannenbrandes, der zwischen Kapitol und Lateran ganze Stadtteile in Trümmer legte, und mußte mit Guiscard ins Exil gehen.
Gregor VII. wurde 1084 in der Burg von demselben König Heinrich IV. belagert, den er sieben Jahre zuvor in Canossa so tief gedemütigt hatte. Schon kurz vor 1000 hatte der deutsche Feldhauptmann Eggebert von Meißen auf Befehl des jungen Otto III. die Burg gestürmt. Die Belagerung durch Heinrich IV. war die vorletzte, die über die Engelsburg kam. Die letzte, die den «Sacco di Roma» 1527 einleitete, hat uns einer der Verteidiger selbst geschildert, nämlich Benvenuto Cellini, dessen abenteuerliche Selbstbiographie Goethe übersetzt hat. Er erzählt wahrheitswidrig, daß er von der Höhe des Turms, neben dem Friedensengel, herab den Herzog Connétable Karl von Bourbon durch einen wohlgezielten Kanonenschuß buchstäblich in zwei Hälften zerrissen habe. Damals hatte sich Clemens VII. mit 13 Kardinälen in die Engelsburg geflüchtet. «Luther soll Papst sein!» – dieser seltsame Ruf deutscher Hellebardenträger schallte zu ihm herauf, wenn er sich auf der Zinne zeigte. Später hat hier der «Meisterschütze» Cellini selbst als Gefangener gesessen, und von hier ist er entflohen.
In der Engelsburg saß die unglückliche Vatermörderin Beatrice Cenci gefangen, ehe sie am Fuß der Engelsburg enthauptet wurde. Zahllose Dichter haben ihr Schicksal besungen, und die Antwort auf die Schuldfrage ihres Prozesses, der eine ganze Welt erregte, lautet auch 350 Jahre nach ihrem Ende noch: Non liquet. Hier kerkerte Clemens XIV., nachdem er 1773

den Jesuitenorden aufgelöst hatte, den Ordensgeneral Lorenzo Ricci mit seiner gesamten Begleitung ein.

Vor der Engelsburg mußten sich seit 1484 die Ältesten der *Judengemeinde* Roms aufstellen, um vom Papst am Tag seiner Huldigungsfeier die Duldung ihres Kultes zu erbitten. *Burkhardus,* Zeremonienmeister Innozenz' VIII. und Alexanders VI., beschrieb die Sitte: «Die Juden standen am Tor des Kastells auf einem hölzernen Gerüst, welches mit Goldbrokat und seidenen Teppichen gedeckt war und worauf acht weiße Wachskerzen brannten. Dort hielten sie die Gesetzestafeln. Als der Papst auf seinem weißen Roß vorbeigeritten kam, baten die Juden um die gewohnte Bestätigung. Er nahm das offene Buch aus ihren Händen, las darin und sagte darauf: ‹Confirmamus, sed non consentimus› (Wir bestätigen, aber Wir stimmen nicht zu); dann ließ er das Buch zur Erde fallen und setzte seinen Zug fort.» Der demütigende Brauch dauerte bis in das Hochbarock.

Das als uneinnehmbar geltende Kastell war auch die **Schatzkammer der Päpste;** Sixtus V. zumal verwahrte hier argwöhnisch seine nicht unbeträchtlichen Schätze in mächtigen eisenbeschlagenen Kisten. Durch einen gedeckten Wehrgang, den «passetto», war die Engelsburg mit dem Vatikanischen Palast verbunden, und mancher Papst hat ihn fliehend durcheilt. Selbst unter Pius IX. diente das ehemalige Mausoleum Hadrians noch als Staatsgefängnis für solche «Verbrecher», die der national-italienischen Sache anhingen. In den letzten Jahrzehnten der weltlichen Herrschaft beherbergten seine Kasematten die kleine französische Garnison, die Napoleon III. zum Schutz des schon vom Untergang gezeichneten Kirchenstaates nach Rom gelegt hatte.

Wenige Wochen später, am 20. September 1870, wurde, als die Truppen Viktor Emanuels II. bei Michelangelos Porta Pia eine Bresche in die Aurelianische Mauer geschossen hatten, nach kurzem Widerstand die weiße Fahne gehißt, die die Kapitulation und damit das Ende der weltlichen Papstherrschaft verkündete. Aber auch nach Abschluß der Lateranverträge, die sie in räumlich beschränktem Umfang wiederherstellten, ist die ehemals stärkste Festung der Päpste nicht wieder ein Teil des Vatikanstaates geworden, der keiner Festung mehr bedarf.

Die Thermen: Körperpflege, Sport, Spiel und Klatsch

Baden war bei den Römern ein gesellschaftliches Ritual, fast ein Kult. In später Kaiserzeit standen den römischen Bürgern elf riesige öffentliche Badeanstalten kostenlos zur Verfügung, die Caracallathermen faßten 1500, die Diokletiansthermen gar 3000 Badegäste. Zum Baden gehörten die ausgiebige Körperpflege mit allerlei Mittelchen wie Salböl und Duftwässer. Persius berichtet, man habe sich die Ohren mit Essig gereinigt. In den Thermen ließen die Männer sich rasieren, und die Frauen machten kosmetische Kuren. Man hörte und erzählte sich dabei den Klatsch der Stadt und die letzten Neuigkeiten. Auch sportliches Training hatte seinen Platz in eigens dazu gebauten Räumen der Palästra und im Schwimmbecken.
Die Bäder bestanden aus drei oder vier Abteilungen – dem Kaltbad *(Frigidarium),* dem lauwarmen Bad *(Tepidarium)* und dem Warmwasserbad *(Caldarium).* Daneben gab es noch Sauna, türkisches Bad und verschiedene Kräuterbäder. Die meisten Römer dieser Zeit badeten täglich. In der republikanischen Zeit wusch man sich zwar täglich Arme und Beine, aber ein Bad nahm man nur einmal in der Woche.

Thermen

In der Spätantike verurteilte die Kirche vor allem das gemeinsame Bad von Männern und Frauen.
Der heilige Hieronymus sagte: «Wer einmal in Christo gebadet, braucht kein weiteres Bad mehr.» Der heilige Augustinus gestand den Nonnen einen einzigen Thermenbesuch im Monat zu.

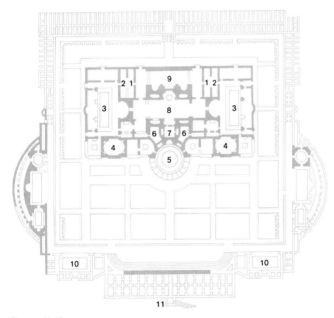

Caracallathermen

1 Eingang
2 Auskleideräume
3 Palästren
4 Spezialbäder
5 Caldarium
6 Höfe
7 Tepidarium
8 Frigidarium, auch «Basilika»
9 Freiluftschwimmbad
10 Bibliotheken
11 Zisternen

Staat in der Stadt: der Vatikan

100 Geschichte...
101 ... und Gegenwart
102 Der Vatikanische Palast mit seinen Museen
118 Der Petersplatz

Geschichte...

Der vatikanische Hügel lag im 4. Jahrhundert außerhalb der Stadt zwischen Gianicolo und Monte Mario. Den Namen Vaticanum hat er von *Vates* oder *Vaticinator,* Seher oder Prophet. Am Fuß des Monte Mario lagen zahlreiche Ziegeleien. Im 2. Jahrhundert vor Christus stand ganz in der Nähe des heutigen Petersdoms das *Phrygianum*, ein Heiligtum der Göttin Kybele. Wo heute Petersdom und Petersplatz liegen, dehnte sich ein großer Friedhof aus. Vom Tiber her kam die Via Cornelia. Sie war mit Mausoleen gesäumt wie die Via Appia und andere Straßen, die aus der Stadt führten. Über weite Flächen erstreckten sich die Gärten von Agrippina der Älteren. In diesen Gärten befand sich das große *Hippodrom*, später *Zirkus des Nero* genannt. Dort erlitten viele Christen unter Nero nach dem Brand der Stadt im Jahr 64 den Märtyrertod. Auch Petrus wurde am Fuß des Obelisken mit dem Kopf nach unten gekreuzigt und in der Nähe begraben. Auf seinem Grab errichtete Kaiser Konstantin fast 300 Jahre später die erste

Peterskirche. Im 5. Jahrhundert wird die erste Papstwohnung bei der Peterskirche erwähnt. Der Sitz des Papstes war aber der Lateran. 846 stürmten und plünderten die Sarazenen das Petrusgrab. Daraufhin baute Papst *Leo IV.* die heute noch bestehende Mauer um das Quartier um den Petersdom. So entstand die Leostadt. Als Papst *Gregor XI.* 1377 aus dem Exil von Avignon zurückkam, schlug er seine Residenz im Vatikan auf, da der Lateran unbewohnbar geworden war. Die Leostadt bildete 1000 Jahre lang eine Enklave innerhalb des Kirchenstaates. Mit den **Lateranverträgen** von 1929, einem Abkommen des Heiligen Stuhls mit Italien, erhielt der Vatikan als **Stato della città del Vaticano** völkerrechtliche Souveränität.

... und Gegenwart

Der Vatikan ist also ein Staat in der Stadt und mit weniger als einem halben Quadratkilometer Fläche und etwa 1000 Bewohnern der kleinste Staat der Welt; selbst die kleinste und älteste unabhängige Republik der Erde, San Marino, ist mit ihren rund 60 Quadratkilometern ungefähr 130mal größer.

Der Papst amtet zugleich als Oberhaupt der römisch-katholischen Kirche, als Bischof von Rom und als Staatsoberhaupt des Vatikanstaates. Ein Gouverneur steht an der Spitze der Regierung, die zwölf Ministerien *(Congregazioni)* werden von Präfekten im Kardinalsrang geleitet.

In der Vatikanstadt gibt es 30 Straßen und Plätze, 50 Paläste mit etwa 10000 Räumen, den Petersdom und mehrere Kapellen, und darüber hinaus Post, Elektrizitätswerk, Bahnhof, Rundfunkstation, Polizei und eigene Gerichtsbarkeit, Krankenhaus, einige Läden, Druckerei und Bar. Die Tageszeitung des Vatikans, der «Osservatore Romano», hat knapp 100 000 Auflage. Radio Vatikan strahlt täglich 20 Stunden lang etwa 100 Programme in 36 Sprachen aus. Der Heilige Stuhl beschäftigt über 3000 Mitarbeiter und unterhält einen eigenen diplomatischen Dienst.

Zum Vatikan gehören auch etliche exterritoriale Bauten, darunter die Basiliken Santa Maria Maggiore, San Giovanni in Laterano, San Paolo fuori le mura; die Paläste Cancelleria, Dataria, Propaganda Fide, Santo Ufficio, Convertendi und der päpstliche Sommersitz Castelgandolfo.

Der Vatikanische Palast mit seinen Museen

Das Herz des kleinsten Staates der Welt ist die größte Kirche der Welt, die Basilika von San Pietro. Aber daneben liegt der **Vatikanische Palast,** den Papst Nikolaus V. während seiner kurzen Regierung von 1447 bis 1455 zum größten Palast der Erde machen wollte. Der Volksmund schreibt ihm mehr als 10 000 Säle zu. Er zählt, nach vielen Um- und Anbauten, heute 20 Höfe und rund 1000 kleine und größere Säle, Zimmer, Kapellen. Zu den kleinsten Räumen zählt die Wohnung des Papstes im dritten Stock. (Vgl. auch Kapitel «Kirchen und Grabstätten».)

Neben Petersplatz und Peterskirche sind vom Vatikan nur Teile des Palastes zugänglich: die Vatikanischen Museen mit dem Eingang an der Viale Vaticano. Sie enthalten die größten Antikensammlungen der Welt. Der Weg durch die Museen ist etwa sieben Kilometer lang; ausgestellt sind rund 50 000 Exponate.

Stanzen Raffaels

Als Julius II. 1503 Papst geworden war, stellte er eine Apollostatue aus seinem Kunstbesitz im Hof der Sommervilla von Innozenz VIII. (1484–1492), dem Palazzetto Belvedere, auf. Die Statue steht noch heute als eines der meistbewunderten Werke am selben Platz – der **Apoll von Belvedere** war somit das erste Objekt der weltberühmten Sammlung.

Neben der Sixtinischen Kapelle sind die vatikanischen Fresken und darunter die **Stanzen Raffaels** die Höhepunkte dieser Museen, sie gehören zu den größten Leistungen der Renaissance:

1. Stanza dell'Incendio. 1517 von Giulio Romano und andern Schülern Raffaels geschaffen. Deckenmalerei von Perugino 1508. *Rechte Wand:* Brand des Borgo; die Leostadt brannte 847 nach dem Sarazenensturm. Der Papst bannt das Feuer durch das Kreuzzeichen (im Hintergrund: die Fassade des Petersdoms zur Zeit dieser Malerei).

Links anschließend: Seesieg Leos IV. über die Sarazenen in Ostia (849), damit sollte der Krieg Leos X. gegen die algerischen Seeräuber glorifiziert werden.

Fensterwand: Reinigungseid Leos III. vor Karl dem Großen (795).

Wand links davon: Krönung Karls des Großen zum ersten christlichen Kaiser des Abendlandes durch Leo III. (800).

2. Stanza della Segnatura: so benannt nach dem höchsten päpstlichen Gerichtshof, der hier zusammentrat.

Fresko an der *Eingangswand:* Irrtümlich **La Disputa** genannt; Darstellung von Leben und Werk der Kirche im Himmel und auf Erden. Christus, Maria und Johannes der Täufer in der Mitte. Die Wolken um Christus bilden ein Halbrund.

Unten um den Altar: Kirchenväter und Theologen. Rechts mit erhobenem Arm Athanasius, der am Konzil von Nicäa Arius widerlegte, mit zurückgebeugtem Kopf Ambrosius, mit erho-

Vatikanische Museen

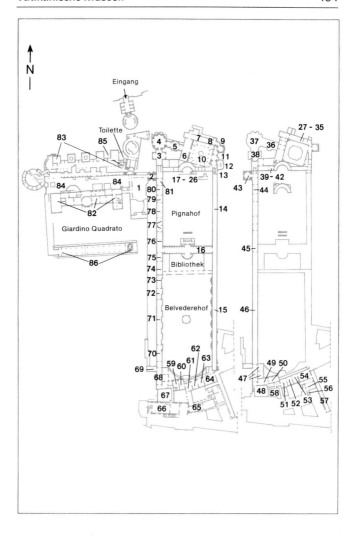

Vatikanische Museen

1 Hof der Pinakothek
2 Eingang der vier Tore
2–13 Museo Pio-Clementino
3 Saal des griechischen Kreuzes
4 Runder Saal
5 Saal der Musen:
Torso del Belvedere, griechisches Original, 1. Jh. v. Chr.;
Die Musen (Göttinnen der Künste), nach griechischen Originalen
6 Saal der Tiere
7 Galerie der Statuen
8 Saal der Büsten
9 Kabinett der Masken:
Fußbodenmosaik mit Masken aus der Hadriansvilla;
812 Knidische Aphrodite nach Praxiteles
10 Achteckiger Hof:
1059 Laokoon und seine Söhne (1. Jh. v. Chr.);
907 Apoll von Belvedere, römische Kopie nach griechischem (wahrscheinlich Bronze-) Original (4. Jh. v. Chr.)
11 Rundes Vestibül
12 Kabinett des Apoxyomenos
13 Quadratisches Vestibül
14 Museum Chiaramonti
15 Inschriften-Galerie
16 Braccio Nuovo
17–26 Gregorianisch-ägyptisches Museum (Sala / Saletta I—X)
27–35, 39–42 Gregorianisch-etruskisches Museum
27 I. Saal der Sarkophage
28 II. Saal des Regolini-Galassi-Grabs
29 III. Saal der Bronzen; «Mars von Todi» (4. Jh. v. Chr.)
30 IV. Saal der Urnen
31 V. Guglielmi-Saal
32 VI. Preziosen-Saal
33 VII. Saal der Terrakotten
34 VIII. Römisches Antiquarium
35 IX. Falcioni-Saal
36 Bramante-Saal
37 XII. Saal der griechischen Originale
38 XIII. Treppe der assyrischen Reliefs
39–42 Antike Vasensammlung
XIV. Meridiano-Saal
39 XV. Astarita-Saal
40 XVI. Unterer Halbkreis
41 XVII. Oberer Halbkreis
42 XVIII. Saal der italischen Vasen
43 Saal des Zweigespanns
44 Galerie der Kandelaber
45 Galerie der Wandteppiche
46 Galerie der Landkarten
47 Säle Pius' V.

bener Hand Augustinus, diktierend «Glaube, damit du erkennst». *Rechts vom Altar:* Thomas von Aquin: «Tantum ergo sacramentum» – so groß also ist das Sakrament. Sein Hymnus «Pange lingua» verschönte 700 Jahre lang das Fronleichnamsfest. Es folgt der große Innozenz III., Papst von 1198 bis 1216,

---

48 Kapelle Pius' V.
49 Sobieski-Saal (Sieg der christlichen Polen über die Türken bei Chotin)
50 Saal der Unbefleckten
51–54 Räume (Stanzen) des Raffael
51 Raum des Borgo-Brands
52 Raum des Altarsakraments
53 Raum des Heliodor
54 Saal Konstantins
55 Saal der Chiaroscuri
56 Kapelle Nikolaus' V. (Fra Angelico)
57 Loggia des Raffael
58 Kapelle Urbans VIII.
59–64 Borgia-Wohnung
59 Saal der Sibylle
60 Saal des Glaubensbekenntnisses
61 Saal der Wissenschaften und der freien Künste
62 Sala della Vita dei Santi
63 Sala dei Misteri della Fede
64 Saal der Papstbildnisse
65 Sammlungen moderner religiöser Kunst
66 Sixtinische Kapelle

67–81 Kunstsammlungen der Biblioteca Apostolica
vor 67 Saal der Huldigungsschreiben Pius' IX.
67 Kapelle Pius' V.
68 Saal der Huldigungsschreiben
69 Saal der Aldobrandinischen Hochzeit
70 Saal der Papyri
71 Museo Sacro
72 Galerie Urbans VIII.
73, 74 Sixtinische Säle
76 Salone Sistine
77, 78 Saal Pauls V.
79 Saal Alexanders VIII.
80 Clementinische Galerie
81 Museo Profano
82 Pinakothek: Saal II, Giotto: Triptychon; Saal VIII, Raffael: Transfiguration Christi; Saal IX, Leonardo da Vinci: Hl. Hieronymus
83 Museo Gregoriano Profano
84 Museo Pio Cristiano
85 Museum für Völkerkunde und Ethnologie
86 Museo Storico

Vormund Friedrichs II. von Hohenstaufen, danach der heilige Bonaventura mit Franziskanerkutte und Kardinalshut, hinter ihm Dante; mit übergezogener Kutte der Dominikanermönch Savonarola. *Links vom Altar:* der heilige Justinus streckt beschwörend die Arme nach dem verborgenen Christus aus. Mit aufgeschlagenem Buch, der heilige Hieronymus; Papst Gregor der Große hält auch ein Buch in den Händen. Der Papst ist Julius II., der in Bologna schwor, den Bart nicht schneiden zu lassen, bis Italien befreit sei. Mit dem Rücken zum Betrachter ein heidnischer Philosoph. Drei junge Schüler des Weisheitssuchers sinken, vom Mysterium berührt, in die Knie. Unberührt dagegen bleiben zwei Bischöfe; ihnen ist die Monstranz nur ein beruflicher Gegenstand. Ebenso teilnahmslos treten die vier Vertreter der Orden auf: ein Benediktinerabt mit Mitra, ein Augustinereremit in vollem Bart, verdeckt ein Dominikaner und links ein Franziskaner. Sie stehen hier, als seien sie Beweise für Savonarolas Wort: «Die Hochmütigsten unter den Christen sind die Geistlichen.»
Auf der Wolkenbank: Christus, Maria und Johannes der Täufer. *Links:* Jeremias, der Kläger Israels, Stephanus, der erste Märtyrer, David, der Psalmist und König, Jakobus, Adam, Paulus. *Rechts:* Judas Makkabäus, Laurentius, Moses, Johannes der Evangelist, der das Hohelied der Nächstenliebe sang, Petrus, der erste Stellvertreter Christi.
Die **Schule von Athen** zeigt im Zentrum Platon und Aristoteles. Platon weist nach oben zur himmlischen Heimat der Ideen. Aristoteles weist als großer Realist zur Erde. Platon trägt die Gesichtszüge Leonardo da Vincis. Hölderlins Wort «Wer das Tiefste gedacht, liebt das Lebendigste» gilt für beide; am linken Bildrand: ein bekränzter Mann benutzt einen Säulenstumpf als Unterlage für ein Buch, in dem er den Text eines Schülers verbessert. Rechts: der kleine Prinz Francesco

Gonzaga, der auf Wunsch Julius' II. in das Bild gemalt wurde; darüber, im Hintergrund Alkibiades mit Helm und der Meister der Dialektik, Sokrates. Mit Hilfe der Finger zählt er die Gründe auf, warum Gut und Böse nicht immer zugleich Richtig und Falsch ist; unter Sokrates der späteste der antiken Philosophen, Boethius; unter ihm, mit Bart, der große Pythagoras. Ein hinter ihm kauernder Greis rechnet die Zahlen nach. Der Philosoph Averroes (mit Turban) beugt sich interessiert über das Buch. Im weißen Gewand: der Neffe des Papstes, Francesco Maria della Rovere, Herzog von Urbino. Im Vordergrund rechts, über eine Tafel gebeugt: Euklid. Vier Schüler folgen der Bahn seines Zirkels. Rechts davon steht in Königsmantel und Krone der ägyptische König Ptolemäus mit dem Erdglobus in der Hand und dem Perser Zarathustra zugewendet, der einen Himmelsglobus hält. Er ist der mythische Vater der Astronomie. Rechts in weißem Gewand Sodoma, der die dekorativen Details gestaltete, und das Gesicht Raffaels, das uns direkt ansieht. Den Bildhintergrund bildet der Petersdom im damals noch unvollendeten Zustand.

Fensterwand: der **Parnaß**, Musenberg mit Apoll und den Musen. Apoll spielt auf einer Kithara, die neun Musen lauschen der Musik. Auf der linken Seite des Fensterausschnittes die Dichterin aus Lesbos, Sappho. Sie wendet den Blick zu den Lyrikern am linken Bildrand. Dort steht der jugendliche Properz; ganz außen, von uns abgewandt, Horaz und an den Baum gelehnt der griechische Dichter Pindar. Petrarca tritt von hinten dazu. Über Pindar, ein Bein über das andere gelegt, der Sprachmeister Ennius. Er schreibt auf, was der blinde Homer in blauer Toga von den Taten der Götter und Menschen singt. Links das starre Gesicht Dantes. Vergil blickt zu ihm zurück und deutet mit dem Finger vorwärts, doch Dante hört Apollos Musik nicht, seit sein Ohr die Harmonie ver-

S. P. Q. R.

Die Abkürzung S. P. Q. R. liest man in Rom oft an Bauten, Brunnen, Bussen und anderen Besitztümern der Stadt. Es ist die offizielle Hoheitsformel der antiken römischen Republiken, die heute noch benutzt wird: Senatus Populusque Romanus, Senat und Volk von Rom.

---

nommen hat, die das Paradies durchtönt. Auf der rechten Bildseite unten: die drei großen Dramatiker der Griechen: Aischylos, Euripides und Sophokles. Über ihnen, den Hügel hinauf die Humanisten und ganz rechts am Bildrand, skeptisch herüberblickend, Tebaldeo, der von Papst Leo mit 500 Dukaten belohnt wurde und dazu noch eine Zolleinnehmerstelle erhielt als Lohn für ein einziges Epigramm. Über ihm Theokrit mit dem jungen Sannazaro im Gespräch. Weiter oben schaut links vom letzten Baum Boccaccio in die Ferne. Gleich neben ihm, über die Schulter blickend der Dichter Ariost.
An der andern Fensterwand: die Erteilung des weltlichen und geistlichen Rechts.

Zwischen 1512 und 1514 hat Raffael die Stanza d'Eliodoro gemalt. Er schildert die **Vertreibung Heliodors,** des Schatzmeisters des syrischen Königs Seleukos, beim Raub des Tempelschatzes von Jerusalem. Er wird von einem himmlischen Reiter und zwei Gefährten überrascht und auf den Boden geschleudert. Im Hintergrund der Hohepriester beim Dankgebet. Am linken Bildrand wird Papst Julius II. hereingetragen. Er betrachtet mit Befriedigung das Strafgericht an dem Feind der Kirche.
Wand links: Befreiung Petri aus dem Kerker, eines der besten Nachtbilder der Zeit. *Wand gegenüber:* die Messe von Bolse-

na. Das Bild ist mit dem Fensterrahmen als Stufe der Treppe ein Beispiel des kompositorischen Geschicks Raffaels. – Ein böhmischer Priester hatte Zweifel an der leiblichen Gegenwart Christi in der Hostie gehabt. Durch eine Pilgerfahrt nach Rom wollte er Sühne leisten. In Bolsena in der Kirche Santa Cristina feierte er das Meßopfer. Bei den Wandlungsworten soll plötzlich aus der Hostie Blut geflossen sein. Das nahm Papst Urban IV. wahrscheinlich zum Anlaß, um das Fronleichnamsfest einzuführen. Das blutbefleckte Tuch wird heute im Dom von Orvieto verwahrt.

Eingangswand: Attila weicht vor den Toren Roms vor Leo I. zurück. Über Leo die Apostelfürsten Petrus und Paulus. Eigentlich wollte Raffael dem Papst die Züge Julius' II. geben, aber der Papst war vor Vollendung des Bildes gestorben. Er ersetzte ihn durch das Abbild seines Nachfolgers aus der Familie Medici, Leos X. Er hatte ihn aber auch schon als Kardinal auf dem Bild: links außen reitet er mit rotem Hut.

Wohltuende Ruhe und andächtige Stimmung strahlen die *Fresken Fra Angelicos* in der **Kapelle Nikolaus' V.** aus. Papst Nikolaus V. hatte Fra Angelico gebeten, Erzbischof von Florenz zu werden. Der Dominikanerbruder lehnte dankend ab. Er zog es vor, Maler zu bleiben, und gestaltete als Dank für die erwiesene päpstliche Ehre zwischen 1447 und 1449 die Fresken zum Leben und Tod der Diakone Stephanus und Laurentius; sie sind die letzten Werke des großen Malers von San Marco.

Giovanni de Dolci hat die **Sixtinische Kapelle** zwischen 1473 und 1484 im Auftrag von Papst Sixtus IV. gebaut. Auf den Längsseiten ist sie mit Fresken der bekanntesten Maler der Renaissance ausgemalt, die ebenfalls Sixtus IV. in Auftrag

Stanzen Raffaels

gab. Das Deckengemälde von Michelangelo und dessen Jüngstes Gericht an der Altarwand bilden einen großartigen Rahmen für die hier jeweils stattfindenden **Papstwahlen.**

Linke Wand (1481–1483):
1. Pinturicchio: Moses und sein Weib auf dem Weg nach Ägypten; Beschneidung des Sohnes. 2. Botticelli: der brennende Dornbusch; Moses erschlägt den Ägypter; Moses vertreibt die Hirten und tränkt die Schafe der Töchter Jethros; der Auszug der Juden. 3. Rosselli oder Schule Ghirlandaios: Durchzug der Juden durch das Rote Meer. 4. Rosselli: Moses auf dem Berg Sinai; Anbetung des Goldenen Kalbes. 5. Botticelli: Untergang der Rotte Korah. 6. Signorelli: Moses liest aus dem Buch; Einsetzung des Joshua; Trauer um den toten Moses.

Rechte Wand:
1. Perugino und Pinturicchio: Taufe Jesu. 2. Botticelli: Opfer der Aussätzigen; Versuchung Jesu. 3. Ghirlandaio: Berufung des Petrus und Andreas; 4. Rosselli und di Cosimo: Bergpredigt; Heilung der Aussätzigen. 5. Perugino: Übergabe der Schlüssel an Petrus. 6. Rosselli: Abendmahl.

Fensterzone: 28 Papstbildnisse von Botticelli, Fra Diamante, Ghirlandaio und Rosselli.

Decke und *Altarwand* stammen von Michelangelo.

Der Zyklus der Decke (1508–1512):
In der Mitte von der Altarwand beginnend: 1. Gott scheidet Licht und Finsternis; 2. Erschaffung von Sonne, Mond und Pflanzen; 3. Erschaffung der Vögel und Fische, Trennung von Erde und Wasser; 4. Erschaffung und Belebung des Adam; 5. Erschaffung der Eva; 6. Sündenfall und Austreibung aus dem Paradies; 7. Noahs Opfer; 8. Sintflut; 9. Noahs Trunkenheit.
Propheten und Sibyllen (über der Altarwand), Jonas; (rechte Seite: Jeremias, Persische Sibylle, Ezechiel, Erithräische Si-

bylle, Joel); über dem Eingang: Zacharias; linke Seite: Delphische Sibylle, Jesaia, Kymeische Sibylle, Daniel, Libysche Sibylle. Bilder in den Ecken über der Altarwand: links die eherne Schlange; rechts Esthers Erhöhung und Amans Strafe; Eingangsseite: links Judith und Tod des Holofernes; rechts David überwindet Goliath. Bilder in den Gewölbekuppen über den Fenstern: Darstellung des Stammbaums Christi und Familienszenen.

Die Freske der Altarwand, **Jüngstes Gericht** (1534–1541), wurde unter Papst Paul III. gemalt, der Stilwandel von der Renaissance zum Barock ist deutlich zu erkennen. Im Zentrum des Bildes steht Christus als Richter der Welt, begleitet von Maria, Aposteln und Heiligen. Sie sind an ihren Attributen zu erkennen: Petrus mit dem Schlüssel, Laurentius mit dem Rost, Katharina mit dem Rad, Bartholomäus mit der Haut (sie trägt die Gesichtszüge Michelangelos). Auf dem unteren Teil sind Gruppen von posaunenblasenden Engeln zu sehen; links die in den Himmel aufsteigenden Seligen, rechts die zur Hölle fahrenden Verfluchten. Der Fährmann Charon und der Richter Minos nehmen sich ihrer an, wie es Dante in seiner «Göttlichen Komödie» beschrieben hat. Unten links: Die Auferstehung der Toten. Der einzige, der an diesem Tag stirbt, ist der Tod. Im obersten Teil der Wand: Engel tragen die Leidenswerkzeuge. Ganz unten rechts: der päpstliche Kämmerer, der das Bild für eine Kirche ungeeignet fand. Michelangelo hat ihn mit einer Schlange umwunden gemalt.

---

113 In den **Vatikanischen Gärten**
114 Blick von der Laterne des Petersdoms auf den **Petersplatz**
115 **Peterskuppel**
116 In den **Vatikanischen Museen**

Borgia-Gemächer

Etwas wird zurückbleiben...

Wir kommen nach Rom mit großen, ja mit ungeheuerlichen Erwartungen und finden uns, was auf der Welt selten geschieht, nicht betrogen. Wir betreten Rom in einer erhöhten Verfassung des Gemüts, wie keine andere Stadt des Erdkreises sie unserer Natur abzunötigen vermöchte, und etwas von dieser Verfassung wird uns für immer zurückbleiben.
Werner Bergengruen

Die Räume des **Appartamento Borgia** wurden 1492 bis 1495 von Pinturicchio und seinen Gehilfen für Papst Alexander VI. (Borgia) ausgemalt.

Saal I (der Sibyllen): in den Lünetten Propheten und Sibyllen (von Schülern Pinturicchios).

Saal II (des Credo): in den Lünetten zwölf Propheten und die Apostel mit Spruchbändern.

Saal III (der freien Künste): in den Lünetten die sieben freien Künste (Trivium: Grammatik, Arithmetik, Geometrie; Quadrivium: Musik, Dialektik, Rhetorik, Astronomie), größtenteils von Antonio di Viterbo ausgemalt.

Saal IV (Heiligenleben): rechts die Heiligen Antonius und Paulus in der Wüste; Heimsuchung Elisabeths durch ihre Base Maria; Fensterseite: der heilige Sebastian; rechts davon: die keusche Susanna und die Errettung der heiligen Barbara.

Decke: mythologische Szenen um Isis, Osiris und den Apisstier (Anspielung auf das Wappen der Borgia).

Saal V (Glaubensgeheimnisse): von Pinturicchio und Schülern. Bilder aus dem Neuen Testament. Der Zyklus beginnt an der dem Fenster entgegengesetzten Wand: Maria Verkündigung; weiter rechts: die Geburt Christi, die Anbetung der Könige,

die Auferstehung (links kniet Alexander VI.), die Himmelfahrt, Pfingstwunder und Aufnahme Mariens im Himmel.
Saal VI: Gewölbemalereien und Stuck von Giovanni da Udine und Pierin del Vaga.

Der Petersplatz

Roms prächtigste Piazza ist der Petersplatz. Wo einst der riesengroße Zirkus des Caligula lag und ganz nahe beim großen Kybeletempel, der zur Zeit des Apostels Petrus noch stand, schuf Lorenzo Bernini zwischen 1656 und 1667 den damals größten Platz Roms. 30 Jahre zuvor war der Petersdom eingeweiht worden (mehr darüber auf Seite 195 ff.), und die Gestaltung der leicht ovalen Piazza war eine logische Ergänzung dieses gewaltigen, in 120 Jahren entstandenen Neubaus.
Der Petersplatz ist 240 Meter breit und 196 Meter lang. 284 Säulen und 88 Pfeiler in vier Reihen umfassen, zwei Riesenarmen gleich, den Raum vor dem Dom. In der Mitte stand damals schon der 25,5 Meter hohe Obelisk, den Kaiser Caligula 37 nach Christus aus Heliopolis in seinen Zirkus brachte. Hier wurde er von Domenico Fontana im Auftrag Papst Sixtus' V. 1586, also während der Bauzeit des Domes, aufgerichtet.
Auf den Dächern der Säulenhallen stehen 140 Heiligenstatuen. Links und rechts zwischen Obelisk und Säulenhallen hat Carlo Maderna zwei Brunnen errichtet, deren Fontänen 14 Meter hoch steigen.
Zwischen den Brunnnen und dem Obelisk sind auf beiden Seiten runde Steinplatten in den Boden eingelassen. Wenn man sich darauf stellt, scheinen die Kolonnaden nicht aus vier, sondern aus einer einzigen Säulenreihe zu bestehen.

Die Hügel

119 *Stadt der vielen Hügel*
120 *Palatin: Hügel der Kaiser*
128 *Spaziergang durch einen Ruinengarten*
131 *Kapitol: Sitz der Weltherrschaft*
136 *Aventin: Kirchen und Klöster*
141 *Quirinal: Päpste, Könige und Präsidenten*
144 *Viminal: im Herzen Roms unter Häusern verschwunden*
144 *Esquilin: gewachsen auf den Ruinen des Nerohauses*
145 *Caelius: Park und Stätten des Altertums*
146 *Monte Sacro: der heilige*
146 *Monte Mario: der höchste*
147 *Monte Giordano und Monte Testaccio: die künstlichen*
147 *Pincio: der populärste*
153 *Gianicolo und das Quartier Trastevere*

Stadt der vielen Hügel

Zählt man die beiden künstlichen und den Vatikanhügel sowie den Monte Verde dazu, ist Rom keine Sieben-, sondern eine Fünfzehn-Hügel-Stadt. Die weltberühmten sieben Hügel – alle nahe dem Tiber auf dessen linkem Ufer gelegen – waren das zuerst besiedelte Gebiet: sie lagen innerhalb der Servianischen Mauer. Zwischen diesen Hügeln und dem Fluß breitet sich eine Ebene aus, der *Campus Martius* der Antike.

Palatin: Hügel der Kaiser

In der ausgehenden republikanischen Zeit lag auf dem Palatin das Wohnviertel der Großgrundbesitzer, der *Optimaten*.
In den letzten Jahren der Republik wohnten auf dem palatinischen Hügel: Licinius Crassus, der es durch geschickte Bodenspekulationen zum Milliardär gebracht hatte; Publius Sulla, ein Neffe des Diktators Sulla; Catilina, der die berühmte Verschwörung anzettelte; Rechtsanwalt Cicero, der dessen Machenschaften enthüllte, und Rechtsanwalt Hortensius, Ciceros schärfster Konkurrent als Redner. Cicero lebte inmitten von Gegnern; das Haus neben ihm bewohnte sein grimmigster Feind Clodius. Eines dieser vielen Privathäuser schwerreicher Leute dürfte das *Haus der Livia* mit seinen Wandmalereien gewesen sein, unter allen Ruinen des Palatins das am besten erhaltene; auch Augustus selber könnte dort gewohnt haben.
Auf dem Hügel wohnte auch die Familie der Gracchen, der beiden Sozialreformer; der jüngere, Cajus Sempronius, trieb seine bald mit dem Leben bezahlte Liebe zum Volk so weit, daß er das luxuriöse Vaterhaus auf dem Palatin verließ und in eine elende Wohnung des Armenviertels übersiedelte. Auf dem Palatin wurde Cäsar Octavianus geboren, der 30 vor Christus als Augustus das iulisch-claudische Kaiserhaus gründete. Er kaufte die Häuser des Catilina und des Hortensius; an der Stätte dieser bescheidenen Häuser errichtete später Domitian den gewaltigen Palast, der heute *Domus Augustana* heißt.
Augustus wurde auf dem Palatin der erste Bauherr großen Stils. Er baute nicht nur seinen Palast, sondern auch den großen *Apollotempel* und die berühmte *griechisch-römische Bibliothek,* die größte in Rom. Im Nymphäum der Domus Au-

Die Ruinen der Domus Flavia auf dem Palatin

gustana, das mit seiner Quelle unter der Kuppel auch an heißesten Tagen einen kühlen Aufenthaltsort bot, stand lange das Wahrzeichen Roms, die Wölfin, bereits mit den Zwillingen Romulus und Remus, wie aus einer Rede Ciceros hervorgeht. Sie gingen verloren und wurden in der Renaissance ersetzt.

Erst Augustus machte den Palatin zum eigentlichen Kaiserhügel; seither gehörte es zum imperialen Lebensstil, daß die Kaiser sich dort ihre Paläste errichten ließen, und so verwundert es nicht, daß der Name Palatin der Ursprung unseres Wortes Palast wurde. Die *Domus Tiberiana,* die Augustus' Nachfolger in der Nordwestecke baute, übertraf an Größe die des Vorgängers bei weitem. Sie liegt in ihren wesentlichen Teilen unter den Farnesischen Gärten. Auch Caligula, Nachfolger des Tiberius, baute auf dem Palatin. Er errichtete sich selbst einen Tempel mit seinem eigenen Bild, dessen Ähnlichkeit als erstaunlich gerühmt wird, und er ließ eine Holzbrücke zum Kapitol bauen.

Der Palatin

1 Domus Tiberiana
2 Tempel der Magna Mater
3 Haus der Livia
4 Palast der Flavier
   A Basilika (Gerichtsgebäude)
   B Aula Regia (Thronsaal)
   C Tempel der Hausgötter (Laren)
   D Peristyl (Innenhof)
   E Speisesaal
5 Säulenhalle der Danaiden
6 Bibliothek
7 Tempel des Jupiter Vincitor
8 Domus Augustana
9 Antiquarium
10 Stadion oder Hippodrom
11 Thermen des Septimius Severus
12 Erziehungsanstalt für kaiserliche Pagen
13 Lupercal
14 Kryptoportikus
15 Mauer der Roma Quadrata
16 Auguratorium

Die Hügel: Palatin

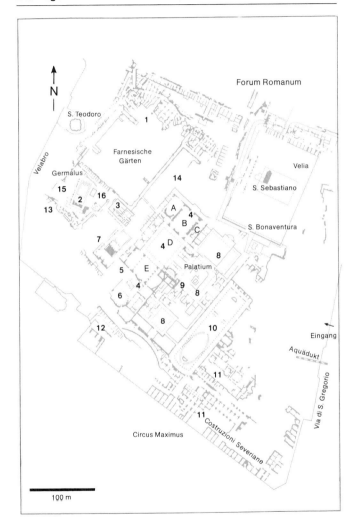

Nero, auf dem Palatin geboren und 54 nach Christus zur Regierung gelangt, errichtete auf dem bereits stark bebauten Hügel einen neuen Kaiserpalast, das goldene Haus oder die *Domus aurea,* die vom Palatin bis über den Esquilin reichte. Nur vier Jahre nach deren Vollendung nahm sich Nero das Leben.

Erst Septimius Severus, der 21. Kaiser, hat sich fast anderthalb Jahrhunderte später auf dem Südostzipfel des Palatins wieder einen großen Palast gebaut, dessen wirres Fundamentskelett freigelegt ist; zu ihm gehörte auch das großartige dreistöckige Säulenbauwerk *Septizonium,* ein Nymphäum, das als Schauwand den Anfang der von hier ausgehenden Via Appia bezeichnete. Es hat die übrigen Bauten des Palatins lange überlebt. Erst Sixtus V. ließ die Trümmer der gigantischen Bogen abtragen.

Kaum jemand hat die historisch-pathetische Stimmung des Hügels eindrucksvoller dargestellt als **Ferdinand Gregorovius,** der Geschichtsschreiber der «Stadt Rom im Mittelalter»:

«In den Ruinen der Kaiserpaläste schreit die Eule. Was geschah hier im Lauf der Zeit! Wer wandelte hier in diesen Kaiserhallen! Augustus, Tiberius, Caligula, Nero, Domitian, die Antonine, Heliogabalus – die Götter der Erde und ihre Dämonen. Hier ward aufgeführt jegliches Schauspiel der Leidenschaft, Tugend und Laster, Großmut, Narrheit, Weisheit, teuflische Bosheit; jede Empfindung, für welche die menschliche Brust Raum enthält, hat hier Gestalt angenommen. Hier ward die Welt regiert, verschwelgt, verpraßt, in einer Nacht vergeudet. Jedes Alter und jedes Geschlecht hat hier geherrscht, Greise und Weiber, Männer und Kinder, Sklaven und Eunuchen haben hier Gesetze diktiert. Nun ist alles tot und still, bis auf den Klagegesang der Eule, die um die wüsten Steinbogen flattert...»

Nach der Regierung des Germanen *Odoaker* im 5. Jahrhundert verfielen Weltstadt und Kaiserhügel rasch. Katastrophen zogen herauf; Erdbeben, bei denen die riesigen Stützbauten zusammenfielen; der Normannenbrand Robert Guiscards von 1084, der auch über das Forum und den Palatin raste und dessen Spuren wir noch an mancher Ruine des Forums sehen. 1145 wurde das Trümmerfeld des Palatins in die große Festung einbezogen, die die Frangipani zwischen Kapitol und Kolosseum errichteten, um ihre Stellung in den wilden Adelsfehden zu behaupten und von hier aus der Stadt ihren Willen zu diktieren. Unter diesen Raubrittern erscheint auf dem Palatin *Giacoba Frangipani,* die fromme Seelenfreundin des Franz von Assisi, die in seiner Sterbestunde bei ihm war und ihm die letzte Nahrung an die Lippen führte. Sie war demütig und fromm – und eine höchst tatkräftige Frau und wußte die Frangipanifestung energisch zu verteidigen.

Schon bevor Sixtus V. das Septizonium abbrach, war der Palatin unbewohnt. Wo einst Palast sich an Palast gereiht hatte, breitete sich nur noch Garten- und Weideland aus. Nach dem Raubrittergeschlecht der Frangipani nahmen Mitte des 16. Jahrhunderts die Mattei und die Farnese den Hügel in Besitz, nicht um ihn als Festung zu behaupten, sondern um dort große Lustgärten mit dem Casino anzulegen – die Mattei auf dem südlichen Teil, unter der Domus Augustana, Paul III. Farnese über dem Tiberiuspalast in der Nordwestecke. Die Matteigärten haben nicht allzulange bestanden; aber die Orti Farnesiani bildeten für ein paar Generationen die schönsten Gartenanlagen Roms. Paul III. hatte sich das schöne Casino bauen lassen.

1726 hat man dort erstmals einen systematischen Grabungsversuch unternommen, dabei einen unterirdischen Raum mit herrlichen goldgewirkten Gobelins freigelegt, welche die

Im Farnesischen Garten

Wände bedeckten. Als sie mit der Luft in Berührung kamen, zerfiel ihr müdes Gewebe in Staub.
Der Palatin blieb Gartenland und Weideland. Die gewölbten Räume dienten den Bauern als Heuspeicher, und nachts kamen die Füchse vom Palatin ins Velabrum hinunter, um dort zu trinken. Immer wieder wühlten die ackernden Landleute Marmorstücke jeder Art und Farbe aus dem Boden, die einst die Wände der Kaiserpfalzen bekleidet hatten. Die wenigen Reisenden, die den Palatin eines Besuches würdigten, ließen daraus Mosaiktafeln fertigen.
Fast hätte der Palatin eine wahrhaft groteske Auferstehung erlebt. Denn nachdem Napoleon I. den Papst aus dem Quiri-

nal weggeführt und Rom zur «Kaiserlichen Stadt» erhoben hatte, entwarf Giuseppe Valadier im Auftrag des Imperators abenteuerlich-ausschweifende Pläne, die unter anderem eine ganze Zone moderner Kaiserpaläste auf dem Palatin vorsahen. Aber die Napoleonische Herrlichkeit war zu kurz; das Programm, dessen letztes Ziel die Umgestaltung ganz Roms gewesen war, ließ sich nicht durchführen.

Napoleon III. nahm die Grabungen auf dem Palatin in großem Umfang wieder auf. 1861 kaufte er vom gerade abgesetzten König Franz II. von Neapel die Farnesischen Gärten. Von großen Teilen des Kaiserhügels ließ er die durch Paul III. gezogene Flora ausroden; metertief wurde gegraben, bis das Gerippe versunkener Kaiserherrlichkeiten zutage kam.

Nur für die Topographie des kaiserlichen Rom erwiesen sich diese kostspieligen Grabungen als bedeutungsvoll. In der ganzen Welt wurden sie, ebenso wie die etwa gleichzeitigen Arbeiten am Kolosseum, beklagt. *Hermann Grimm,* der Biograph Michelangelos, wetterte gegen die Zerstörung Roms; und der Archäologe *G. G. Ampère,* Sohn des weltberühmten Physikers, schrieb: «Die Barbaren hatten nicht genug Kenntnisse, um die römischen Denkmäler zu zerstören, aber dank den Hilfsmitteln der modernen Wissenschaft ist man fast mit allem fertig geworden, was die Zeit aufgespart hatte.»

Noch vor dem Ende des Kirchenstaates kaufte die Regierung *Viktor Emanuel II.* die Orti Farnesiani von Napoleon zurück. Unerträglich war der allgemeinen Rombegeisterung, die das nationale Italien ergriffen hatte, der Gedanke, die Franzosen, die verhaßten Protektoren des Papstes, könnten sich in der künftigen Hauptstadt einnisten! Die Grabungen wurden auch nach dem großen Wandel der Dinge fortgesetzt und haben den zwitterhaften Zustand geschaffen, in dem sich der Palatin heute befindet.

Spaziergang durch einen Ruinengarten

Faszinierend ist die Aussicht vom «Gipfel» des Palatin, und es ist wunderschön, sie zu genießen, bevor man durch die Ruinen schlendert (die Zahlen in Klammern beziehen sich auf den Plan Seite 123).

Die Reste der **Domus Tiberiana** (1) liegen fast vollständig unter den Farnesischen Gärten, die durch die Schleifung dieses Palastes entstehen konnten.

Der **Tempel der Magna Mater** (2) wurde 204 vor Christus gebaut, um den «schwarzen Stein» der Göttin aufzubewahren. Augustus erneuerte ihn. Architekturreste und die Statue der sitzenden Kybele (Magna Mater) sind erhalten.

Aus dem 1. Jahrhundert vor Christus stammt das **Haus der Livia** (3). Daß es sich wirklich um das Haus der Gemahlin des Augustus handelt, ist nicht erwiesen. Bemerkenswert sind die Fresken mit Girlanden, ägyptischen Landschaften, mythologischen Szenen, mit Jo, Jupiter, Merkur und Argus, Genien und Greifen.

Unter Domitian (51–96 n. Chr.) wurde der **Palast der Flavier**, die Domus Flavia (4), errichtet. Unter der *Basilika* (A) liegt ein Isistempel; die Fresken dieses Tempels sind in einem Raum der Domus Augustana aufbewahrt. Die *Aula Regia* (B), der Thronsaal, war einst mit Säulen und Statuen geschmückt. Ein Tempel der Schutzgötter des Hauses war das *Lararium* (C). Darunter liegt ein Haus aus republikanischer Zeit mit Fresken und Mosaikfußboden. Darüber hinaus sind ein gedecktes *Peristyl* (D) und das *Triclinium* (E), der Speisesaal mit Nymphäen auf beiden Seiten, zu sehen.

Die **Säulenhalle der Danaiden** (5) ist ein Portikus aus augustäischer Zeit. Dahinter lagen die griechische und die lateinische **Bibliothek** (6).

Die Hügel: Palatin

Nach dem Sieg von Sentinum (295 v. Chr.) wurde der **Tempel des Jupiter Vincitor** (7) gebaut und in der Kaiserzeit restauriert. Einige Archäologen halten ihn für den Apollotempel, der nach dem Sieg von Antium durch Augustus 31 vor Christus errichtet wurde. Die Weihinschrift am Rundaltar kann nicht mit der Errichtung in Verbindung gebracht werden.

Das Haus der Herrscher, **Domus Augustana** (8), entstanden unter Domitian, war bis in die byzantinische Zeit offizieller Sitz der Kaiser. Es ist zweistöckig und von einem großen Peristyl umgeben. Die Ruinen in der Mitte stammen aus der Zeit des Maxentius.

Verschiedene Fundstücke aus dem Palatin sind im **Antiquarium** (9) untergebracht.

Das **Stadion oder Hippodrom** (10) diente vielleicht militärischen Übungen und Vorführungen und war ein Teil des Palastes, nach anderen Quellen eine Gartenanlage, der Hippodromgarten.

Weil sie so hoch sein sollten wie der Palast, erhielten die **Thermen des Septimius Severus** (11) sehr hohe Gewölbe. In der Nähe befand sich das *Septizonium,* der siebenstöckige Säulenbau. Im 16. Jahrhundert waren von ihm noch drei Stockwerke erhalten. Sixtus V. ließ sie abtragen.

Aus dem 2. Jahrhundert stammt die **Erziehungsanstalt für kaiserliche Pagen** (12), und der **Lupercal** (13) soll die Höhle sein, in der die Wölfin die Zwillinge Remus und Romulus gesäugt hat.

Ein halb unterirdischer Gang ist der *Kryptoportikus* (14). Er erhält Licht und Luft durch Fenster und vereinigt die Domus Aurea mit dem Palatin.

Von der **Mauer der Roma Quadrata** (15) sind noch Reste zu sehen, die Gesamtanlage scheint nur drei Tore gehabt zu haben.

Das **Auguratorium** (16) war wahrscheinlich der Ort, wo die Augures (Priester zur Deutung des Vogelflugs) aus dem Vogelflug das Schicksal erforschten. Es wäre aber auch möglich, daß es sich um einen anderen kleinen Tempel handelt.
Zwischen Aventin und Palatin lag einst der größte Zirkus Roms, der **Circus maximus.** Er war 600 Meter lang und 80 Meter breit und bot 300 000 Zuschauern Platz. Angeblich soll er bereits im 7. Jahrhundert vor Christus von etruskischen Königen gebaut worden sein, die gefundenen Mauerreste stammen aber aus dem 2. Jahrhundert vor Christus. Unter Cäsar, Augustus, Vespasian, Titus, Trajan, Konstantin und anderen ist er mehrfach vergrößert worden, bis 549 wurde er benutzt. Cäsar soll im Circo massimo 46 vor Christus eine Schlacht mit 1000 Soldaten, 600 Reitern und 40 Elefanten veranstaltet haben.

Dioskur mit Pferd an der Treppe zum Kapitol

Kapitol: Sitz der Weltherrschaft

Als Michelangelo zu Beginn des 16. Jahrhunderts den Auftrag erhielt, den damals ganz von mittelalterlichen, zinnengekrönten Wehrbauten bedeckten Kapitolinischen Hügel – zusammen mit dem Palatin war er das eigentliche «Herz» Roms – neu zu gestalten, fand er eine Lösung, die bewußt keine Rücksicht auf die große antike Vergangenheit nahm, sondern völlig aus dem Geist der Renaissance hervorwuchs. Dies gelang ihm vor allem dadurch, daß er dem Hügel das nahm, was ihn das ganze Altertum hindurch ausgezeichnet hatte, nämlich die allseits starrende Unzugänglichkeit. Denn dieser steile **Mons Capitolinus** war in republikanischer wie kaiserlicher Zeit der isolierteste aller Hügel Roms. Vulkanischen Ursprungs, felsig, waldig, ragte er viel höher, als man heute glauben möchte, aus der Tiberebene empor.

Vom Palatin, dem nördlichen Nachbarhügel, sonderte ihn das tiefe Tal *Velabrum* ab, dessen Sümpfe durch zahlreiche, auch vulkanischwarme Quellen am kapitolinischen Hang gespeist wurden. Gegen das erst zur Kaiserzeit bebaute, heute von der päpstlichen Altstadt dicht besiedelte Marsfeld schützte ihn ein schroffer Steilabfall. So bestimmte seine einsame Lage ihn dazu, für Rom das zu werden und zu sein, was durch die Jahrhunderte die Akropolisfelsen für Athen gewesen war: Burg und Götterburg. Jetzt stehen dort der *Senatorenpalast* (heute Rathaus) und die beiden *Museumspaläste*.

Der nördliche Gipfel, auf dem jetzt die Kirche *Santa Maria in Aracoeli* (29) steht, trug im Altertum die «Arx», die Burg oder Zitadelle, und, neben anderen Bauwerken, den Junotempel, nach dem die Münzprägestätte in der Nachbarschaft die «Juno Moneta» genannt wurde. Der südwestliche Gipfel, die «Rupis Tarpeia», war in der frühen Königszeit von angesehenen Privatleuten bewohnt, zu denen jener tapfere *Manlius* zu zählen ist, der einst den Berg – mit oder ohne Hilfe der Gänse! – erfolgreich gegen die Gallier verteidigt hatte. Als Manlius sich in hochverräterische Pläne der Plebejer einließ und dafür hingerichtet, das heißt nach der Sitte der Zeit vom Tarpejischen Felsen gestürzt wurde, erging an alle Patrizier das Verbot, auf dem Kapitolinischen Hügel zu wohnen.

Tarquinius Superbus errichtete auf dem Tarpejischen Felsen den Tempel der etruskischen Trias: Tinia, Uni, Menrva, die im Laufe der Zeit zu Jupiter, Juno und Minerva wurden. Seinen Giebel schmückte Vulca, der berühmteste etruskische Bildhauer, mit großartigen, farbigen Bildwerken aus gebranntem Ton: Vor ihm stand Roms Wahrzeichen, die Wölfin (heute im Kapitolinischen Museum). Als im Jahr 63 vor Christus Catilina die Macht zu ergreifen versuchte, schleuderte ein Blitz, dessen Spuren noch jetzt an einem der Hinterläufe des Tieres erkennbar sind, die Skulptur von ihrem Postament.

78 vor Christus entstand das Hauptbauwerk, das **Tabularium,** das Reichsarchiv; der heutige Senatorenpalast steht zum Teil auf seinen Grundmauern (vgl. auch Seite 77).

83 vor Christus brannte der Jupitertempel vollständig aus; Sulla ließ ihn erneuern und beraubte dazu den Tempel des Olympischen Zeus zu Athen vieler seiner Säulen. Aber auch danach stand über diesem Kapitolstempel kein guter Stern, denn immer wieder fiel er großen Feuersbrünsten zum Opfer. Zuletzt hat ihn Kaiser Domitian im Jahr 85 nach Christus wiedererrichtet. Er stand noch bis ins 5. Jahrhundert, obwohl während der ersten Goteninvasion der Germane Stilicho, der die Regierung für den weströmischen Kaiser Honorius führte, die Goldplatten von seinen Toren gerissen und der Vandalenkönig Geiserich bei der Plünderung Roms die vergoldeten Bronzeziegel von seinem Dach mitgenommen hatte.

Die Reiterstatue des Kaisers Mark Aurel auf dem Kapitolsplatz

Damals lag Rom schon in der Agonie, und seine Tempel starben mit ihm. Wie später das Kolosseum, wurden sie als Steinbrüche benutzt. Bis ins Mittelalter lag das Kapitol wüst und beinahe unbewohnt. Zur Zeit der byzantinischen Herrschaft über Rom stand dort ein Mönchskloster.

Nach 50 Jahren historischen Dunkels tauchte das Kapitol wieder ans Licht, als Kaiser Heinrich IV. die Häuser der mächtigen Corsi, die sich dort festgesetzt hatten, zerstörte. Bald darauf vernichtete der Brand, den die von Gregor VII. zu Hilfe gerufenen Normannen Guiscards legten, alles Leben hier wie im ganzen Bereich zwischen Kapitol und Lateran.

Erst 60 Jahre später, 1143, tritt der Kapitolinische Hügel wieder in die Geschichte. Damals kam es zu einer revolutionären Bewegung gegen *Innozenz II.* Das Volk strömte zum Kapitol, rief die Republik aus und erweckte im Taumel der Begeisterung den altrömischen Senat zu neuem Leben. Es war nur ein kurzer Traum – ebenso kurz wie 200 Jahre später der Versuch Cola di Rienzis, die römische Republik wiederherzustellen.

Ehe der «Tribun» hier seine vergängliche Herrschaft errichtete, sah das Kapitol noch zwei merkwürdige Augenblicke: auf seiner Höhe wurde der junge Konradin, der nach Italien kam, um dem Anjoukönig Karl I. das geraubte Sizilische Reich wieder zu entreißen, von den Römern enthusiastisch als Kaiser begrüßt – wenige Monate vor der Unglücksschlacht von Tagliacozzo, die den letzten Hohenstaufentraum endgültig zusammenstürzen ließ. Und 73 Jahre nach der Hinrichtung Konradins wurde *Francesco Petrarca* auf dem Kapitol zum Dichter gekrönt. Wenige Jahrzehnte später wurde der von Petrarca bewunderte *Cola di Rienzi,* der dem Kapitol die stärkste Strahlung seit der Antike verliehen hatte, hier ermordet.

Auch Rienzis phantastischer Traum war gescheitert; doch etwas davon ist lebendig geblieben: die Rolle nämlich, die das

Die Hügel: Kapitol

Kapitol fortan in der mittelalterlichen und neueren Geschichte Roms spielen sollte. Es ist seither ununterbrochen Mittelpunkt des kommunalen Lebens gewesen. Hier haben die Oberhäupter der Stadt residiert, so wie sie noch heute im Senatorenpalast Michelangelos residieren. 1348 wurde die strenge Abschließung des Kapitolinischen Hügels durch die Aracoeli-Treppe aufgehoben. Im folgenden Jahrhundert gründeten *Nikolaus V.* und *Sixtus IV.* auf dem Kapitol die ersten antiken Sammlungen. So sehr der Glanz der Antike auch vergangen war: das Wort «Civis Romanus sum» hatte nichts von seiner Magie verloren.

1538 versetzte Michelangelo die vergoldete Statue Mark Aurels vom Lateran auf das Kapitol. Der vom Meister selbst geschaffene Sockel stammt aus den Trajansthermen, «weil es sonst keinen so großen Marmorblock gab». Michelangelo selber hat die Vollendung des Werkes nicht mehr gesehen, und seine Nachfolger haben, wie üblich, einiges an seinen Plänen geändert, doch die Konzeption des Meisters ist geblieben. Er hat den Kaiser auf seinem goldenen Streitroß über Türme und Kuppeln der päpstlichen Altstadt hinwegschauen lassen zu dem großen, kühnen Traum, den der gewaltige Baumeister dem Grab des Apostelfürsten errichten wollte und dessen Vollendung er ebenfalls nicht erlebte: zur Basilika von Sankt Peter. Michelangelo schuf zudem die lange Flachtreppe, die Cordonata, die unvergleichlich schöne, den Platz gegen die Stadt abgrenzende Marmorbalustrade mit den Statuen der Dioskuren aus der Kaiserzeit, erneuerte den Senatorenpalast mit seiner Doppeltreppe und rechts und links von ihm die beiden Paläste, die heute Roms berühmteste und – nach den vatikanischen Sammlungen – größte Museen beherbergen: das *Kapitolinische Museum* und den *Konservatorenpalast* (mehr darüber im Kapitel «Schätze in römischen Museen»).

Aventin: Kirchen und Klöster

Wie Kapitol und Palatin ist der Aventin ein **Berg der Sage.** Die altrömische Legende, immer sehr beflissen, die Verbindung zwischen Rom und Griechenland – auf Kosten der geschichtlich nachweisbaren, so viel engeren Verbindung mit den Etruskern – zu unterstreichen, läßt Herakles hier den furchtbaren Räuber Cacus erschlagen, ein Omen für die Rolle, die der Hügel in geschichtlicher, besonders in republikanischer Zeit gespielt hat. Hier war einst das eigentliche Armenviertel der Urbs, und das hieß Sammelbecken der Unzufriedenheit und des unruhigen politischen Radikalismus. Die Kämpfe zwischen *Optimaten* und *Popularen,* Adel und Plebs also, waren die ersten schweren sozialen Auseinandersetzungen der Geschichte. Sie haben rund 100 Jahre gedauert und sind nie wirklich beendet, sondern nur vertagt oder von den Kaisern durch das bekannte *panem et circenses* (Brot und Spiele) beschwichtigt worden. Ihre bedeutendsten Gestalten sind die von Dichtern verherrlichten Gracchen, die Brüder *Tiberius Sempronius* und *Cajus Sempronius.* Als das große soziale Experiment dieser kühnen Ideenreformer dem Widerstand der Reaktion erlag, fand der junge Cajus auf dem Aventin sein Ende. Geächtet von seinen Gegnern, wurde er mit seinen Anhängern im Tempel der Diana belagert, konnte über den Tiber entfliehen und ließ sich im Wäldchen der Furina von einem treuen Sklaven den Tod geben. Vor ihm wie nach ihm ist der Aventin der Sammelpunkt der Erniedrigten und Beleidigten gewesen; mehr als einmal haben politische Linksradikale im Dianatempel Zuflucht gesucht. Hier war, in moderner Terminologie, die Organisationszentrale des politischen Radikalismus, die zweimal die römischen Plebejer zu einer «secessio in montem sacrum» bestimmte. Seit jenen Zeiten ist der

Name Aventin die symbolische Bezeichnung für «politische Opposition» geblieben. Wir haben das miterlebt, als die «Popolare», deren Generalsekretär der spätere Ministerpräsident de Gasperi war, 1926 Mussolini ihre Mitarbeit in der Kammer aufkündigten und sich auf den Aventin zurückzogen: «der Aventin» war damals freilich nur ein Zimmer im dritten Stock des Parlaments auf dem Monte Citorio.
Ist es Zufall, daß die junge christliche Bewegung in Rom zuerst auf dem Aventin Wurzeln schlug? Ihre Lehre, die in gewissem Sinne einen christlichen Urkommunismus formte, kam der Sehnsucht der Armen in der Weltstadt entgegen. Vielleicht ist es nur Legende, daß der Apostel Petrus bei dem Ehepaar Aquila und Prisca – wir kennen die Namen aus der Apostelgeschichte – gewohnt hat; die beiden waren im proletarischen Quartier auf dem Aventin zu Hause; auch der Apostel Paulus soll bei ihnen Unterschlupf gefunden haben. An der Stätte ihres Hauses steht heute die kleine Kirche **Santa Prisca** (T) aus dem 4. und 5. Jahrhundert, unter der Kirche liegt ein bedeutender Mithrastempel aus der Spätantike mit interessanten Malereien und Skulpturen. (Die Buchstaben und Zahlen in Klammern hinter Kirchennamen beziehen sich auf den Plan Seite 213.)
Sicher ist, daß hier die Zentrale der urchristlichen Bewegung in Rom war und der Aventin seither eng mit Werden und Wachsen der römischen Christengemeinde verbunden blieb.
Von 382 bis 386, unter den weströmischen Kaisern Gratian und Valentinian II., lebte auf diesem Hügel der heilige Hieronymus als Freund und Vertrauter Damasus' I., und hier hat er die Vulgata, die später vielfach als fehlerhaft erwiesene Übersetzung der Bibel ins Lateinische, begonnen.
Am Fuß des Aventin bauten griechische Mönche über den Trümmern eines Herkulestempels **Santa Maria in Cosmedin**

(S) in Erinnerung an eine Kirche Konstantinopels, die den gleichen Namen trägt. Sie ist eines der schönsten, stimmungsvollsten Gotteshäuser Roms. Eine antike Wanne aus rotem Granit, die als Altartisch dient, steht hier seit dem 8. Jahrhundert. Um 1124 haben Mitglieder der Künstlerfamilie der Cosmaten den herrlichen Fußboden und den Osterleuchter geschaffen; 777 – nach anderen Quellen erst etwa 1120 – ist der Campanile errichtet worden.

Die nähere Umgebung der Kirche wird von antiken Denkmälern beherrscht. In der Vorhalle von Santa Maria in Cosmedin ist die berühmte **Bocca della Verità** – «Mund der Wahrheit» – zu sehen; er diente als Dampfabzug in einem römischen Caldarium. Der Volksmund sagt, wer die Hand in den offenen Mund dieses kreisförmigen Gesichts lege und nicht die Wahrheit ausspreche, der könne seine Hand nicht mehr zurückziehen.

Um Santa Maria in Cosmedin herum entwickelte sich eine immer mehr anwachsende byzantinische Kolonie, die *Ripa Graecorum,* der allmählich eine Art kultureller Vormundschaft über Rom zufiel. Sie erlebte den Höhepunkt ihrer kulturellen Bestrebungen, als *Kaiser Otto III.* 998 nach Rom kam. Als Sohn der byzantinischen Kaisertocher Theophano bezeichnete er das Griechische als seine Muttersprache. Rasch nahm er die byzantinisch gefärbten Sitten Roms an – ein erhaltener Zeremonienkodex vergegenwärtigt die Form seines Sultanats. Auf dem Aventin ließ er sich eine Kaiserpfalz bauen, in deren Sälen er dem phantastischen Traum von der Errichtung eines christlichen Weltreiches nachhing. Sein Lehrer Gerbert von Aurillac, den er als Silvester II. auf den päpstlichen Thron setzte, förderte diese weltfremden Träume. Vom römischen Adel in seiner Pfalz belagert, konnte er sich nur durch Flucht retten. Bald darauf starb das «Miraculum

Die Hügel: Aventin

Rundtempel der Vesta (links) und der Tempel der Fortuna Virilis (rechts) am Forum Boarium

mundi», das Weltwunder, zweiundzwanzigjährig auf Schloß Paternò bei Civita Castellane.

Auf das «Miraculum mundi» folgte 82 Jahre später der «Terror mundi», wie die Inschrift auf der Gruftplatte jenes Normannenherzogs *Robert Guiscards* besagt, der den größten Brand über Rom gebracht hat. Er vernichtete die Stadt bis auf den Grund. Um das Marsfeld herum, in der Tiberbucht, entstand eine neue Stadt, das päpstliche Rom. Es blühte auf, je mehr es dem erstarkenden Papsttum gelang, den Adelsfehden, die so viele unersetzliche Kunstwerte zerstört haben, ein Ende zu setzen und die ganze allmählich in Ortschaften aufgelöste Urbs unter der Tiara zu vereinigen.

Der Aventin ist der erste Hügel Roms, den die Päpste systematisch mit Klostersiedlungen bebauten. Das zu der aus dem 5. Jahrhundert stammenden Kirche **Santa Sabina** (11) gehörende Kloster gab Honorius III. 1219 dem heiligen Dominikus. Diese wohl schönste Kirche des Aventin gab ihrer Gegend nach der proletarischen und frühchristlichen Zeit zum dritten Mal einen neuen Akzent (mehr darüber im Kapitel «Kirchen und Katakomben»).

Im 14. Jahrhundert siedelte sich auf dem Aventin auch der «bewaffnete Arm der Kirche» an, der souveräne Orden von San Giovanni di Gerusalemme, die Johanniter, die späteren Malteser. Unter den Werten, die ihnen aus dem Vermögen des aufgelösten und verbotenen Templerordens nach dem großen Schauprozeß Philipps IV. des Schönen von Frankreich zufielen, befand sich auch eine Villa auf dem Aventin. Noch heute ist die *Villa del Priorato* Sommerresidenz des Großmeisters. Um die Mitte des 16. Jahrhunderts hat Piranesi die kleine Ordenskirche *Santa Maria del Priorato* gebaut und die Intimität des kleinen Platzes vor dem Portal der Villa gestaltet. Es gibt kaum einen Romreisenden, der nicht durch das berühmte Schlüsselloch dieses alten eisenbeschlagenen Portals geschaut hätte, durch das man zwischen haushohen, sorgfältig geschnittenen Bosketten in perspektivischer Vollendung die ferne *Kuppel von Sankt Peter* sieht. Unterhalb der Prioratsvilla, am Tiberufer, wo einst die Ripa Graecorum sich erstreckte, grub Pietro Ercole Visconti 1868 die *Marmorata,* das große römische Marmordepot des kaiserlichen Rom, aus. Schon immer hatte man hier Stücke seltenen Marmors ans Licht gebracht – Visconti konnte also mit einer sicheren Ausbeute rechnen. Aber was er fand, übertraf alle Erwartungen. Ungeheure Marmormengen wurden aus dem Boden gehoben, den die Überschwemmungen seit dem Altertum zehn Meter tief mit Schlamm und Erde bedeckt hatten. Aus ihnen wurde der prachtvolle Marmorfußboden in der Galleria dei Candelabre im Vatikan gearbeitet. Den wertvollsten Block stiftete Pius IX. der Jesuitenkirche Il Gesù, in der Gebeine des heiligen Ignatius ruhen, für den Bau des Hochaltars. Es gab kaum eine namhafte Kirche der Welt, die er nicht mit Schenkungen aus diesem unerwartet reichen Schatz bedachte.

Quirinal: Päpste, Könige, Präsidenten

Mit seinen etwa 50 Metern ist der **Quirinal** ein wenig höher als der Palatin und der Kapitolinische Hügel. Nur von einem einzigen Bauwerk aus der kaiserlichen Epoche wissen wir, den großen *Thermen Konstantins,* die mit den Thermenanlagen frühkaiserlicher Zeit, denen des Agrippa und des Diokletian, wetteiferten. Sie bedeckten etwa das große Gebiet des Palazzo della Consulta und des Palazzo Pallavicini-Rospigliosi. Noch im Jahre 443 standen sie; für das Jahr 519 bezeugt ein Bericht bereits, daß sie als Ruinen dalagen. Paul V. zerstörte sie vollends. Aus ihren Trümmern hat um die Mitte des 17. Jahrhunderts Kardinal Scipio Borghese, Schöpfer der großen, nach ihm benannten Villa vor der Porta Pinciana, jenen weiträumigen Palast gebaut, der heute den Rospigliosi gehört.

Die in den Ruinen gefundene schöne Statue Konstantins des Großen steht heute links vom Portal von San Giovanni in Laterano. Zwei Statuen schmücken die Balustrade des von Michelangelo entworfenen Kapitolplatzes. Die Porphyrsäulen im Museo Profano der Vatikanischen Bibliothek stammen ebenso aus den Konstantinsthermen wie die beiden Kolossalgruppen der Rossebändiger, die als Kastor und Pollux bezeichnet werden und vor dem Quirinalpalast stehen, der darum auch **Monte Cavallo** heißt. Die Inschriften an den Sockeln «Opus Fidiae» und «Opus Praxitelis» sind ungerechtfertigt; sie sind unzweifelhaft Werke der römischen Kaiserzeit und bestenfalls Kopien nach verlorenen früheren Originalen.

1574 begannen die Päpste den Bau des Quirinalspalastes, der ihnen dann beinahe 300 Jahre als Sommerresidenz diente, weil die Lage des Vatikans in dieser Zeit ungesund war. Die größten Baumeister der Zeit, Flaminio Ponzio, Domenico Fontana, Lorenzo Bernini, Ferdinando Fuga, Carlo Maderna, Ottaviano Mascherino, haben daran gebaut. Den weitläufigen Garten, der den ganzen Nordhang des Quirinalhügels bedeckt und jenseits der Via Quattro Fontane in die Gärten des Palazzo Barberini übergeht, hat Carlo Maderna angelegt, der Schöpfer der Fassade von Sankt Peter. Pius VI. verschönte den Platz vor dem Sommerpalast dadurch, daß er zwischen den beiden Rossebändigergruppen einen der ägyptischen Obelisken aufstellen ließ, die einst vor dem Mausoleum des Augustus gestanden hatten. An dem Monolithen auf dem Quirinal klebte eines Morgens ein Zettel, mit dem das unter

beispielloser finanzieller Mißwirtschaft und radikalem Fiskalismus leidende Volk Roms sich Luft machte; es war auf ihm zu lesen: *Signore! Di' a questa pietra, che divenga pane* (Herr, befiehl diesem Stein, daß er Brot werde!).
Zweimal wurde der päpstliche Sommerpalast auf dem Quirinal von geschichtlichen Ereignissen erschüttert; zweimal schien hier die weltliche Herrschaft der Päpste zu Ende zu gehen – und beide Male hat sie sich wieder erhoben. Am 6. Juli 1809 ließ Napoleon Pius VII. verhaften und nach Paris schaffen. Und im November 1848 wurde Pius IX. vom römischen Pöbel belagert, erschoß die auf der Piazza Monte Cavallo versammelte Menge den neben ihm am Fenster stehenden Sekretär Monsignore Palma, ehe der Papst ins freiwillige Exil nach Gaeta flüchtete und Rom, seine Hauptstadt, der kurzlebigen französischen Republik überließ, die dann der Prinzpräsident Louis Napoleon niederkartätschte.
Seit dem Ende der Republik und seiner Rückkehr hat Pius IX., der noch Jahrzehnte regierte, nicht mehr im Quirinal gewohnt. Er betrat den Palast nur noch selten. Bei einem dieser seltenen Besuche gab er dem deutschen Maler Friedrich Overbeck den Auftrag, das Zimmer, in dem Pius VII. von den Franzosen verhaftet worden war, mit einem Gemälde zu schmücken, das diesen geschichtlichen Augenblick festhalten sollte. Nach einigen Tagen des Bedenkens antwortete Overbeck, er könne sich nicht entschließen, im päpstlichen Palast die Soldaten des Direktoriums zu malen, und schlug ein anderes Bild vor: Jesus, aus dem Tempel vertrieben und, bis zum Absturz eines Berges verfolgt, seinen Verfolgern auf wunderbare Weise entschwunden.
Damit stehen wir am Ende der älteren Geschichte des Quirinals. 75 Jahre lang haben drei Herrscher aus dem Hause Savoyen dort residiert. Seit 1946 ist der Palast die Residenz des

Präsidenten der italienischen Republik, in der sich der Traum Giuseppe Mazzinis, des großen Gegenspielers von Pius IX., spät und unvollkommen verwirklichte.

Die Aussicht von der Balustrade der *Piazza Monte Cavallo* über die Stadt und auf die Peterskuppel ist eine der herrlichsten, die Rom bietet, und würdig eines Herrschersitzes – sei der Herrscher Papst, König oder Präsident.

Viminal: im Herzen Roms unter Häusern verschwunden

Der Viminal, kaum als Hügel erkennbar, liegt zwischen der Via Nazionale, ursprünglich das Tal zwischen dem Viminal und dem Quirinal, und der Via Cavour, die das Tal zwischen Esquilin und Viminal bildete. Die Diokletiansthermen mit dem Thermenmuseum sind interessante Überbleibsel vom Ende des 3. Jahrhunderts nach Christus. Heute stehen hier *Oper, Innenministerium* und *Hauptbahnhof* mit einem bedeutenden Rest der Servianischen Mauer.

Esquilin: gewachsen auf den Ruinen des Nerohauses

Neben dem Kolosseum liegt der Esquilin, der ausgedehnteste Hügel Roms; er birgt die Ruinen der *Domus Aurea* (Palast des Kaisers Nero) und die *Thermen des Trajan*. Auf ihm stehen die Kirchen *Santa Maria Maggiore* (4), *Santa Prassede* (31), *San Martino ai Monti* und *San Pietro in Vincoli* (10) mit der Mosesstatue von Michelangelo (vgl. auch Kapitel «Kirchen und Katakomben»).

Caelius: Park und Stätten des Altertums

Obwohl der zweithöchste Hügel Roms, ist der **Celio** nicht höher als 51 Meter. Sein Name stammt von *Caelius Vibenna,* der den Hügel mit Servius Tullius zusammen eingenommen und dort den Tod gefunden hat. Wo heute die Kirche *Santi Quattro Coronati* (35) steht, thronte einst der Minerva-Capta-Tempel. Auch der Herkules-Viktor-Tempel stand auf dem Celio. Die Gehege für die wilden Tiere, die durch einen unterirdischen Gang ins Kolosseum getrieben wurden, lagen auf der Nordostseite. Zwei Brände im Jahr 27 unter Tiberius und 64 unter Nero verwüsteten die Gebäude. Die Zerstörungen unter Alarich hinterließen den Hügel in der Spätantike als Ruinen-

Romanische Apsis der Kirche Santi Giovanni e Paolo an der Straße zur Villa Celimontana

feld. Die bedeutenden Kirchen *San Gregorio Magno* (E), *Santi Giovanni e Paolo* (33), *Santa Maria in Domnica* (30) und *San Stefano Rotondo* (U) zusammen mit dem *Park der Villa Celimontana* sind empfehlenswerte Inseln der Stille (vgl. auch Kapitel «Kirchen und Katakomben»).

Monte Sacro: der heilige

Der heilige «Berg» liegt am Nordostzipfel der Stadt. In der gleichnamigen Vorstadt wohnen 100 000 Menschen. Der Monte Sacro ist 37 Meter hoch, langgestreckt und grenzt an den Nebenfluß des Tiber, den *Aniene,* der von Tivoli kommt. Ein romantischer Ort ist der *Ponte Nomentano.* Die Invasoren der Spätantike und des Mittelalters zogen über diese Brücke in Rom ein. 493 vor Christus zogen sich die aufständischen Plebejer auf den Monte Sacro zurück. Der Name «heiliger Berg» weist auf einen Jupiteraltar hin, der hier in alter Zeit gestanden hat.

Monte Mario: der höchste

Der höchste, im Nordwesten gelegene Hügel ist stattliche 139 Meter hoch. Im Mittelalter hieß er **Monte Malo;** Monte Mario wird er seit dem 15. Jahrhundert genannt. Die von der Via Cassia abzweigende 13 Kilometer lange Via Triumphalis führt über den Berg. Die römischen Feldherren kamen, wenn sie siegreich zurückkehrten, über diese Straße in die Stadt. Auf dem höchsten Punkt stehen ein Observatorium und eine Wetterstation, und man hat einen schönen Blick vom Norden über die Stadt.

Monte Giordano und Monte Testaccio: die künstlichen

Die zwei sonderbarsten Hügel Roms sind künstlich aufgeschüttet. Der **Monte Testaccio** am Tiber in der Nähe der *Cestius-Pyramide* besteht aus Scherben alter Amphoren vom nahen antiken Hafen – also eigentlich aus antiken Konservenbüchsen.

Der **Monte Giordano** gegenüber der Engelsburg zwischen der *Via dei Coronari* und der Kirche *Santa Maria in Vallicella* (P) ist aus Bauschutt aufgeschichtet worden, der nach den Zerstörungen von Robert Guiscard 1083 im Dienste Gregors VII. übriggeblieben war.

Pincio: der populärste

Seit Giuseppe Valadier zu Anfang des vorigen Jahrhunderts nicht nur die *Piazza del Popolo,* sondern vor allem die herrlichen Parkanlagen geschaffen hat, ist der **Pincio** Roms schönster öffentlicher Park. Nirgendwo in Rom präsentiert sich das großartige Schauspiel des römischen Sonnenunterganges so eindrucksvoll wie hier, wo die mächtige Kuppel von Sankt Peter, die bescheideneren Kuppeln und Glockentürme so zahlreicher anderer Kirchen und der mit breitschirmigen Pinien bestandene Gianicolo den Vordergrund des Panoramas abgeben.

Sicherlich fällt es nur selten einem der umherspazierenden Fremden ein, daß er auch hier auf althistorischem Boden steht. Der Pincio, obwohl nie mit Mietshäusern bebaut und immer außerhalb des dichtbesiedelten römischen Stadtbezirkes gelegen, hat seine reiche Geschichte. Einst trug er, wie alle östlichen Hügel der Stadt, ein paar weitläufig verstreute Villen reicher Leute. Schon *Sallust,* der Geschichtsschreiber der Catilinarischen Verschwörung und des Jugurthinischen Krieges, hatte sich auf dem Pincio angesiedelt – da, wo die spätere Villa Ludovisi lag, die nach 1870 der hemmungslosen Bodenspekulation zum Opfer fiel. Auf dem Teil oberhalb der Piazza del Popolo und der Piazza di Spagna hatte sich im letzten Halbjahrhundert vor Christus *Licinius Lucullus* eine luxuriöse Villenanlage gebaut und ein Jahrzehnt lang jene üppigen Gastmähler veranstaltet, die sein Gedächtnis bis heute bewahrt haben. 60 Jahre nach Lucullus' Tod wurde hier die lasterhafte Gemahlin des Claudius erdolcht.

Auf diesen Hügel wurde der Leichnam des Selbstmörders Nero gebracht, denn hier hatten die Domitier ihr Familiengrab. Zwei seiner Ammen und die Mätresse Acte, die einzige, die ihn wahrhaft geliebt hat, setzten ihn bei. Unter dem Pontifikat Paschalis' II. wurde die Gruft Neros im Schatten einer großen Pappel entdeckt und geöffnet; sein Staub wurde in den Tiber geworfen, worauf der Papst persönlich den Ort exorzierte und über der Stelle des verfluchten Kaisergrabes den Grundstein zum Altar der Kirche **Santa Maria del Popolo** (k) neben der Porta Flaminia legte. Die Kirche ist reich mit Kunstwerken ausgestattet: Das Altarbild der ersten Kapelle im rechten Seitenschiff, Anbetung des Kindes (1485–1489), stammt von Pinturicchio, in den Lünetten Szenen aus dem Leben des heiligen Hieronymus. Die direkt an den Chor angrenzende Kapelle im linken Querschiffsflügel enthält zwei wichtige Bilder von *Caravaggio* (um 1600): «Die Kreuzigung des Petrus» und «Die Bekehrung des Paulus». Im Chor: Deckengemälde (1508/09) von Pinturicchio: vier Evangelisten, vier Kirchenväter und Sibyllen. Linkes Seitenschiff: Chigi-

Die Hügel: Pincio

Blick von der Piazza del Popolo auf den Pincio mit Belvedere

Kapelle, gebaut nach Plänen Raffaels, ein Meisterwerk der Hochrenaissance.

In dem zur Kirche gehörenden, heute nicht mehr vorhandenen Augustinerkloster wurde einst eine Zelle bereitet für den Augustinermönch Dr. Martinus Luther aus Erfurt; wenn man bedenkt, daß er in diesen engen vier Wänden seine Eindrücke von Rom und vom Papsttum verarbeitet hat, so darf man sagen, daß am Fuß des Pincio die unsichtbare Wiege der Reformation gestanden hat.

In der Verfallszeit des kaiserlichen Rom gehörte der ganze Hügel einem der angesehensten Geschlechter, den *Pinciern,* und von ihnen hat er den Namen behalten. Gegen Ende des 15. Jahrhunderts gründete der heilige Franz von Paula hier ein Tochterkloster des von ihm in Süditalien gestifteten Ordens der Fratres Minimi: es ist heute das Ordenshaus der Dames du Sacré-Cœur; die 1585 geweihte Kirche heißt **Santi Trinità dei Monti** (R). Auch hier lohnt sich ein Besuch wegen der Kunstschätze: Erwähnenswert sind die «Himmelfahrt Marias» in der dritten Kapelle rechts, geschaffen von *Daniele da Volterra,* dem Lieblingsschüler Michelangelos (er hat Michelangelo ins Bild gemalt), und in der zweiten Kapelle links vom selben Maler die «Kreuzabnahme».

In einem der vielen Landhäuser unterhalb dieser Kirche lebte drei Jahre lang Ignatius von Loyola, bis der Papst seinen Orden bestätigte.

Bald darauf baute der Kardinal Giovanni Ricci da Montepulciano neben dem Kloster die heutige Villa Medici und Académie de France; bei den Erdarbeiten kam eine Fülle architektonischer und plastischer Reste aus kaiserlicher und späteren Zeiten zum Vorschein, von denen ein kleiner Teil heute das Casino und die Loggia der Villa schmückt.

Italienische Spruchweisheit

Chi va piano, va sano e va lontano.
(Wer langsam geht, geht gesund und weit.)

Si prendono più mosche con una goccia di miele che con un barile d'aceto.
(Mit einem Tropfen Honig fängt man mehr Fliegen als mit einem Faß Essig.)

In der ausgehenden Kaiserzeit hat eine Treppe die Höhe des Hügels mit der Stadt verbunden, dann waren es viele Jahrhunderte lang die steilen, ungepflasterten Feldwege, die wir noch auf alten Holzschnitten und auf Stichen Piranesis erkennen.
Die **Spanische Treppe** – Scala di Spagna –, eine der großartigsten Schöpfungen der Treppenarchitektur, führt von der Piazza di Spagna zur Kirche Trinità dei Monti und ist zwischen 1721 und 1725 von Francesco de Sanctis gebaut worden; sie war 60 Jahre alt, als Goethe zum ersten Mal über ihren malerischen Wechsel von Stufen und Rampen zum Pincio hinaufstieg.
Goethe ist beinahe täglich hinaufgegangen, denn in der Via Sistina wohnten zwei Menschen, die während der römischen Zeit seinen hauptsächlichen Umgang bildeten: Angelika Kauffmann, bei der er zum ersten Mal die eben vollendete Fassung der «Iphigenie auf Tauris» vorlas, und der Hofrat Reiffenstein, der in Rom Goethes kundigster Führer war.
In der Sistina lebte auch der berühmte Kupferstecher und romantische Verklärer Roms, Giambattista Piranesi, und im *Palazzo Zuccari* schrieb der junge Dichter Gabriele d'Annunzio seine Gesellschaftschroniken und seinen berühmten Roman «Il Piacere».

Aber wer dieses Viertel besucht, das eigentlich nur aus den vom Palazzo Zuccari in spitzem Winkel ausstrahlenden Straßen Via Sistina und Via Gregoriana besteht, setzt seinen Fuß gewissermaßen auf ein Stück deutschen Bodens mitten in Rom. Denn dieses Quartier war, seit Anton Raphael Mengs sich um die Mitte des 18. Jahrhunderts dort niedergelassen hatte, eine deutsche Künstlerkolonie und hat etwas davon bis heute behalten.

Im Palazzo Zuccari hat *Johann Joachim Winckelmann* gewohnt, bis er in die Cancelleria zog und später Bibliothekar des Kardinals Albani wurde und in dessen Palast beim Quirinal übersiedelte.

Der Palazzo Zuccari, am Anfang der Via Gregoriana, ist zu Beginn dieses Jahrhunderts umgestaltet und modernisiert worden; aber in seiner Urform stammt er aus jener Zeit, da Sixtus V. freigebig Privilegien an jeden verlieh, der an seinem neuen kühnen Straßenzug zu wohnen bereit war. Erbauer des Palastes ist der toskanische Maler *Federigo Zuccari,* der Gründer einer ganzen Malerfamilie.

Der Volksmund nannte den Palast Casa dei Mostri, Haus der Ungeheuer, wegen der ins Monströse abirrenden Umschnörkelung eines Portals an der Gregoriana und der beiden flankierenden Fenster in Form geöffneter Mäuler von Giganten aus den Dante-Illustrationen Zuccaris.

Später bezog die polnische Königin Maria Casimira den Palazzo Zuccari, um hier – das Beispiel der Christine von Schweden im Palazzo Corsini, jenseits des Tibers, nachahmend – ein Doppelleben ostentativer Frömmigkeit und ebenso ostentativer Weltlichkeit zu führen.

Nach der verschwenderisch-verschuldeten Königin kamen die Künstler, denen der Erbauer das Haus eigentlich zugedacht hatte. 1752 bis 1755 lebte hier Sir Josua Reynolds, einer der fruchtbarsten Porträtisten seiner Zeit. 1784 beherbergte das Haus den französischen Maler Jacques-Louis David, der damals in seinem Atelier an der Piazza del Popolo sein berühmtestes Bild, «Der Schwur der Horatier», malte.

Noch später wohnte auf dem Pincio ein für Rom danach ziemlich verhängnisvoll gewordener Mann, der Radierer Dominique Denon; er plünderte zu Napoleons Zeiten die Stadt zugunsten des Pariser Musée Napoléon – des «Weltmuseums» – aus und war dessen Direktor, bis nach dem Zusammenbruch der korsischen Herrlichkeit der größte Teil des Raubgutes den rechtmäßigen Besitzern zurückgegeben wurde.

Gianicolo und das Quartier Trastevere

Am Westufer des Tiber zieht sich ein langer Hügelrücken von Norden nach Süden, der sich aus dem Monte Mario, dem Monte Vaticano, dem langgestreckten Gianicolo und dem in neuerer Zeit bebauten Monte Verde zusammensetzt. Wo sich der Tiber beim *Ponte Sisto* nach Osten wendet, weicht der Hügelrücken nach Westen zurück. In der durch diese beiden Bogen umgrenzten Fläche liegt **Trastevere,** in der Kaiserzeit wie heute ein Stadtteil Roms, eine der augusteischen «Regiones», der heutigen «Rioni».

Im Mittelalter hat sich dieser Ortsteil mit einer Stadtmauer umgeben und als Gemeindewesen ein eigenständiges Leben geführt, was er in mancher Beziehung noch heute tut. Die Trasteveriner halten sich für die eigentlichen, am wenigsten vermischten Nachkommen der antiken Römer, und zwar der «Plebejer», die sich hier ansiedelten, als sie den Aventin räumten.

Straßenszene bei der Settimiana in Trastevere

Sehr stark ist sowohl in der Kaiserzeit als auch vor allem im frühen Mittelalter die Verbindung von Trastevere mit den Byzantinern gewesen, die am anderen Ufer unterhalb des Aventin ihr Quartier *La Greca* hatten; Santa Maria in Cosmedin ist ein Rest davon. Von dieser Kirche aus ist der Marienkult nach Trastevere gekommen. In *Santa Maria in Trastevere* (14), einer schon aus dem 3. Jahrhundert stammenden, mit 22 antiken Säulen geschmückten Kirche, die an der Stelle gebaut worden war, wo zur Stunde von Christi Geburt ein Ölquell – «fons olei» – aus dem Boden gesprungen sein soll – in dieser Kirche also, deren wundervolle Neujahrsnachtmusiken berühmt sind, erhielt die Madonna ihr erstes Gotteshaus in Rom (mehr darüber im Kapitel «Kirchen und Katakomben»).

Steigt man beim Palazzo *Salviati* den Hang des **Gianicolo** hinauf, so lädt an der breiten Treppe ein uralter, vom Blitz zerschmetterter und mit Eisenklammern gestützter Eichenbaum den Wanderer zur Rast, wie er, damals noch in voller Kraft, vor dreieinhalb Jahrhunderten einen großen, unglücklichen Dichter eingeladen hat, in seinem Schatten zu sitzen und von hier, auf halber Höhe des Hügels, über die Stadt hinzuträumen. Es war *Torquato Tasso,* der Dichter des «Befreiten Jerusalem».

Auf dem höchsten Punkt des Gianicolo, der aussichtsreichen *Passeggiata Margherita,* hat man Giuseppe Garibaldi, der Rom nach der Flucht Pius' IX. 1849 heldenhaft, aber vergeblich gegen die Truppen Napoleons unter General Oudinot verteidigte, eines der üblichen neuitalienischen Denkmäler gesetzt. An der nahen *Porta San Pancrazio* tobte der Kampf am erbittertsten, der die vor dem Tor gelegene schönste Villa Roms, die Villa Doria Pamfili, ebenso verwüstete wie im Osten die Villa Borghese.

Römischer Bilderbogen

156 Die Piazza del Popolo und ihre drei Straßen zum Zentrum
171 Das Getto
176 Sonnennadeln: Roms Obelisken
184 Pasquino oder Die Stimme des Volkes
186 Oasen der Ruhe
187 Brunnen: die Lust am Spiel mit dem Wasser

Die Piazza del Popolo und ihre drei Straßen zum Zentrum

Die zweite große Stadtmauer Roms, 272 bis 279 nach Christus von Kaiser Aurelian gebaut, ist in ihrer ursprünglichen Länge von rund 18 Kilometern noch größtenteils erhalten. Sie hatte 18 Tore und war knapp acht Meter hoch. In Abständen von jeweils 33 Metern standen insgesamt 381 Türme.
Viele der Stadttore sind bis in neuere und neueste Zeit in Gebrauch gewesen oder sind es noch; aber *das* Tor Roms war seit dem 10. Jahrhundert, als es Porta di San Valentino hieß, die **Porta del Popolo** im Norden der Stadt. Sie ist in ihrer heutigen Form ein Werk Vignolas nach Zeichnungen Michelangelos und verbindet die Hauptverkehrsstraße, den *Corso,* mit der nach Rimini führenden *Via Flaminia,* einer der antiken Konsularstraßen.

Piazza del Popolo

Mitten auf der Piazza steht der imposante ägyptische Obelisk

Auf ihr sowie auf der von Florenz kommenden, kurz vor Rom sich mit ihr vereinigenden *Via Cassia* sind die Scharen derer entlanggezogen, in Mietwagen oder eigenen Kutschen entlanggerollt, die von jenseits der Alpen zur Ewigen Stadt pilgerten, ein unendlicher Katalog der Größten, die der Welt neue Maße gesetzt haben – nachdem sie, wie Goethe es von sich bekennt, selber in Rom das Maß gefunden hatten. An der Porta del Popolo war lange die Dogana, die Zoll- und Paßkontrolle; erst nachdem sie sie passiert hatten, konnten sich die Fremden durch eine der drei Straßen, die von der Piazza del Popolo ausstrahlen, in ihre Quartiere begeben.

Im Zentrum des Platzes steht der große ägyptische Obelisk (mehr darüber im Kapitel «Sonnennadeln»). Drei Marienkirchen säumen die Piazza: im Norden *Santa Maria del Popolo* (k), auf der Südseite *Santa Maria in Montesanto* und rechts davon *Santa Maria dei Miracoli.*

Der **Corso,** in der Mitte, führt quer durch die Stadt zum Kapitol, die *Via del Babuino* links zur Piazza di Spagna und rechts die *Via Ripetta* ins Herz der päpstlichen Altstadt, die sich mit hohen, schmalen Häusern winkelig und übervölkert um das Pantheon und die Piazza Navona ausbreitet.

Der Corso entspricht übrigens nicht, wie viele Autoren von Rombüchern einander gedankenlos nachgeschrieben haben, der alten Flaminia, die, in ihrem südlichen Teil *Via Lata* genannt, von der Porta Ratumena in der älteren Servianischen Mauer westlich des Trajansforums die Stadt nach Norden durchschnitt; deren ursprünglicher Trakt liegt ein wenig östlich, und die antike Porta Flaminia durchstieß die jüngere Mauer Aurelians etwa an der Stelle, wo heute, außerhalb der Porta del Popolo, die Einfahrt zum Park der Villa Borghese liegt.

Als Verkehrsweg ist der moderne Corso erheblich älter; aber so imposant wie heute ist er erst seit dem Barock, und reinstes Barock sind die Fassaden der vielen Paläste, die ihn auf beiden Seiten säumen.

Der Corso ist so eng, daß man sich kaum vorstellen kann, wie sich in ihm das tolle Leben des römischen Karnevals und vor allem die berühmten wilden Rennen der Berberhengste entfaltet haben sollen.

Hier steht ein Palast neben dem andern. Der *Palazzo Rondanini* oder *Sanseverino* barg früher die heute in Mailand stehende Pietà, an der der fast erblindete Michelangelo noch in seinen letzten Lebenstagen gearbeitet hat. Der *Palazzo Ruspoli,* in dem Onorio Lunghi die großartige Treppe gebaut hat; der

Palazzo dell'Accademia

Palazzo Fiano, unter dem sich zum Teil die Ara Pacis des Augustus befand; der *Palazzo Verospi,* der, einst mit antiken Statuen angefüllt, heute die weit prosaischeren Büros des Credito Italiano beherbergt; Giacomo della Portas weitläufiger *Palazzo Chigi,* einst die österreichische Botschaft beim Quirinal, nun Sitz des Ministerpräsidenten. Rechts öffnet sich die *Piazza Colonna* mit der Ehrensäule für Mark Aurel, deren Bilderbänder Szenen aus seinen Kriegen gegen die Markomannen (unten), Quaden und Sarmaten (oben) zeigen (174–176). Sie wurde nach der Trajanssäule gestaltet und ist knapp 30 Meter hoch, die 26 innen hohlen Trommeln sind aus Carraramarmor. Eine Wendeltreppe mit 190 Stufen führt zur Plattform. Die Säule wird von einer Paulusstatue gekrönt, die Fontana 1589 im Auftrag Sixtus' V. anstelle einer Mark-Aurel-Statue aufgerichtet hat. In der Mitte der Säule steht eine Viktoria mit Schild.

Via del Corso

Am Anfang der Via del Corso bei der Piazza Venezia liegt der *Palazzo Bonaparte,* in dem Madame Mère, Laetitia Bonaparte, lebte, seit sie sich nach Rom zurückgezogen hatte, und in dem sie auch 15 Jahre nach Napoleon gestorben ist. Heute ist der Palast das Domizil der Deutschen Bibliothek.
Alle diese Paläste liegen auf der Westseite des Corso; sie allein würden ausreichen, eine Großstadt berühmt zu machen. Und wie viele sind inzwischen der Spitzhacke zum Opfer gefallen!
Auf der Ostseite der Straße, von der Piazza Venezia zurück zur Piazza del Popolo, setzen sich die Palastfassaden fort. Der riesige *Palazzo Odescalchi,* 80 Meter tief, reicht mit seiner Ostfront bis zur Piazza Santissimi Apostoli; es folgen der *Palazzo Salviati,* die Kirche *San Marcello,* der *Palazzo Marignoli,* der *Palazzo Bernini,* mit einer Marmorgruppe des Meisters im Hof, welche die Erben nach testamentarischer Bestimmung ihres Schöpfers nicht verkaufen dürfen – und schließlich die Kirche *San Carlo al Corso,* die üppige Verherrlichung des heiligen Karl Borromäus, auf der Seite gegenüber. Der Corso hat einen entscheidenden Akzent verloren, seitdem der ihn überwölbende, Mark Aurel zu Ehren errichtete antike Triumphbogen neben dem Palazzo Fiano 1662 abgerissen wurde. Ein schönes Relief davon ist im Konservatorenpalast auf dem Kapitol zu sehen, zwei seiner Säulen finden sich in Sant'Agnese an der Piazza Navona, zwei andere in der Corsinikapelle des Lateran.
Will man sich ein historisch getreues Bild machen vom Leben des Corso, so muß man Goethes Schilderung des Römischen Karnevals von 1787 lesen. Der Karneval wurde erst aufgehoben, als das nationale Italien der weltlichen Papstherrschaft die letzten «Moccoli», die Karnevalslichter, ausgeblasen hatte. Damit ist als Opfer einer manchmal recht fragwürdigen Zi-

Via del Babuino

vilisation ein letztes Stück der altrömischen Saturnalien verschwunden.

Die zweite Transversale, von der Piazza del Popolo aus die östliche, beginnt mit der **Via del Babuino,** der «Pavianstraße». Den überraschenden Namen hatte ihr ursprünglich der Volksmund gegeben, lange bevor Papst Paul III. ihn, gegen die Mitte des 16. Jahrhunderts, bestätigte. Anlaß dazu war eine an der Ecke der Via Margutta aufgestellte antike Statue, die, ähnlich wie der *Pasquino,* so verstümmelt war, daß sie den Römern als Pavian erschien. Sie steht heute auf einem Plätzchen an der Einmündung der Via dei Greci.

Diese Straße und ihre nähere Umgebung sind merkwürdig. Nicht nur, daß dort durch lange Zeit die berühmtesten Gasthöfe Roms lagen, «Della Fenice», «Grande-Bretagne», die «Acquila nera» und das im vergangenen Jahrhundert von vielen gekrönten Häuptern besuchte «Hôtel de Russie», dessen schöner, romantischer, verwilderter Terrassengarten am Hang des Pincio und der Villa Medici hinaufklettert, sondern weil die Via del Babuino auch die große Lebensader des römischen Künstlerviertels in der zauberhaft-charakteristischen Via Margutta war, es zum Teil heute noch ist, obwohl die Maler, Bildhauer und Poeten durch reiche ausländische Liebhaber dieses Bohème-Milieus mehr und mehr aus ihren Atelierwohnungen verdrängt worden sind.

In dieser langen Straße zwischen der Piazza del Popolo und der Piazza di Spagna, als vornehmster Zufahrtsstraße des internationalen Fremdenverkehrs, haben die Kunst- und Möbelhändler, Antiquare, Juweliere und auch viele Fälscher von Antiquitäten ihre Läden. Der junge *Gerhart Hauptmann* hat, während seiner kurzen Bildhauerzeit, hier, in der *Via degli Incurabili,* sein Atelier gehabt. Richard Wagner, Giuseppe Vala-

Eine äthiopische Stufenstele

Auf der Piazza di Porta Capena steht eine 24 Meter hohe Stockwerkstele (nicht ganz korrekt zuweilen Obelisk genannt) aus grauem Trachytstein aus dem 4. Jahrhundert. Sie stammt aus der Stadt Aksum, die vom 1. bis zum 5. Jahrhundert die Hauptstadt Äthiopiens war, und wurde 1937 von den Italienern nach dem Abessinienfeldzug nach Rom gebracht. Italien hatte sich verpflichtet, die Stele den Äthiopiern zurückzugeben, doch die Rückgabe immer wieder hinausgezögert, da der angeblich brüchig gewordene Monolith den Transport nicht überstehen würde. Kaiser Haile Selassie schenkte sie schließlich den Italienern.

---

dier und der Maler Salvatore Rosa haben hier gewohnt. An der Ecke des Vicolo Aliberti ist noch das Haus erhalten, in dem Goethe wochenlang an Karl Philipp Moritz' Krankenlager saß.

Die Via del Babuino mündet in die **Piazza di Spagna,** einen der schönsten Plätze Roms, über den sich mehr als 200 Jahre lang der internationale Fremdenverkehr bewegt hat, weit mehr als an irgendeiner anderen Stelle der Stadt.

In der Mitte des Platzes steht die Barcaccia, ein origineller Brunnen, 1626 von Pietro Bernini (dem Vater des Lorenzo) gebaut. Die Säule mit der «Immacolata» wurde 1854 zur Erinnerung an die Verkündigung des Dogmas der Unbefleckten Empfängnis von Papst Pius IX. errichtet; sie stammt aus der Maxentiusbasilika.

Auf der **Spanischen Treppe** (vgl. auch Kapitel «Pincio: der grüne») ließ Pius VI. 1789 einen in Rom hergestellten Obelisken aufstellen. Er stammt aus den Gärten des Sallust, die sich zur Kaiserzeit bis hierhin ausdehnten. Den Abschluß bildet die Doppelturmfassade der Kirche Trinità dei Monti. Auf der

rechten Seite der Treppe liegt das Haus, in dem 1821 der englische Dichter John Keats starb.
Schon 1560 zählte die Stadt 360 Gasthöfe; 200 Jahre später, als die Einwohnerzahl auf 140000 gestiegen war, lebten allein 2000 Engländer in der Stadt. Wir wissen, daß in der Osternacht jenes Jahres nicht weniger als 300 Postpferde Rom mit englischen Reisenden verließen. Seit Beginn des vorigen Jahrhunderts haben die Engländer Rom immer wieder überflutet. Besonders seit den Freiheitskriegen mischte sich immer mehr das deutsche Element in das römische Straßenbild – sehr auffällig sogar, denn die jungen Deutschen, meist die vielen Künstler der Romantik, liebten es, in der «altteutschen» Tracht herumzulaufen, die das spottlustige römische Volk als «maschera dopo carnevale», als Nachkarnevalsmaske bezeichnete. Auch für diese deutschen Künstler war die Piazza di Spagna das Zentrum; hier hatten sie ihre Ateliers, bevölkerten lärmend und Pfeife rauchend die Gaststätten, wie das in der zeitgenössischen Romliteratur immer wiederkehrende «Lepri», oder die berühmten Kaffeehäuser, vor allem das **Caffè del Greco,** das geradezu als «Caffè tedesco» bezeichnet wurde. Damals war die Piazza di Spagna wirklich eine Kosmopolis. Die renommiertesten Gasthöfe der Stadt lagen am Spanischen Platz, der «Monte d'Oro», die «Tre re», die «Alla Corona Imperiale», das «Hôtel d'Allemagne». Die Gästelisten der Hotels nennen durch viele Jahrzehnte die größten und berühmtesten Namen des damaligen Europas.

Man darf sich übrigens von diesen Gasthöfen keine übertriebenen Vorstellungen machen: nach unseren Begriffen waren sie vollkommen unzulänglich. Im Erdgeschoß lagen in der Regel Pferdeställe und Remisen für die Kutschen; infolgedessen wimmelte das ganze Haus von Fliegen. Der Komponist *Felix*

Mendelssohn-Bartholdy, der 1830 am Spanischen Platz wohnte, schildert einen regnerischen Wintertag: «In meinem Zimmer, das sonst eins der behaglichsten ist, läuft das Wasser reichlich durch das Fenster, das nun einmal nicht schließt, der Wind pfeift durch die Türen, die nun einmal nicht zugehen; der steinerne Fußboden erkältet trotz doppelter Decken, und von dem Kaminfeuer wird Rauch in die Stube getrieben, da das Feuer nicht brennen will: die Fremden frieren sämtlich wie Schneider. Das ist aber noch golden gegen die Straßen, ich betrachte es als ein Unglück, wenn ich ausgehen muß.» Dabei war die Piazza di Spagna damals bereits seit acht Jahren eingeebnet und gepflastert, und man hatte die Berge von Unrat entfernt, über die die Dichterin *Friederike Brun* 1796 in ihr Tagebuch geschrieben hat: «Auf dem schön gezierten Platz neben der Fontäne wird aller Unrat, aller Gemüseabfall aus den Palästen, Gasthäusern und Häusern zu Bergen, ohne daß je daran gedacht würde, den kostbaren Dünger auf Roms verödete Felder zu führen und die in Gärung übergehende, die Krankheit betreibende Masse wegzuschaffen. Kinder und Arme wühlen darin herum, nagen begierig an den Broccolistengeln, und man verlernt bei diesem Anblick, Yoricks am Artischockenstengel nagenden Esel zu bemitleiden.»

Das ganze Viertel wimmelte von Existenzen, wie sie immer von einem internationalen, also zahlungsfähigen Reisepublikum angezogen werden: Fremdenführern, Händlern mit mehr oder minder echten Antiquitäten, Scharen von Bettlern und Scharen von leichten Mädchen, die in den angrenzenden Gäßchen ihre Quartiere hatten und sich des besonderen Schutzes der spanischen Botschaft im *Palazzo di Spagna* erfreuten. Diese lange allmächtigen Vertreter Spaniens hatten sich durch Mißbräuche ihrer diplomatischen Rechte eine Sonderstellung geschaffen, die ihnen die Befugnisse nicht nur über den Spanischen Platz, sondern über das ganze Viertel bis zum Corso sicherte. Wer sich in ihren Machtbereich flüchtete, war selbst vor den *Sbirren* (Polizeidienern) der päpstlichen Regierung sicher. Die 200 Gardisten, die der Botschafter unterhielt, übten dort eine unumschränkte Alleinherrschaft aus. Eines Tages versuchte der Gouverneur von Rom, von einem päpstlichen Polizisten begleitet, die Piazza di Spagna zu überschreiten, aber die Gardisten des Botschafters hielten ihn auf und jagten ihn zurück. Vor Ärger hat er lebenslang, auch als er längst außer Dienst war, den Platz nicht mehr betreten. Während der Französischen Revolution stand auf der Piazza di Spagna einer der vielen Freiheitsbäume, es gab lärmende Kundgebungen der neugebackenen Republikaner, und die Prozeßakten der Inquisition wurden feierlich verbrannt. Der althistorische Name des Platzes wurde in Piazza della Libertà umgewandelt. Er hat übrigens seinen Namen im Lauf der Geschichte öfter gewechselt. Ursprünglich hieß er, wie alte Pläne ausweisen, Piazza di Santa Trinità, ein andermal wurde seine nördliche Hälfte in Piazza di Francia umbenannt; und noch Mussolini hat während des abessinischen Feldzuges über die Marmortafeln an den Straßenecken Plakate mit dem neuen Namen Piazza Maresciallo del Bono kleben lassen, ohne sich, wie häufig, des Lächerlichen dieser Maßnahme bewußt zu werden. Alle diese Benennungen haben nicht lange gelebt.

Die *Via del Babuino* ändert an der Piazza di Spagna ihren Namen: als Via Due Macelli erreicht sie den Tritone, durchstößt als Via del Traforo in langem Tunnel den Quirinalshügel und gewinnt Anschluß an die **Via Nazionale,** die große moderne Verkehrsschlagader, die vom Terminibahnhof zur Piazza Venezia führt. Doch ihre wahre und eigentliche Fortsetzung findet sie auf einer andern Ebene, 60 Meter höher, auf dem Ni-

Italienische Spruchweisheit

In chiesa coi santi, in taverna coi ghiottoni.
(In der Kirche mit den Frommen, in der Taverne mit den Schlemmern.)

Il riso fa buon sangue.
(Lachen macht gesundes Blut.)

---

veau des Pincio, wo sie, mit der *Via Sistina* beginnend, über Quirinal und Viminal zur Basilika Santa Maria Maggiore auf dem Esquilin und von dort aus mit sanfter Biegung bis zum Lateran führte, drei Kilometer lang in Wellenlinien durch weite Felder antiker Trümmer, durch Gärten und Weinberge. Der Erbauer, Sixtus V., riß dabei unbarmherzig nieder, was ihm im Weg stand, und schonte selbst Kirchen nicht. Wie er der Stadt die großartige, von Palestrina her führende Wasserleitung *Acqua Felice* schenkte, so wollte er auch die seit dem Altertum verlassenen und verödeten Hügel im Osten der Stadt wieder erschließen und bevölkern.

Einer seiner großartigsten Pläne ist diese Straße, die im ersten Teil heute seinen Papstnamen trägt, nachdem sie lange seinen Taufnamen *Via Felice* getragen hatte. Zuckerbrot und Peitsche mußten dem von Bauleidenschaft besessenen gewalttätigen Mann dienen, als er sie aus dem Nichts stampfte. «Um neue Gassen zu machen», klagte damals ein Diplomat brieflich seinem Herrn, «werden Häuser, ja selbst ehrwürdige Orte des Gebetes abgetragen... Hier werden Gebäude ebenso gequält wie die Menschen...» Lockende Privilegien winkten allen, die am neuen Straßenzug zu siedeln bereit waren. Sie sollten keinerlei Konfiskation unterliegen, sollten frei sein von Verfolgung wegen auswärtiger Schulden und nach zwei Jah-

Via Ripetta 167

ren das römische Bürgerrecht erhalten. Handwerker sollten überhaupt von Steuern befreit bleiben. 1585, noch ehe das erste Jahr seines Pontifikats zu Ende ging, war der kühne Gedanke verwirklicht. Zunächst führte die lange neue Straße nur durch «Gegend»; aber bald entstanden hier nicht nur Bürgerhäuser, sondern Paläste. Den Anfang machte Kardinal Girolamo Mattei, der den später auf Kardinal Gian Francesco Albani übergegangenen Palast baute; nicht lange darauf stellt Carlo Maderna, von Borromini und Bernini gefolgt, die großartige Anlage des *Palazzo Barberini* in die Nähe des Quirinalspalastes. Heute ist dieser Straßenzug eine der wichtigsten Querverbindungen Roms. Erst diese Arterie erschloß Rom wieder die verwaisten Hügel, auf denen im Altertum die prächtigen Villen des Patriziats gestanden hatten.

Die dritte und letzte Straße, die von der Piazza del Popolo in spitzem Winkel ausstrahlt und nach Südwesten mitten in die dicht bevölkerte, enge, winklige, labyrinthische Altstadt vorstößt, ist weniger lang, berühmt und merkwürdig als die beiden anderen. **Ripetta** ist ihr Name, «Kleines Ufer» – im Gegensatz zu «Ripa grande», dem am weitesten stromab gelegenen der acht altrömischen Tiberhäfen.
Links an der Via di Ripetta liegt ein großer, auf steinernem Rundgesims aufgeschütteter und mit schlanken Zypressen bepflanzter Hügel, das große *Mausoleum,* das Augustus 28 vor Christus für sich und die gens Iulia erbaute. Bis zu Nero wurden alle Kaiser dort beigesetzt. Mussolini hat dem Augustusmausoleum die historische Form seines Äußeren nach Möglichkeit wiedergegeben, zur gleichen Zeit, als er am Tiberufer die große figurenreiche Ara Pacis aufstellte. Dieser Freilegung hat er rücksichtslos eine Fülle moderner Wohnhäuser geopfert, was ihm viel Feindschaft eintrug. Er hat damit doch

nicht erreicht, daß der kaiserliche Grabhügel zwischen den hohen modernen Bauten auch nur entfernt so imposant wirkt, wie er vor bald 2000 Jahren, aus dem damals noch unbebauten Marsfeld aufragend, gewirkt haben muß. Auch hat er ihm die beiden einst aufgestellten Obelisken nicht wiedergeben können, die Sixtus hier ausgraben ließ und von denen einer heute zwischen den Rossebändigern vor dem Quirinal und der andere auf dem Vorplatz von Santa Maria Maggiore steht.

Die Geschichte des **Augusteums** ist so wechselvoll wie die aller antiken Bauten in Rom. Nach Neros Tod wurde es geschlossen. Alarichs Horden plünderten es im Jahre 410. Im Mittelalter, als die großen römischen Adelsgeschlechter untereinander in blutigsten Fehden lagen, diente es den Colonna als Festung. 1354 wurde vor dem Mausoleum der Leichnam Cola di Rienzis verbrannt. Seltsam ist dieses Zusammenfinden des Imperators, der die Republik erwürgte, und des späteren Tribunen, der sie zu erneuern gedachte. Später wurde das Augusteum der Reihe nach zum Barockgarten, zur Stierkampfarena, zum Circus, und um die Mitte des vorigen Jahrhunderts beherbergte es – viele Berichte der Romreisenden erzählen davon – ein Volkstheater, das mit Beginn der schönen Jahreszeiten, wenn die Wintersaison der anderen Bühnen zu Ende ging, seine Pforten öffnete. Erst 1909 gab der römische Stadtrat den Bau einer ernsten Bestimmung wieder, die etwas dem Genius loci entsprach, indem er ihn zu einem großen Konzertsaal, dem weltberühmten «Augusteo», umgestaltete.

Zwischen dem Augusteum und dem nahen Tiber hat Mussolini die **Ara Pacis Augustae** wiedererrichten lassen. Sie wurde im Jahr 9 vor Christus anläßlich der Verkündigung des Friedens für das Imperium eingeweiht, ist dann aber wie so viele antike Bauten verschwunden. Unter dem Palazzo, der zuletzt den Namen der Herzöge von Fiano trug, fand man schon 1568, vor allem aber 1859 beträchtliche Überreste. 1937 kamen weitere bedeutende Teile zutage, so daß man an die Aufrichtung ging; die römischen Fundstücke wurden durch Fragmente, zum Beispiel aus dem Louvre, in Gips ergänzt. Wie im Altertum steht der Altar auf einem Sockel, den man über zehn Stufen erreicht. Weitere vier Stufen führen zum Altartisch hinauf. Der große Opferzug, der möglicherweise Porträts des Augustus, seiner Gattin Livia und seines Nachfolgers Tiberius enthält, ist aus feinstem Carraramarmor gemeißelt; er ist kein überragendes Werk römischer Kunst aus der frühen Kaiserzeit, hat aber eine große geschichtliche Bedeutung.

Wenige Schritte weiter berührt die Ripetta wie eine Tangente das Tiberufer – und hier eben lag der lebhafte Hafen, der bis

Ara Pacis. Ausschnitt aus der Prozession anläßlich der Einweihungsfeier (Nordseite)

auf die letzten Reste der Tiberregulierung zum Opfer gefallen ist. Nur ein schöner Stich Giovanni Battista Piranesis gibt noch eine Vorstellung von seinem Aussehen und seiner breiten, vielfach gebrochenen, um eine halbrunde Schaukanzel angeordnete Treppe, die sanft wie eine ausgewaschene Uferböschung zum Fluß hinunterführte und über der sich die Barockfassade von San Rocco erhob. An Stelle der Treppe zieht sich der hohe, steingefaßte Uferdamm hin, mit dem die Regierung den launenhaften Fluß endlich zähmte.

Am ehemaligen Hafen, wo heute der *Ponte Cavour* den Fluß überspannt, endet die Via di Ripetta. Ihre Fortsetzung, die noch ein Stück weiterläuft bis zur Piazza San Luigi de' Francesi, der gleichnamigen französischen Nationalkirche und dem Palazzo Madama, dem Sitz des Senats, heißt *Via della Scrofa,* «Saustraße» – eine Erinnerung an den bäuerlichen Ursprung der Stadt.

Das Getto

Bei der Tiberinsel steht die 1904 in griechisch-assyrischem Stil gebaute mächtige Synagoge mit weit sichtbarem Turm, einige Schritte hinter ihr der **Portikus der Octavia** – eine säulengestutzte Halle, die den Tempel des Jupiter stator umgab. Gebaut hat sie Caecilius Metellus 147 vor Christus, 120 Jahre später erneuerte Augustus die Anlage und weihte sie seiner Schwester Octavia. Der Portikus bestand aus zwei Säulenreihen und war 118 Meter breit und 135 Meter lang. Der noch stehende Teil bildet den Eingang zur Kirche *Sant'Angelo in Pescheria*. Dieser Eingang wurde erst 1878 freigelegt, als die Häuser des **Gettos** niedergerissen wurden. Hier stoßen antike, jüdische und christliche Kultur zusammen. Die Kirche stand früher direkt außerhalb der Gettomauer. Sie war jahrhundertelang Zeuge christlicher Erpressungsversuche gegenüber den Juden. Ein päpstliches Edikt von 1584 zwang die Juden, hier am Samstagnachmittag die Bekehrungspredigten der Dominikanermönche anzuhören. In der Nähe der Synagoge, an der kleinen Kirche *San Gregorio* sind über dem Portal zwei Tafeln angebracht, die in lateinischer und hebräischer Schrift den Unglauben des auserwählten Volkes beklagen. Es ist ein Text des Propheten Isajas: «Ich strecke meine Hände allezeit aus nach einem störrischen, widerspenstigen Volke, das auf schlimmem Wege geht, seinem eigenen Sinn folgend, nach Leuten, die mich ohne Unterlaß reizen ins offene Angesicht.»

Hier in Rom war die älteste jüdische Gemeinde Italiens. Schon 59 vor Christus wies Cicero vor Gericht auf die Menge und die Macht der Juden hin; die meisten waren Sklaven. Das Recht der freien Ausübung ihrer Religion blieb den Juden während der ganzen Antike erhalten. Mißtrauen gegen sie

Getto

Portikus der Ottavia. Rest des Tempels des Jupiter stator (147 v. Chr.)

herrschte jedoch immer, weil sie nur an *einen* Gott glaubten. Augustus erklärte die Synagogen als unantastbar und befreite die Juden von jeder gesetzlichen Vorladung am Sabbat. Viele Römer traten aus Unzufriedenheit über die stete Vermehrung heidnischer Kulte zum Judentum über.

Um 70 nach Christus, als Titus den Tempel in Jerusalem zerstört hatte, zwang man die Juden, ihre Tempelsteuer fortan dem kapitolinischen Jupitertempel zu entrichten.

Als das Christentum 313 Staatsreligion wurde, bewahrten die Juden als Vorfahren der neuen Religion ihre Kultusfreiheit, wurden aber in ihren bürgerlichen Rechten beschränkt. Sie durften keine Sklaven halten und keine Heiden zum Judentum bekehren (Proselyten). Sie durften keine christlichen Frauen heiraten und keine hohen Staatsstellen bekleiden. In der Epoche der Gegenreformation verschlechterte sich die Lage der Juden. Im Zuge der Bekämpfung der Irrlehren verhärtete sich die Politik der Christen gegenüber den Juden. Als 1555 der Großinquisitor *Carafa* als Paul IV. noch Papst wurde, zwang man die Juden zum erstenmal, von den Christen abgesondert zu leben, und ihre Wohnviertel wurden auf Kosten der jüdischen Gemeinde ummauert. Das Gebiet zwischen dem Portikus der Octavia und dem Palazzo Cenci wurde so zum Getto bestimmt. Die Juden, die bis dahin in Trastevere und anderen Stadtgebieten gelebt hatten, mußten ihre Grundstücke verkaufen. Am 3. Oktober war die hohe und breite Mauer mit zwei Toren gebaut. Eine päpstliche Verordnung verlangte ferner, daß die Männer eine gelbe Mütze und die Frauen einen gelben Schleier trugen. Sie durften keinen Umgang mit Christen haben, die Ärzte durften keine christlichen Kranken behandeln, und als Handel war ihnen nur der Trödel erlaubt. Den christlichen Barbieren wurde verboten, die Juden zu bedienen.

Getto

Der christliche Bekehrungseifer war ein schweres Joch für die Juden. Sie standen unter der fortwährenden Bedrohung der Zwangstaufen.

Ein Bekehrungsmittel waren *Zwangspredigten*. Der Prediger war ein berühmter Gelehrter, der ihren Glauben mit Zitaten aus ihren eigenen Schriften bekämpfte. Er legte ein reiches Wissen an den Tag, und seine Sprache war sehr gewandt. Die jüdischen «Kirchenbesucher» machten sich aber nicht viel daraus. Sie unterhielten sich laut und verstopften sich die Ohren mit Watte. Viele versuchten auch, die Kirchen zu verlassen, sobald sie von den Wächtern registriert waren.

Die Tiberüberschwemmungen brachten Sumpffieber und andere Krankheiten, die zahllose Opfer forderten. Das enge Quartier war übervölkert. Da die Juden keine Grundstücke kaufen durften, blieb ihnen nichts anderes übrig, als ihre Häuser durch neue Stockwerke nach oben zu erweitern. In alten Stadtansichten ist das Getto dank der hohen Häuser gut sichtbar.

1848, als Papst Pius IX. an die Macht kam, wurden die Mauern – wieder auf Kosten der Juden – abgerissen, und die Juden erlangten ihre Gleichberechtigung mit den Christen. Das vorläufig letzte traurige Kapitel in der Geschichte der Juden Roms begann 1938, als sich mit den faschistischen Rassegesetzen deren Lage drastisch verschlimmerte. Am 16. Oktober 1943 wurden 1056 römische Juden von den deutschen Truppen deportiert; nur 15 von ihnen entgingen den Gaskammern der Nazis und kehrten nach Rom zurück.

Heute sind die rund 15 000 Juden Roms gleichberechtigte Bürger der Stadt und nicht mehr verpflichtet, im Getto zu leben; das malerische Viertel mit seinen mittelalterlichen Gassen, seinen Stoffläden und den vor den Häusern sitzenden Leuten ist eines der typischsten Quartiere der Altstadt.

Getto

Straßenszene im Getto

Sonnennadeln: Roms Obelisken

Neun «echte» und drei «unechte» (in Italien geschaffene) Obelisken stehen in der Ewigen Stadt noch aufrecht: vor dem Petersdom, vor dem Palazzo Montecitorio, vor Santa Maria sopra Minerva (vermutlich aus einem Isistempel der Campagna), auf der Piazza del Popolo, am Quirinal, vor der Lateransbasilika, vor Santa Maria Maggiore, im Park der Villa Celimontana und auf dem Pincio die echten, vor dem Pantheon, der Kirche Santa Trinità dei Monti und auf der Piazza Navona die unechten. Zur Zeit ihrer Spätblüte gab es sehr viel mehr dieser «Sonnennadeln» in der Stadt – lange nach Augustus, der die erste aus Ägypten nach Rom schaffen ließ.

Aber auch mit dem Dutzend, das übrigblieb, ist Rom die an Obelisken reichste Stadt der Welt; und um beim Superlativ zu bleiben – keine Stadt besitzt einen höheren als den, der heute *beim Lateran* steht. Der ägyptische Pharao Thutmosis IV. aus der 18. Dynastie hat ihn während seiner nur zehnjährigen Regierung 1420 bis 1410 vor Christus errichten lassen. Dann bestimmte Konstantin der Große ihn 336 nach Christus für seine neue Hauptstadt Konstantinopel; aber da der Kaiser inzwischen starb, reiste er auf Befehl seines Sohnes Konstantin II. nach Rom. Der Tiber trug das große Transportschiff bis zu einem Dorf, drei Meilen vor der Stadt; auf Walzen wurde der Koloß langsam die Via Ostiense entlang und durch die Porta San Paolo zum Circus Maximus gerollt. Dort stand er lange in der Mitte der Spina. Wir wissen, daß die vergoldete Bronzekugel auf seiner Spitze einmal den Blitz anzog und ersetzt werden mußte. Wann eine große Feuersbrunst ihn zu Fall gebracht hat, ist unbekannt, er lag jahrhundertelang in drei Stücke zerbrochen. Man konnte nun seine genaue Länge messen; sie betrug 110 römische Fuß oder 33 Meter. Allmählich

Obelisk auf der Piazza Navona. Er stammt *nicht* aus Ägypten, sondern wahrscheinlich aus einem campanischen Isistempel (1. Jh. n. Chr.)

sank er in die Erde. Sixtus V., der Entdecker und Errichter so vieler Obelisken in Rom, befahl 1587, ihn auszugraben und vor dem Lateranspalast aufzustellen.

Ein Augenzeuge berichtet, daß man an der Basis vier Spannen absägen mußte, die durch das Feuer schwer beschädigt waren. Zu den Restaurierungsarbeiten wurde nicht der Originalsockel verwendet, auf dem er im Circus Maximus gestanden hatte, aber man schuf eine genaue Nachbildung des Sockels und seiner vier langen Inschriften – selbst der Tyrann Maxentius ist darin mit seinem Spottnamen erwähnt! –, die in der Vatikanischen Bibliothek aufbewahrt wird. Matteo da Castello leitete die Ausgrabung, Domenico Fontana die Aufstellung auf einem neuen Sockel, den vier Löwen, die Embleme Sixtus' V., zieren. Über 1400 Kilo Bronze lieferte die päpstliche Kammer dafür. Ausgrabung, Transport, Aufstellung haben die Kasse des Papstes mit 24716 Scudi, gleich 123580 Goldmark, belastet. Und das ist nur einer der Obelisken, die Rom diesem Papst verdankt.

Vom größten Obelisken Roms zu den beiden kleinsten: dem vor dem Pantheon und dem vor Santa Maria sopra Minerva. Beide kommen aus dem Bezirk des Isis- und Serapisheiligtums, das sich vom heutigen Corso westwärts bis zum Pantheon erstreckte, und schmückten den großen Isistempel; der eine ist ein ägyptisches Originalwerk aus der Epoche des Pharao Nephrà, eines Zeitgenossen des früheren römischen Königs Tarquinius Priscus, stammt also aus dem 6. Jahrhundert; der **Obelisk vor dem Pantheon** ist eine römische Arbeit, wie aus der unglaublich unkundigen und sorglosen Behandlung der Hieroglyphen hervorgeht. Wahrscheinlich wurde er zur Zeit Neros angefertigt und errichtet, der den von Tiberius verbotenen Isiskult in Rom wieder zuließ und den Tempel reich beschenkte. 1711 ließ Clemens XI. ihn auf den Platz vor dem Pantheon verpflanzen, wo er über dem eleganten Brunnen aufgerichtet wurde, denn seine Kleinheit verbot eine isolierte Plazierung. Der Architekt Carlo Fontana, der viel für Clemens XI. gearbeitet und sich besonders um die Brunnen Roms beträchtliche Verdienste erworben hat, leitete die Arbeiten.

Der **Obelisk vor Santa Maria sopra Minerva** stammt aus dem 6. Jahrhundert vor Christus und ist der kleinste Granitobelisk und nur fünf Meter hoch. Er besteht aus einem Stück und ist nie zerbrochen und geflickt worden. Ursprünglich schmückte er in der ägyptischen Stadt Sais den Tempel der Neith. Er wurde erst 1665 gefunden. An seinen zierlichen Inschriften bereicherte der Jesuit Athanasius Kircher seine Kenntnis der Hieroglyphen ebenso wie später Richard Lepsius und Heinrich Brugsch, die beiden größten deutschen Entzifferer der altägyptischen hieratischen Schrift.

Nur zwei Jahre nachdem man ihn gefunden und gereinigt hatte, bestimmte ihm Alexander VII. den heutigen Platz und gab Bernini den Auftrag, ihn aufzustellen. Bernini fand eine geistreiche Lösung: er setzte den Obelisken auf den Rücken eines Elefanten.

Das Geistreiche an dem Einfall war die große Selbstverspottung. Bernini wurde damals gerade an den Hof Ludwigs XIV. berufen; um seinen Reisewagen drängten sich überall unterwegs die Neugierigen. Er hatte sich selbst den Spitznamen «Elefant» gegeben, im Sinne von «Wundertier»: und da der Weltberühmte sich nun vor eine so winzige, fast subalterne Aufgabe gestellt sah, die er seinem päpstlichen Gönner nicht abschlagen mochte, verband er mit ihrer Lösung das Wundertier, als das er sich selbst mit Recht empfand. Ganz Rom lachte, auch der Papst.

Obelisken

Obelisk auf dem Petersplatz. Er stammt aus dem 5. Jahrhundert und kommt aus Heliopolis

Der **Obelisk vor Sankt Peter,** der berühmteste der Stadt, hat, im Unterschied zu den zwölf andern, nie in der Erde gelegen. Er stand aufrecht, wenn auch allmählich bis zur Hälfte im Schutt. Caligula hatte ihn aus Ägypten geholt und in seinem Zirkus dicht bei der heutigen Sakristei von Sankt Peter aufgerichtet. Er stammt aus dem 5. Jahrhundert vor Christus, trägt keine Hieroglypheninschrift, ist aus einem Stück und untadelig erhalten.

Das Schiff, das ihn nach Rom brachte, war das bei weitem größte Schiff jener Zeit, von dem wir wissen. Es trug außer dem Obelisken selbst, dessen Gewicht auf 440 Tonnen zu schätzen ist, zu seiner Befestigung vier große Granitblöcke. Er wurde im Circus des Caligula aufgerichtet, wo später zur Zeit Neros viele Christen als lebende Fackeln brannten. Hier wurde auch Petrus gekreuzigt.

Der Obelisk stand noch aufrecht, als Konstantins erste Basilika emporwuchs, als Michelangelo Bauleiter der zweiten Basilika war, Giacomo della Porta und Domenico Fontana nach des Meisters genialen Plänen die Kuppel einwölbten. Dann rückte Sixtus V., der große Obeliskenfreund, ihn von der Stelle.

Am 30. April 1586 wurde der bis zur Basis ausgegrabene Obelisk mit Hilfe einer von Domenico Fontana ersonnenen Maschinerie Zoll um Zoll umgelegt. Es stellte sich heraus, daß er auf vier Bronzewürfeln stand, von denen jeder 300 bis 400 Kilo wog. Sieben Tage lang arbeiteten die Flaschenzüge – dann lag die mächtige Steinnadel waagrecht. Die Hälfte der Arbeit war getan. Man hob die 440 Tonnen Granit auf Walzen. Der Weg über einen eigens gebauten Damm, den der Obelisk zurückzulegen hatte, betrug knapp 300 Meter, doch er wurde erst am 13. Juni vollendet. Der Sommer ging darüber hin, das kolossale Piedestal aufzustellen sowie die für die Hebung und Aufstellung nötigen Maschinen zu errichten. Am 10. September hob sich in Anwesenheit des Papstes die ungeheure Last langsam. 140 Pferde und 800 Mann leisteten schwere Arbeit.

Um die gefährlichen Arbeiten und die äußerste Konzentration aller dabei Beschäftigten ja nicht zu stören, war an die riesigen Scharen der Zuschauer strengster päpstlicher Befehl ergangen, Zurufe und laute Gespräche zu unterlassen – bei Todesstrafe. Nur die Kommandos Fontanas, das Knarren der großen Krane, das Seufzen der dicken Seile waren zu hören. Mit einemmal klang ein Schreckensruf über den Platz: «Acqua alle funi!» – «Wasser auf die Taue!» Ein gewisser Bresco hatte bemerkt, daß einige der starken Seile überlastet waren und sich zu entzünden drohten. Er mißachtete das strenge Verbot und schrie. Fontana befolgte den fachmännischen Rat, und die Situation war gerettet. Der Rufer wurde vor den Papst geführt, warf sich nieder, rechtfertigte sich. Sixtus V. begriff, was er ihm zu verdanken hatte, und befahl sofort, ihn freizulassen. Er durfte sich eine Gnade ausbitten. Der bescheidene Mann erbat nur für sich und seine Nachkommen auf alle Zeit das Privileg, zum Palmsonntag aus seinem Garten Palmzweige für Sankt Peter zu liefern. Dieses Privileg wurde ihm gewährt und steht noch heute seiner Familie zu, die zudem in den Adelsstand erhoben wurde.

Der hocherfreute Papst kargte nicht mit Dankesbezeugungen an Fontana, der vollbracht hatte, was Michelangelo und Sangallo nicht hatten unternehmen wollen, weil es ihnen unausführbar schien. Der ehemalige Maurergeselle wurde zum populärsten Mann Roms. Er wurde zum Ritter erhoben, und der Papst beschenkte ihn fürstlich. Ihm zu Ehren wurden zwei Medaillen geschlagen.

Nur eine einzige Enttäuschung gab es bei der ganzen Sache.

Durch viele Jahrhunderte hatte man fest geglaubt, in der vergoldeten Kugel auf der Spitze des Obelisken sei Cäsars Asche eingeschlossen. Nun erwies sich, daß die Kugel gar nicht hohl war.

Auf der Piazza Montecitorio steht seit 1792 der **Obelisk des Pharao Psammetich II.** (594–589 vor Christus). Augustus brachte ihn 10 vor Christus von Heliopolis nach Rom. Auf dem Marsfeld diente er als Gnomon einer Sonnenuhr. Er war in vier Stücke zerbrochen und wurde 1748 ausgegraben. Erst 40 Jahre später wurde er am heutigen Standort aufgerichtet und mit Fragmenten der Mark-Aurel-Säule ausgebessert.

Der **Obelisk auf der Piazza Navona** ist nicht ägyptisch. Er stammt aus der Zeit Kaiser Domitians, sehr wahrscheinlich aus dem campanischen Isistempel. Auch der **Obelisk vor der Kirche Trinità dei Monti** bei der spanischen Treppe wurde in Rom hergestellt. Er stammt aus den Gärten des Sallust.
Einer der schönsten Obelisken steht auf der **Piazza del Popolo**. Augustus brachte ihn im Jahre 10 vor Christus nach Rom und richtete ihn im Circo Massimo auf. Seine Hieroglyphen verkünden den Ruhm der Könige *Sethos und Ramses II.* (14.–13. Jh. v. Chr.). Er ist 24 Meter hoch und aus einem einzigen Granitblock geschaffen; auf Veranlassung von Papst Sixtus V. hat Domenico Fontana ihn 1585 auf der Piazza del Popolo aufgerichtet.
Vor dem Quirinal steht auf dem Dioskurenbrunnen ein 14 Meter hoher Obelisk. Er stand ehemals am Eingang des *Augustusmausoleums*. Sein Gegenstück befindet sich heute auf der **Piazza del Esquilino** (hinter der Santa-Maria-Maggiore-Kirche).
Der **Obelisk auf dem Pincio** stammt von einem zu Ehren Anti-

noos' errichteten *Grabtempel* an der Via Labicana, außerhalb der Porta Maggiore. Hadrian gründete zu Ehren des Antinoos am Nil die Stadt Antinoupolis. Der Obelisk kommt wahrscheinlich von dort.

Im **Park der Villa Celimontana** auf dem Celio schließlich steht ein Obelisk, dessen Herkunft unbekannt ist. Er stand noch im 16. Jahrhundert auf dem Kapitolshügel.

Pasquino oder Die Stimme des Volkes

Eine ganz unscheinbare, aber im höchsten Grad historische Stelle bildet die Nordwestecke des *Palazzo Braschi,* den die Nepoten Pius' VI. gebaut haben und der heute das stadtgeschichtlich sehr sehenswerte **Museo di Roma** beherbergt. Hier steht das verstümmelte, kaum noch kenntliche Bruchstück einer antiken Marmorgruppe, «Menelaos mit dem Leichnam des Patroklos», nennen sie die Archäologen. Doch das römische Volk nennt sie seit Jahrhunderten **Pasquino,** nach einem scharfzüngigen Schneider, der dort um 1500 gelebt hat. Nach ihr heißt nicht nur der kleine Platz, sondern auch das ganze literarische Genre der *Pasquinaden* oder *Pasquille.* Durch Jahrhunderte ist dieser Marmortorso wahrhaft *die Stimme der Römer* gewesen – Jahrhunderte, in denen es noch keine Presse und vor allem keine freie Presse, keine öffentliche Kritik gab. In den Millionen Zetteln, die hier nächtlicherweise angeheftet wurden und deren Text am nächsten Morgen, hinter der Hand geflüstert, die Runde durch die ganze Stadt machte, wurde alles zum witzigen Wort, was an Kritik nicht nur der päpstlichen Regierung, sondern auch einzelner Persönlichkeiten im Volk lebendig war. Pasquinos typischer Witz, meist im

Flunkerer, Flegel, Lästerzungen

So sah der Komödiendichter Plautus (etwa 251–184 v.Chr.) das Forum Romanum: «Auf dem Komitium sind die Meineidigen anzutreffen, beim Heiligtum der Venus Cloacina unverschämte Flunkerer und Aufschneider; die reichen Ehemänner, die das Geld ihrer Gattinnen verjubeln, finden sich in der Basilika, wo auch abgetakelte Huren mit ihren Zuhältern herumlungern, während den Fischmarkt die Schnorrer umkreisen. Die Vornehmen und die Begüterten gehen weiter hinten auf dem Forum spazieren, und wer auffallen will, stolziert mitten auf dem Platz am Kanal auf und ab. Oberhalb des Sees (Lacus Curtius) stößt man auf großmäulige Flegel und dreiste Lästerzungen, die wegen jeder Kleinigkeit in Beschimpfungen ausbrechen und doch besser täten, ihre Flüche für sich selbst aufzusparen. In den alten Läden (Tabernae Veteres) kann man sich zu Wucherzinsen Geld leihen. Gehst du am Dioskurentempel vorbei, so begegnest du Leuten, denen man lieber nichts glauben sollte. Im Vicus Tuscus bieten sich schöne Buben an, und auf dem Velabrum findet man, neben Bäckern, Schlächtern und Wahrsagern, die, die sich dem Laster ergeben haben, und die, die dir zeigen, wo es zu finden ist...»

---

volkstümlichen Dialekt, war immer schlagend. Zahllose Papstkonklaven – immer Anlaß zu leidenschaftlichem Meinungsstreit intra und extra muros –, gesellschaftliche Ereignisse, Episoden der auswärtigen Politik des Kirchenstaates wie der fremden Mächte hat Pasquino mit seiner meist grellen Stimme begleitet: kaum ein Ereignis im Rom von 1500 bis zum Ende der weltlichen Papstherrschaft, das er nicht glossiert hätte!

Hadrian VI., dessen Grab in Santa Maria dell'Anima steht, war einmal so erbost über den Witzbold, daß er drohte, die Statue in den Tiber werfen zu lassen. Es blieb bei der Drohung.

Oasen der Ruhe

Rom ist eine grüne Stadt. Die schönen Parkanlagen, die oft den Charakter freier Landschaft haben, werden von den Römern gern benutzt. Sie sind die Lungen Roms. Die meisten stammen aus der Renaissance, ihre Baumbestände gehen zum Teil ebenfalls auf diese Zeit zurück. Winckelmann schreibt voller Begeisterung: «Eine einzige Villa in Rom hat mehr Schönheit durch die Natur allein, als alles, was die Franzosen gekünstelt.» Drei der reizvollsten dieser Oasen der Ruhe stelle ich hier vor. (Mit dem Begriff *Villa* bezeichnet man im Italienischen übrigens nicht nur ein Haus, sondern ein ganzes Anwesen.)

Die **Villa Borghese** auf dem Pincio wurde von Kardinal Scipio Borghese, dem Neffen Pauls V. (1576–1633), angelegt und später mehrmals erweitert, er ist heute einschließlich des Zoologischen Gartens sieben Quadratkilometer groß. Das Casino enthält die Galerie Borghese (vgl. Kapitel «Schätze in römischen Museen»).

Die **Villa Celimontana** auf dem Celio fällt vor allem wegen der prächtigen Bäume auf: Lorbeer, Libanonzedern, Steineichen und eine Fülle weiterer zum Teil subtropischer Pflanzen. Der Park gehört der Stadt und ist öffentlich zugänglich.

Der größte und vornehmste Fürstensitz der Stadt, die **Villa Doria Pamphili** (Porta Pancrazio) auf einem 200 Hektar großen Gelände ist von einer neun Kilometer langen Mauer umgeben. *Alessandro Algardi* hat ihn um 1560 für den Fürsten Camillo Pamphili, den Neffen Innozenz' X. gebaut. Wertvolle, teilweise sehr seltene Bäume und Pflanzen, Busch- und Pinienwald sowie ein kleiner See bilden zusammen ein großes Stück Landschaft in der Stadt. Goethe weilte einen ganzen Tag hier und nannte den Pinienwald den schönsten Italiens.

Brunnen: die Lust am Spiel mit dem Wasser

Eine der Besonderheiten Roms war schon zur Kaiserzeit der Wasserüberfluß und das Spiel mit dem Wasser. Einige antike Aquädukte bringen auch heute noch ihr Wasser in die Stadt.

Den römischen Wasserüberfluß rühmten schon die Dichter der Antike. Im 4. Jahrhundert gab es in der Stadt 1352 öffentliche Brunnen, jetzt sollen es immer noch rund 1300 sein. Man kann sich die vielen Brunnen aus dem Stadtbild kaum wegdenken, und sie werden auch ständig benutzt: kleine Brunnen führen meistens gutes Trinkwasser. Die großen sind im Hochsommer beliebter Badeplatz der Buben. Den Liebespaaren und auch den Touristen bleiben sie romantischer

Detail eines Barockbrunnens im Park der Villa Borghese

Brunnen

Die Piazza Navona mit den berühmten Brunnen und der Kirche Sant'Agnese

Treffpunkt. Hier eine Auswahl der schönsten Brunnen (die Buchstaben in Klammern beziehen sich auf den Plan «Paläste und Brunnen», Seite 273):

Für die **Fontana delle Api** (A) an der Piazza Barberini hat Bernini das Wappentier seines Auftraggebers (Barberini, Urban VIII.), die Biene, als Motiv für diesen zierlichen Brunnen gewählt.

Das Wasser der **Fontana dell'Acqua Felice** (B) an der Piazza San Bernardo kommt durch einen Aquädukt von Colonna aus den Albanerbergen. Domenico Fontana hat den Brunnen im Auftrag Sixtus' V. (1585/87) geschaffen. Die Moses-Figur trug dem Bildhauer *Prospero da Brescia* eine so schlechte Kritik ein, daß er vor Kummer starb.

Die **Fontana Piazza Bocca della Verità** (C) hat C. Fr. Bizzaccheri 1715 wahrscheinlich nach einer Zeichnung von Giacomo della Porta geschaffen. Zwei Tritonen tragen ein muschelförmiges Becken.

Zwischen 1647/52 hat Lorenzo Bernini die **Fontana dei Fiumi** (D) an der Piazza Navona im Auftrag Innozenz' X. ausgeführt. Im Zentrum des Brunnens wurde ein 16 Meter hoher Obelisk aufgerichtet. Die vier großen sitzenden Figuren symbolisieren die vier damals bekannten Hauptströme der Erde. Die Figuren wurden von verschiedenen Künstlern ausgeführt. Mit einem Tuch über den Kopf gezogen hat G. A. Fancelli den *Nil* dargestellt, weil dessen Quelle damals noch nicht bekannt war. Porissimi ist der Schöpfer des *Ganges,* er erhebt die Hand gegen die Fassade seines Rivalen Borromini, den Architekten der Kirche Sant'Agnese. Auf dieser Fassade steht eine Statue der heiligen Agnes, die den Blick abwendet, um wiederum den Brunnen des Rivalen Bernini nicht zu sehen. Die dritte Figur von Antonio Raggi versinnbildlicht die *Donau* und die vierte den *Rio de La Plata,* sie stammt von Francesco Baratta; die Tiere und Pflanzen auf und zwischen den Felsen beziehen sich auf die vier Erdteile der Ströme.

Giovanni Antonio Mari hat die **Fontana del Moro** (E), ebenfalls Piazza Navona, mit den wasserspeienden Fratzen und den im Wasser hockenden Tritonen entworfen, der Mohr im Zentrum wurde nach einem Vorbild von Bernini gestaltet.

Ein Werk von Guerrieri ist die 1885 entstandene **Fontana delle Naiade** (F) an der Piazza Esedra. Najaden sind Quellgöttinnen; sie wohnen im Wasser oder in benachbarten Grotten und sind Symbol der Fruchtbarkeit und der Lebensfreude.

Die **Fontana della Navicella** (G), Piazza della Navicella, ließ Leo X. (1475–1521) nach einem römischen Modell (sehr wahrscheinlich Weihgabe an die Göttin Isis, Patronin der Seefahrer im ägyptischen Mysterienkult, von dem hier in der Nähe ein Tempel stand) errichten.

Im Auftrag Pauls V. gestalteten Giovanni Fontana und Carlo Maderna 1612 die typische Spätrenaissance-Brunnenanlage der **Fontana Paulina** (H). Das Wasser kommt über den Aquädukt des Trajan vom Bracciansee. Der Brunnen ist zum größten Teil aus Material der alten Petersbasilika.

Der rechte Brunnen der **Fontane della Piazza San Pietro** (I), wurde von Sixtus V. *Carlo Maderna* in Auftrag gegeben. Der linke entstand unter Clemens XI. Das Wasser dieser Fontänen kommt ebenfalls durch den im 16. Jahrhundert renovierten Aquädukt des Kaisers Trajan vom Bracciansee.

Die **Fontana delle Tartarughe** (K) – Schildkrötenbrunnen – an der Piazza Mattei von 1585 ist ein Werk *Taddeo Landinis* (vielleicht nach einem Entwurf von *Giacomo della Porta*) und einer der reizvollsten Brunnen Latiums. Vier Jünglinge halten je einen Delphin zurück und schieben mit der Hand eine Schildkröte in die obere Schale.

Brunnen

Figur aus dem Schildkrötenbrunnen

Fontana di Trevi

Brunnen

Der berühmteste Brunnen der Stadt ist die **Fontana di Trevi** (L) an der Rückseite des Palazzo Poli, und neben den Brunnen der Piazza Navona ist er auch das populärste Barockmonument der Stadt. Die Acqua Vergine, ein Aquädukt, der 19 vor Christus von Marcus Agrippa gebaut wurde, läßt auch heute noch täglich 80 000 Kubikmeter Wasser in die Brunnenschalen fließen. Um die Mitte des 18. Jahrhunderts hat *Niccolò Salvi* ihn sehr wahrscheinlich nach einem Entwurf von Gian Lorenzo Bernini ausgeführt. Neptun, der Gott des Meeres, fährt mit seinen Söhnen auf den stürmischen Wellen daher. Die allegorischen Figuren der Felspartien symbolisieren Überfluß und Gesundheit (Filippo Valle); auf den Reliefs ist eine Jungfrau zu sehen, die den römischen Soldaten eine Quelle zeigt; oben vier weibliche Statuen, auf der Attika zwei Engel mit dem Wappen der Corsini. Ein alter Brauch sagt: Wenn man eine Münze über die linke Schulter in den Brunnen wirft, kommt man wieder nach Rom.

1640, auf dem Höhepunkt seiner Laufbahn, hat *Gian Lorenzo Bernini* die heute mitten im Großstadtverkehr liegende **Fontana del Tritone** (M) geschaffen. Delphine tragen ein Muschelpaar (Delphine und Muscheln sind Symbole der Aphrodite). Ein Triton (Sohn des Poseidon) bläst aus einem Muschelhorn den Wasserstrahl.

Im Garten des Casino Borghese steht, umgeben von Statuen, Urnen und Sarkophagen, die **Fontana delle Venere** (N), und das runde Bassin der kleinen **Fontana della Villa Medici** (O) auf dem Pincio wird in der Mitte von einer Kugel geschmückt, die einst Christina von Schweden von der Engelsburg aufs Portal geschossen haben soll; sie war ein beliebtes Motiv für viele Maler (darunter Camille Corot).

Kirchen und Grabstätten

194 *Hauptstadt der Christenheit: 500 Kirchen*
195 *Sankt Peter*
207 *San Giovanni in Laterano*
214 *Santa Maria Maggiore, Königin der Marienkirchen*
219 *Die anderen Pilgerkirchen*
234 *Primavera cristiana*
241 *Roms andächtigstes Antlitz: die Titelkirchen*
247 *Kunstwerke in frühchristlichen und mittelalterlichen Kirchen*
250 *Gotteshäuser der Renaissance*
251 *Wichtige Barockkirchen*
252 *Andere bedeutende Kirchen mit interessanten Kunstwerken*
254 *Die unterirdische Totenstadt*
258 *Berühmte Ruhestätten*

Hauptstadt der Christenheit: 500 Kirchen

Kein Rombesucher wird alle Kirchen der Stadt besuchen wollen; täte er es, könnte er länger als ein Jahr täglich ein anderes Gotteshaus aufsuchen – Rom hat rund 500 Kirchen und Kirchlein, und viele davon sind unwichtig. Ich habe mich hier auf die Gotteshäuser beschränkt, die religionsgeschichtlich oder kunsthistorisch besonders interessant sind. (Die Zahlen

in Klammern beziehen sich auf den Plan «Römische Kirchen» auf Seite 212/13.)
Pilger stellen auch heute noch einen großen, wenn nicht den größten Teil der Romtouristen; in der Regel kommen sie in Bussen und haben wenig Zeit. Anders als früher prägen sie aber nicht mehr das Stadtbild. Bis 1870 bewegten sich die Wallfahrer in langen Zügen, mit Pilgerstab und -hut, betend und psalmodierend zu den sieben Pilgerkirchen: von Sankt Peter nach San Paolo fuori le Mura, von dort nach San Sebastiano, San Giovanni in Laterano, Santa Croce in Gerusalemme, San Lorenzo al Verano und schließlich nach Santa Maria Maggiore. Größtenteils nahmen sie den Weg über die *Via delle Sette Chiese,* die Sieben-Kirchen-Straße.

Sankt Peter

Alle großen Worte, die man über diesen «größten Tempel der Christenheit» gehört oder gelesen hat, werden klein und leise, sobald man den Fuß in ihn setzt, denn er ist weit größer und «lauter» als sie. Man möchte fast die Peterskirche (1) das christliche Kolosseum Roms nennen. Darum spricht sie wohl nicht mehr mit ursprünglicher Stimme zu uns, die wir gegen das «Kolossale» empfindlich und sogar mißtrauisch geworden sind. Unwillkürlich wird das Verlangen nach intimeren Gotteshäusern wach, in denen man mehr zur Versenkung und Andacht gestimmt wird.
Freilich, überwältigt wird jeder Besucher sein, und beim ersten Besuch in einem Maß wie sonst wohl selten überwältigt durch die Ausmaße, die immer wechselnden Lichtwirkungen zwischen den hohen Fenstern und den gelbtlackernden

Sankt Peter

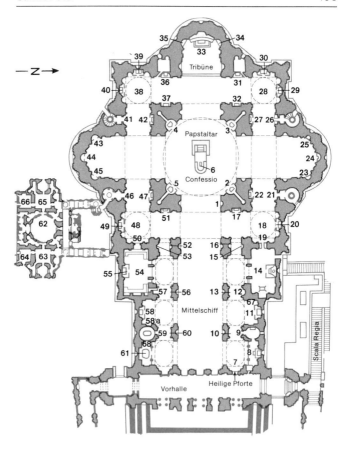

Sankt Peter

1 Apostel Petrus, Bronzefigur
2 Hl. Longinus mit Lanze (Gian Lorenzo Bernini)
3 Hl. Helena mit Kreuz und Nägeln (Andrea Bolgi)
4 Hl. Veronika mit Schweißtuch (Francesco Mocchi)
5 Hl. Andreas (François Duquesnoy), Eingang zu den Grotten
6 Grab des Apostels Petrus (Confessio)
7 Mosaik über der Tür: Apostel Petrus (Ciro Ferri, 1675)
8 Pietà, geschaffen vom 24jährigen Michelangelo (1499–1500)
9 Statue Leos XII. (Giuseppe de Fabris, 1836)
10 Grabdenkmal der Königin Christine von Schweden (Carlo Fontana); das Relief zeigt die Königin, dem protestantischen Glauben abschwörend
11 Kapelle des hl. Sebastian; Mosaik; das Martyrium des hl. Sebastian nach einem Ölgemälde von Domenichino (Domenico Zampieri)
12 Denkmal für Innozenz XII. (Ferdinando Fuga)
13 Grabmal der Gräfin Mathilde von Toskana (Gian Lorenzo Bernini); Flachrelief mit Bußgang Heinrichs IV. nach Canossa
14 Sakramentskapelle (Francesco Borromini), vergoldeter Bronzetabernakel (Bernini), Altarbild (Pietro da Cortona)
15 Grabmal Gregors XIII. (Camillo Rusconi), Statuen: Religion und Kraft
16 Statuenloses Grabmal Gregors XIV.
17 Altar des hl. Hieronymus, Mosaikkopie nach Domenichino (Original Vatikanische Pinakothek)
18 Gregorianische Kapelle, entworfen von Michelangelo, ausgeführt von Giacomo della Porta; Kuppel von Vignola
19 Grabmal Gregors XVI. (Luigi Amici); Statuen: Weisheit und Klugheit
20 Madonna der guten Hilfe (2. Jh.)
21 Grabmal Benedikts XVI. (Pietro Bracci)
22 Messe des hl. Basilius, Mosaikkopie nach Pierre Subleyras über dem Altar (am Kuppelpfeiler)
23 Altar des hl. Wenzel, Mosaikkopie nach Caroselli ▶

24 Altar mit Mosaikbild des Martyriums der hll. Processus und Martinian (Kerkermeister des Petrus)
25 Altar mit Martyrium des hl. Erasmus, links Mosaik nach Nicolas Poussin (Original: Vatikan)
26 Grabmal für Clemens XIII., klassizistische Arbeit; Der Genius des Todes senkt die erloschene Fackel; rechts: Die Religion; Reliefs: Caritas und Hoffnung
27 Altar am Kuppelpfeiler: Mosaik: Petrus auf dem Meere schreitend, Kopie nach Lanfranco
28 Kapelle des Erzengels Michael
29 Rechter Altar: Mosaikkopie nach Bild des Erzengels Michael von Guido Reni
30 Altarmosaik: Die Exhumierung der hl. Petronilla, Kopie von Pietro Cristofari nach Guercino (Original Kapitolinisches Museum)
31 Grabmal Clemens' X. von Mattia de Rossi, Statue des Papstes (Ercole Ferrata)
32 Altar mit Mosaik: Petrus erweckt die Tabitha vom Tode
33 Cathedra Petri von Bernini; zwei lateinische Kirchenlehrer (Ambrosius und Augustinus) und zwei griechische (Athanasius und Chrysostomus) halten den Thron
34 Grabmal Urbans VIII. von Bernini; Figuren: Caritas und Gerechtigkeit
35 Grabmal Pauls III. von Giacomo della Porta; Statuen: Gerechtigkeit und Klugheit
36 Grabmal Alexanders VIII., von Arrigi di San Martino entworfen; Figuren: Religion und Klugheit
37 Altar mit Mosaik: Heilung des Lahmen durch Petrus nach Francesco Mancini
38 Cappella della Colonna, von Vignola überkuppelt und vollendet
39 Grabmal Leos des Großen; Relief: Attila weicht vor den Toren Roms vor dem Papst zurück (Alessandro Algardi)
40 Gräber der Päpste Leo II., Leo III. und Leo IV.
41 Grabmal Alexanders VII., von Bernini entworfen; Statuen: Gerechtigkeit, Klugheit, Barmherzigkeit, Wahrheit
42 Altar der hll. Petrus und Paulus
43 Altar des hl. Thomas; Mosaikbild nach Camuccini

Sankt Peter

44 Altar mit Mosaik: Kreuzigung des Petrus (nach Guido Reni)
45 Altar mit Darstellung des Martyriums der hl. Valeria nach Spadarino
46 Grabmal Pius' VIII. (Pietro Tenerani); Eingang zu Sakristei, Schatzkammer und Bar
47 Altar mit Mosaik: Bestrafung des Ananias und der Saphira (nach Pomarancio)
48 Clementinische Kapelle (Giacomo della Porta)
49 Altar Gregors des Großen; Grab unter dem Altar; Mosaikbild: Wunder des Heiligen (nach Andrea Sacchi)
50 Grab Pius' VII. (Bertel Thorwaldsen); Figuren: Weisheit und Standhaftigkeit
51 Verklärung Christi; das Gemälde Raffaels wurde in vierfacher Vergrößerung in Mosaik übersetzt (Original Vatikanische Pinakothek)
52 Grabmal Leos XI. (Alessandro Algardi); Figuren von Gaetano Peroni und Ercole Ferrata
53 Grabmal Innozenz' XI. (Carlo Maratta); Statuen: Religion und Stärke
54 Chorkapelle für den täglichen Gottesdienst; Altarmosaikbild
55 Die unbefleckte Empfängnis
56 Bronzedenkmal für Innozenz VIII. (Antonio Pollaiuolo) mit Allegorien der vier Kardinaltugenden
57 Grabmal Pius' X.
58 Kapelle der Darbringung im Tempel, benannt nach Altarmosaik: Tempelgang der Maria, Kopie nach Giovanni Francesco Romanelli
59 Denkmal für Maria Clementina Sobieski, Gemahlin Jakobs III. Stuart; Zugang zur Kuppel
60 Denkmal der letzten Stuarts, Jakobs III. und seiner Söhne Karl Eduard und Heinrich (Antonio Canova)
61 Taufkapelle
62 Oktogon der Sakristei; Eingang siehe 46
63 Sakristei der Kanoniker mit bemalter Tür: Glorie der Heiligen (Federico Zuccari)
64 Kapitelsaal
65 Vom Oktogon der Sakristei der Kapläne in die Sakristei der Beneficiati (rechts)
66 Schatzkammer (Tresoro)
67 Statue für Pius XII. (Francesco Messina)
68 Denkmal für Johannes XXIII. (Emilio Greco)

Flämmchen um die Confessio, den Prunk von Wänden, Fußböden, Kapellen, Altären, Bildwerken. Aus der Anhäufung der zahlreichen Kunstwerke stechen einige besonders hervor: **Michelangelos Pietà** (das einzige Werk, das seine Signatur trägt), die bronzene Petrusstatue im Kirchenschiff, das Relief des Papstes Leo des Großen von Attila von Algardi, die Bronzetür von Antonio Averlino Filarete und als heutiges Werk die Tür des Todes von Giacomo Manzù. Von Bedeutung sind auch die Arbeiten Lorenzo Berninis: die vier Kirchenväter (in der Apsis) und Longinus mit der Lanze (beim ersten Hauptpfeiler rechts). Als Meisterwerk des Klassizismus gelten die zwei Löwen von Canova am Grabmal Clemens' XIII. und das Werk seines Schülers Thorwaldsen: das Grabmal Pius' VII.
Unbestritten groß ist das Wunderwerk der **Kuppel** mit ihrer Höhe von 132 Metern, überragt von der Laterne. Unvergeßlich bleibt der Eindruck, wenn man unter der kühnen Wölbung steht, in den Himmel zu schauen meint und den kühlen Prunk unten vergißt.
Die Peterskirche mit ihren fünf Portalen, 44 Altären und rund 800 Säulen ist der größte, feierlichste Empfangssaal (knapp 212 Meter lang und 186 Meter breit) der katholischen Kirche. Marmorkühl und starrend im Alltag, gewinnt er sein wirkliches, ihm vorbestimmtes Leben erst an hohen Festtagen, wenn unter einer riesenhaften Dekoration von rotverkleideten Pfeilern und Hunderten übereinander aufgehängten vielkerzigen Kronleuchtern der Alltag verschwindet, Zehntausende von Besuchern die weiten Hallen der Basilika füllen, der päpstliche Hofstaat in aller Pracht seiner mittelalterlichen Kostüme amtiert, der Heilige Vater, hoch über dem Volk, auf der *Sedia gestatoria* erhöht, unter dem Händeklatschen und den leidenschaftlichen *Viva il Papa!*-Rufen der Menge in die so völlig verwandelte Kirche einzieht. Wer es erlebt, wird

Sankt Peter

Kopf der Madonna von der Pietà Michelangelos

überwältigt – auch wenn er nicht vergessen kann, daß es sich um ein Weltschauspiel handelt.

Wer die Peterskirche betritt, findet in den marmorenen Fußboden eingelassen eine rote runde *Porphyrplatte*. Millionen Füße sind im Lauf der Zeiten achtlos darüber hinweggeschritten. Es ist die Steinplatte, die aus der alten Basilika stammt. Viele deutsche Kaiser seit Karl dem Großen, seit dem Jahr 800 also, knieten hier, wenn sie aus der Hand der Päpste die Salbung empfingen.

Bernini hat die barock gewundenen Säulen und den Baldachin über dem Grab des Apostels Petrus aufgebaut. Um diese Säulen zu gießen, hat Urban VIII. das Pantheon seines reichen Bronzeschmucks beraubt. Die kleine Tür aus vergoldeter Bronze in der Tiefe der Confessio, zu der zwei geschwungene Treppen hinabführen, soll noch aus der Basilika Konstantins stammen.

Im rechten Seitenschiff steht das *Grabmal Leos XII.;* gegenüber das Denkmal einer Frau, die, wenn auch nur für sich persönlich, das Pendel der Reformation zurückschlagen ließ: *Maria Christina von Schweden,* Tochter Gustav Adolfs II., der unter Einsatz seines Lebens das Luthertum vor der Vernichtung rettete. Sie hat ihrem protestantischen Thron entsagt, trat in Innsbruck zum katholischen Glauben über und lebte im Palazzo Corsini am Tiber mit ihrem abenteuerlichen Hof.

Noch ein weiteres Monument für eine Frau findet sich am nächsten Pfeiler. Das Denkmal der *Markgräfin Mathilde von Toskana,* vor deren Schloß in Canossa der vom Papst Gregor VII. besiegte und gebannte deutsche König Heinrich IV. auf seine Absolution warten mußte. Die Mathildische Schenkung der Markgräfin hat die weltliche Macht des Papsttums stark erweitert. Urban VIII. ließ ihr das Denkmal, ein Werk von

Bernini, setzen, als er am 18. November 1626, 170 Jahre nach Baubeginn, die neue Kirche weihte. In der *Cappella del Sacramento,* der rechten Seitenkapelle, finden wir nochmals Überreste aus der Konstantinischen Basilika, zwei Marmorsäulen, die den Mauritiusaltar schmücken.

Er schließt sich Michelangelos *Cappella Gregoriana* an, benannt nach Gregor XIII., dem Gründer der Università Gregoriana, der den Gregorianischen Kalender für verbindlich erklären ließ.

Das römische Volk kniet hier häufig vor der Madonna del Soccorso – einem vom jahrhundertelang aufsteigenden Kerzenrauch bis zur Unkenntlichkeit geschwärzten Marienbild, das gleichfalls aus der Konstantinsbasilika stammt.

In der links von der Tribuna errichteten *Cappella della Colonna* ruhen in einem altchristlichen Sarkophag die Reste und Reliquien der Leo-Päpste I. bis IV. Das von einer Säule Alt-Sankt-Peters abgelöste Madonnenbild wird kaum weniger verehrt als die Madonna del Soccorso.

Karl der Große, von Leo III. gekrönt, begegnet uns noch einmal in der **Schatzkammer** hinter der Sakristei, wo ein reich mit Gold besticktes Gewand aufbewahrt wird: der Mantel, den er bei der Krönung getragen haben soll. Authentisch ist die blutbespritzte Soutane, die Papst Pius XII. trug, als er 1943, unmittelbar nach einem alliierten Bombenangriff auf die Kirche San Lorenzo fuori le mura und das dortige Wohnviertel zu den Betroffenen eilte, um zu helfen, zu trösten, die Sterbenden zu segnen.

Im linken Seitenschiff in der kleinen *Cappella della Presentazione* ruht der heiliggesprochene Pius X., eine silberne Porträtmaske über dem Antlitz. Sein Denkmal steht wenige Schritte weiter. Im Mittelschiff, am Pfeiler des heiligen Longinus, thront die hochverehrte *Bronzestatue Sankt Peters* aus dem 13. Jahrhundert; sie könnte ein Werk von Arnolfo di Cambio sein. Wenn man noch einmal in das Licht der Kuppel tritt, öffnet sich das große Schiff des rechten Kreuzarmes. Hier tagte vom Winter 1869 an das Konzil, dessen Ergebnis das Dogma von der Unfehlbarkeit des Papstes war. Eine Wand zwischen den Kuppelpfeilern trennte den weiten Raum von der Kirche. Über den Türen standen in goldenen Lettern die Worte: «Docete omnes gentes.»

Die **Baugeschichte** von Sankt Peter ist lang, und die Liste der Baumeister enthält größte Namen aus mehreren Generationen.
1452, als in Konstantinopel das christlich-byzantinische Kaiserreich endete und in Alt-Sankt-Peter zum letztenmal ein deutscher Kaiser gekrönt wurde, Friedrich III., stiegen nebenan die Grundmauern der neuen Basilika empor. Aber erst zwei oder drei Meter erhoben sie sich über den Boden, als der Tod Nikolaus' V. die Arbeit zum Stillstand brachte.
Nach dem Entwurf des Florentiners *Bernardo Rossellino* wurde mit dem Bau der Tribuna begonnen. Als Julius II. 50 Jahre später das Werk wieder aufnahm, ließ er die alte Basilika abreißen und übertrug *Bramante* die Neuplanung. Sein Entwurf sah ein riesiges, griechisches Kreuz als Grundriß mit einer Haupt- und vier Nebenkuppeln zwischen den Kreuzarmen vor, ein klarer und harmonischer Plan. Die neun Lebensjahre, die Bramante noch vergönnt waren, reichten nicht aus, den Bau durchzuführen.
Seine drei Nachfolger, *Raffael, Fra Giocondo da Verona* und *Giuliano da Sangallo* haben, obwohl auch sie bald starben, Wesentliches an Bramantes Plan geändert. Griechisches oder lateinisches Kreuz war die Frage, um die es ging. *Antonio da Sangallo,* der nächste Baumeister und 27 Jahre tätig, dessen

Sankt Peter

Vorhalle der Peterskirche von Carlo Maderna

Holzmodell erhalten ist, wölbte den südlichen und östlichen Kreuzarm ein und hob den Boden um 3,2 Meter. Dadurch entstanden die Grotten. Im hohen Alter übernahm *Michelangelo* im Jahr 1547 die Bauleitung. Er griff auf den Bramanteplan zurück, vereinfachte ihn und wollte eine freie Säulenstellung vorlegen.

Vor allem aber plante und entwarf er die Kuppel. Sie über die Trommel hinaus zu vollenden, war dem fast Erblindeten nicht beschieden. Wie er sie im Geiste sah, zeigt das Holzmodell, das wie jenes Sangallos in der Sakristei steht und das er noch vier Jahre vor seinem Tod in seinem römischen Haus anfertigte. Sein Nachfolger war *Vignola*. *Giacomo della Porta* und *Domenico Fontana* wölbten ein Vierteljahrhundert nach Michelangelos Tod die Kuppel ein, mit geringen Veränderungen an seinem Plan. Und abermals 15 Jahre später war der Bau vollendet, bis auf die Fassade mit der Vorhalle.

Es schien alles fertig. Da pfuschte *Paul V.* in die Konzeption hinein. Daß er den östlichen Arm des griechischen Kreuzes verlängerte und so schließlich doch ein lateinisches Kreuz daraus machte, ist nicht das Schlimmste. Seine eigentliche Sünde gegen den Geist Michelangelos sind das neue Langhaus und seine barocke Fassade, die *Carlo Maderna* wie einen riesigen Riegel vor das Ganze legte, so daß für die auf dem Petersplatz Stehenden die schwebende Kuppel verdeckt wird. Die letzte Hand an die Dekoration der Kirche legte noch der junge *Gian Lorenzo Bernini.* Am 18. November 1626 wurde das Werk eingeweiht. Seitdem wird unablässig daran gebaut. So hat *Pius VI.* die Sakristei hinzufügen lassen. Es gab zu allen Zeiten und gibt auch heute noch in der vatikanischen Verwaltung eine Abteilung, die «Fabbrica di San Pietro», die für die laufenden Ausbesserungsarbeiten verantwortlich ist und dafür hohe Summen aufwendet.

San Giovanni in Laterano

«Omnium Urbis et Orbis Ecclesiarum Mater et Caput» steht nicht über der breiten Front von Sankt Peter; und der verbreitete Glaube, die Peterskirche sei die Hauptkirche der Christenheit, ist falsch. «Aller Kirchen der Stadt und des Erdkreises Mutter und Haupt» ist San Giovanni in Laterano (2), weil sie von alters her die **Bischofskirche des Papstes** als des Bischofs von Rom ist. Wer ihre Fassade mit der großen Freitreppe, der mächtigen Loggia, den Säulen und Pilastern, der weithin sichtbaren Attika mit den riesigen Statuen vor dem blauen Himmel gesehen hat, kann dieses Bild nie vergessen. Und ebenso unvergeßlich ist der Nachtgottesdienst in San Giovanni am Ostersamstag.

Auch San Giovanni wurde von Konstantin gegründet – obwohl die heutige Basilika mit der ursprünglichen des ersten christlichen Kaisers ebensowenig zu tun hat wie die heutige Peterskirche. Sie wurde aber nie von Menschenhand abgebrochen wie jener erste Dom im Zirkus Nero-Caligula, sondern riesige Feuersbrünste und Erdbeben haben sie oft zerstört. Sixtus V. ließ nach einem solchen Brand die Trümmer des Lateranpalastes schleifen. Er und mehrere Päpste vor ihm und nach ihm bauten die Basilika wieder auf. Wie wir sie heute sehen, stammt sie aus dem 17. Jahrhundert; *Francesco Borromini* hat sie gebaut, die eindrucksvolle Fassade (1734) stammt von *Francesco Alessandro Galilei*.

Konstantin hatte den ganzen Häuserblock, zu Neros Zeiten Besitz der Familie der Laterani, dem Bischof und späteren Papst Miltiades geschenkt. Plautius aus der lateranischen Familie war in eine Verschwörung gegen den Imperator verwickelt und wurde hingerichtet. Sein ganzer Besitz verfiel dem Kaiserhaus, und Konstantin konnte ihn fast 300 Jahre später an die Kirche weiterschenken; er hatte das Christentum zwar noch nicht zur Staatsreligion erhoben, aber durch das Mailänder Toleranzedikt staatlich anerkannt. Seither sind der lateranische Palast und die dazugehörige Kathedralskirche eng mit den Päpsten und ihrer Geschichte verbunden geblieben, viel

San Giovanni in Laterano

Lateran

enger, als es der Vatikan in jenen Jahrhunderten war. In der Zeit der großen Adelsfehden, als die Engelsburg von Hand zu Hand ging, immer wieder den Päpsten Zuflucht bot und belagert wurde, war die Gegend jenseits des Tiber zu unsicher, als daß ein Papst dort residiert hätte.

Viele Päpste sind im Lateran begraben worden. Der letzte, Leo XIII., hat dort sein Grabmonument, nachdem er die Gebeine des in Perugia gestorbenen Innozenz hierher hatte überführen lassen. Auf dem Grabmal steht bezeichnenderweise neben der trauernden Kirche die Gestalt eines Arbeiters, in der Erinnerung an die epochemachende Sozialenzyklika «Rerum Novarum». Papstresidenz blieb der Lateran, bis die Päpste 1309 ihren Wohnsitz für rund 70 Jahre nach Avignon verlegen mußten. Heute stehen der Lateran und seine Kirche ein wenig abseits vom Leben der Kurie.

Als die Italiener 1870 Rom besetzten, wurde der Lateran als exterritorial erklärt, das heißt dem Papst, dem damaligen «Gefangenen» im Vatikan belassen, ebenso wie die *Cancelleria* und die päpstliche Sommerresidenz *Castel Gandolfo*. Dieser Entschluß wurde wohl auch mit Rücksicht darauf gefaßt, daß San Giovanni in Laterano die beiden höchsten Reliquien der Kirche verwahrt, die Häupter des Petrus und des Paulus in silbernen Kapseln über dem Sakramentsaltar und den Altartisch, an dem – der Legende nach – Petrus die Messe zelebriert hat. Die Tür, von vielen für etruskische Handarbeit gehalten, stammt aus der Kurie am Forum Romanum.

Zu den großen Sehenswürdigkeiten von San Giovanni in Laterano zählen die vielen *Gruftkapellen* römischer Adelsgeschlechter. Da diese Kirche «Mater et Caput» aller Kirchen war, legten die großen Familien Wert darauf, ihre Toten hier unter prunkvollen Denkmälern zur Ruhe zu bringen. Die Corsini benützten als Schmuck Porphyrsäulen und eine große

Porphyrwanne aus der Vorhalle des Pantheon. Auch Giovanni Torlonia, Herzog von Bracciano, Bankier und Mäzen, hat hier seine letzte Ruhestatt gefunden.

Wohl der schönste Ort im Lateran ist der *Kreuzgang*. Er ist ein großartiges Beispiel der Cosmatenkunst, in den Jahren 1222–1230 von Vater und Sohn Vassalletto ausgeführt. In den Gängen sind zahlreiche Fragmente der alten Basilika erhalten.

Zum Komplex des Lateran gehören noch zwei mit der Kirche eng verbundene Bauwerke, der **lateranische Palast** (siehe auch Seite 271) und das **Baptisterium San Giovanni in Laterano** oder «in Fonte» (3). Die erste Kapelle rechts ist Johannes dem Täufer geweiht. Dreht man deren bronzene Torflügel in den Angeln, ertönt ein an Orgelmusik erinnernder Klang. Das Baptisterium ist Vorbild für alle Baptisterien in Italien geworden. Die Grundform ist ein Achteck. An dieses Achteck sind drei Kapellen und eine Vorhalle angefügt. Zwei Meter unter dem heutigen Niveau hat man Reste der ursprünglichen Anlage freigelegt: ein Nymphäum (Bad im Haus), das zum Lateranspalast gehörte. Fausta, Tochter des Kaisers Maximian und Gemahlin Konstantins, brachte diesen Palast als Mitgift in die Ehe. Konstantin schenkte ihn später dem Papst Miltiades als ersten Besitz der Kirche. Die römische Tradition besteht hartnäckig darauf, daß das von acht antiken Porphyrsäulen umgebene Taufbecken aus grünem Basalt jenes ist, über dem Kaiser Konstantin getauft wurde. Aber hier irrt die Tradition, denn Konstantin ließ sich erst auf dem Sterbebett taufen. Über sein Verhältnis zum Christentum gibt es ziemlich fragwürdige Legenden. Sicher ist, daß er unter dem Einfluß seiner frommen Mutter Helena von der christlichen Lehre wohlwollend Kenntnis genommen hat. Es besteht kein Zweifel, daß er die neue Lehre nach dem Mailänder Duldungsedikt schließlich zur Staatsreligion erhoben hat, aber wohl kaum aus Glaubenseifer, sondern weil ihm daran gelegen war, eine gefügige Staatskirche zu haben, die das zerfallene, mehr und mehr in die Minorität geratende Heidentum ihm nicht geben konnte.

Schauen wir uns noch die Schätze in der Taufkapelle an: *Vorhalle:* Mosaik (5. Jh.), Akantus auf blauem Grund; *Kapelle des heiligen Venantius:* Symbole der Evangelisten, Jerusalem und Bethlehem, darunter acht Märtyrer aus Salonae (Dalmatien). In der Wölbung: Christus mit Maria und zwei Engeln, Madonna zwischen Heiligen und den Päpsten Johann IV. und Theodorus. *Kapelle Johannes der Evangelist:* Mosaik (5. Jh.), Vögel und Blumen. Bronzeportal (12. Jh.). *Kapelle Johannes' des Täufers:* Bronzeportal aus den Caracallathermen.

Gegenüber von San Giovanni in Laterano liegt in einem kleinen, von Domenico Fontana 1585 bis 1590 errichteten Bau eines der Hauptziele aller Rompilger, die **Scala Santa,** die Heilige Treppe der Kapelle Sancta Sanctorum oder Laurentiuskapelle, der einstigen Privatkapelle des päpstlichen Palastes. Die Treppe ist nach der Legende aus den 28 Marmorstufen gebildet, über die Christus, die Dornenkrone auf dem Haupt, den Palast des Pilatus verließ, um zur Schädelstätte geführt zu werden. Man weiß nicht, ob die heilige Helena oder Papst Theodor I. sie im 7. Jahrhundert von Jerusalem nach Rom gebracht haben. 1570 wurde sie aufgestellt. Der Brauch, sie kniend zu ersteigen, ist alt. Heute wird der kostbare Marmor von einer hölzernen Verschalung geschützt, sonst wäre er von den Millionen und aber Millionen Pilgern, die die Treppe seit fast 400 Jahren Tag für Tag erklimmen, längst völlig abgenutzt. Am Abend des 19. September 1870, einen Tag bevor die nationalitalienischen Truppen bei der Porta Pia

Kirchen in Rom

1 Sankt Peter
2 San Giovanni in Laterano
3 Baptisterium San Giovanni in Laterano (auch «in Fonte»)
4 Santa Maria Maggiore
5 San Paolo fuori le Mura
6 San Sebastiano
7 Santa Croce in Gerusalemme
8 San Lorenzo fuori le Mura
9 Santa Pudenziana
10 San Pietro in Vincoli
11 San Stefano Rotondo
12 Santa Sabina
13 Santa Cecilia
14 Santa Maria in Trastevere
15 Sant'Agnese fuori le Mura
16 Santa Costanza
17 San Clemente
18 Sant'Alessio
19 San Benedetto in Piscinula
20 San Biaggio del Mercato
21 Crisogono in Trastevere
22 Triclinium Leoneanum
23 San Saba
24 San Sebastiano in Palateo
25 San Teodoro
26 Sant'Urbano
27 San Giovanni a Porta Latina
28 Santa Francesca Romana
29 Santa Maria in Aracoeli
30 Santa Maria in Domnica
31 Santa Prassede
32 Santi Cosmas e Damian
33 Santi Giovanni e Paolo
34 Santi Nero e Achilleo
35 Santi Quattro Coronati
a Sant'Agnese
b Sant'Andrea Flaminia
c Sant'Eligio degli Orefici
d San Marco
e San Pietro in Montorio
f San Spirito in Sassia
g Santa Caterina dei Funari
h Santa Maria dell'Anima
i Santa Maria di Loreto
j Santa Maria in Campitelli
k Santa Maria del Popolo
l Santa Maria della Vittoria
A Sant'Andrea delle Fratte
B Sant'Andrea al Quirinale
C Sant'Andrea della Valle
D San Carlino alle Quattro Fontane
E San Gregorio Magno
F Sant'Ignazio
G Sant'Ivo della Sapienza
H Sant'Agostino
I Sant'Angelo in Pescheria
J Gesù
K San Giorgio in Velabro
L San Luigi dei Francesi
M Santa Maria degli Angeli
N Santa Maria Sopra Minerva
O Santa Maria della Pace
P Santa Maria in Vallicella
Q Sant'Onofrio
R Santi Trinità dei Monti
S Santa Maria in Cosmedin
T Santa Prisca
V Chiesa dei Capuccini

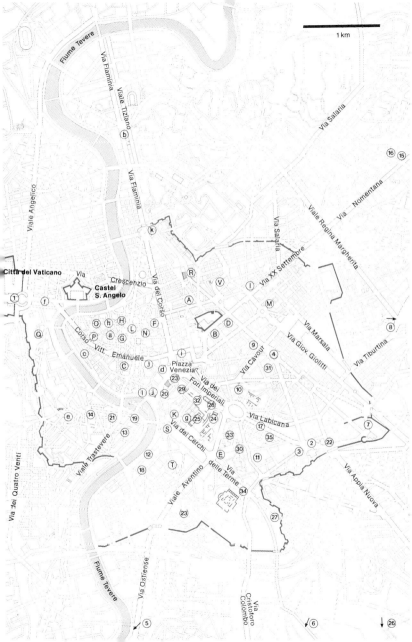

in Rom einzogen, erstieg Pius IX. zum letzten Male auf den Knien die Heilige Treppe. Es war der Abschied von seiner Hauptstadt. In der Kapelle am oberen Ende der Treppe ist ein auf Holz gemaltes Christusbild (6./7. Jh. n. Chr.) bemerkenswert; angeblich ist es nicht von Menschenhand geschaffen worden. Das Deckenmosaik ist eine Cosmatenarbeit des 13. Jahrhunderts.

Santa Maria Maggiore: Königin der Marienkirchen

Santa Maria Maggiore (4) ist die schönste, reinste, harmonischste Basilika in der Hauptstadt der Christenheit, zudem Haupt unter den Marienkirchen Roms: es gibt rund achtzig.
Hier, auf dem Esquilin, stand schon vor dieser Kirche ein Gotteshaus – zwei Jahre bevor die Kirche im Jahre 354 zum erstenmal offiziell die Geburt des Heilands feierte. Schon damals war sie Maria geweiht. Basilica Liberiana hieß sie nach Papst Liberius, dem ersten Bauherrn im 4. Jahrhundert. Doch das Volk nannte sie Maria ad Nives («zum Schnee»), denn nach der Legende bat ein reicher Patrizier und Senator namens Johannes die Madonna, ihm einen Weg zu weisen, wie er all seinen Reichtum zum Heil seiner Seele verwenden könne. Die Jungfrau antwortete ihm in einem Traum. Auf der Stelle, wo er am nächsten Morgen frisch gefallenen Schnee finden werde, solle er ihr eine Kirche erbauen. Es war in der Nacht vom 4. zum 5. August. Als der Mann am Morgen des 5. August aufstand, lag auf dem Esquilin tatsächlich frisch gefallener Schnee. In der gleichen Nacht hatte Papst Liberius den gleichen Traum gehabt. Die beiden frommen Träumer

trafen sich auf dem Hügel, und sie beschlossen, die Kirche zu bauen. Liberius zeichnete mit dem Krummstab den Grundriß in den Schnee. Noch heute wird dieser Legende alljährlich am Hauptfest der Kirche – am 5. August – gedacht, und von der Kuppel der Borghese-Kapelle läßt man Rosenblätter herabregnen.

Maria ad Nives ist keine prunkvolle Kirche gewesen. So ist es zu erklären, daß bereits 80 Jahre später Sixtus III. in gesicherten, wohl auch schon reicheren Zeiten die Kirche niederreißen und neu errichten ließ, ungefähr in der heutigen Größe. 1000 Jahre später ließ Gregor XI. den *Glockenturm* bauen, den höchsten der Stadt. Sixtus V. und Paul V. errichteten die beiden großen *Seitenkapellen* mit den Kuppeln. Die *Tribuna* erhielt ihre heutige Gestalt durch Carlo Rainaldi unter Clemens X.

Von jeher sind die spanischen Könige Protektoren oder «Pfleger» von Santa Maria Maggiore gewesen, das Standbild des Königs Philipp IV. in der Vorhalle der Kirche erinnert daran.

Die ursprünglich 40 **Mosaikbilder** (heute noch 36) über den Säulen im Kirchenschiff sind unter Sixtus III. entstanden und gehören zu den besterhaltenen und künstlerisch bedeutendsten des 5. Jahrhunderts. Links: aus dem Leben der Erzväter Abraham, Isaak, Jakob und Esau; rechts: aus dem Leben des Moses und des Josua.

Der **Mosaikfußboden** ist eine prachtvolle Cosmatenarbeit aus dem 12. Jahrhundert. Unter der 5. Granitscheibe im Mittelstreifen liegen – wie eine Inschrift bezeugt – der Patrizier Johannes, Mitgründer der Basilika, und seine Frau begraben. Außerdem ruhen zwei Heilige und sechs Päpste in dieser Kirche.

Die *Kassettendecke* vom Ende des 15. Jahrhunderts stammt von Giuliano da Sangallo; für deren Vergoldung soll das erste Gold des soeben entdeckten Amerika verwendet worden sein.

Der *Triumphbogen* grenzt das Schiff von der Apsis ab; zu sehen sind Mosaiken aus dem 5. Jahrhundert (auf der linken Seite oben beginnend): Verkündigung an Maria und Josef; Die Anbetung der drei Weisen, über dem sitzenden Jesuskind der Stern; Kindermord durch Herodes; Jerusalem (die Schafe symbolisieren die Gläubigen). In der Mitte: Medaillon mit Kathedra (Bischofsstuhl) des Papstes; links und rechts davon Petrus und Paulus und die Evangelistensymbole. Auf der rechten Seite: Darstellung im Tempel – rechts: Petrus wird von einem Engel zur Flucht aufgefordert; die heilige Familie beim Kaiser Aphrodisius von Sotinien (der Künstler hat sich hier wahrscheinlich auf einen unechten Matthäus-Text gestützt); Die drei Weisen fragen Herodes nach dem Weg; Bethlehem. Die *Apsis:* Mosaik von Jacopo Torriti, 1295 zur

Verherrlichung Marias geschaffen. Im Zentrum: Krönung Marias durch Christus, umgeben von Engeln; links kleinere kniende Figur; Papst Nikolaus IV. (Stifter dieser Arbeiten im 13. Jh.), Petrus, Paulus und Franziskus; rechts, kleinere Figur: Kardinal Jacopo Colonna (der Mitstifter war), Johannes der Täufer, Johannes der Evangelist und Antonius von Padua. Links in der Ecke der Apsis Signatur des Künstlers «Iacobo Toriti Pictor». Bilder unter der Apsis: evangelische Szenen aus dem Leben Marias: im Zentrum unter der Apsis eine der ersten Darstellungen vom Tod Marias. In der Mitte steht Christus mit einem Kind auf dem Arm, ein Symbol für die Seele Marias.

In der *Loggia* sind noch Teile der Mosaiken aus dem 13. Jahrhundert erhalten. Sie gehören noch zur ursprünglichen Fassade.

In der **Confessio** vor dem Hochaltar wird eine Kostbarkeit verwahrt, fünf Bretter, von der Legende der Krippe Christi zugeschrieben und 642 nach Rom gebracht. Sie sind das große Schaustück der alljährlichen Weihnachtsprozession, die in dieser Kirche mit besonderem Glanz gefeiert wird. Diese Reliquien haben ihr den zweiten Beinamen «Ad praesepe» gegeben. Über dem Hochaltar der *Cappella Borghese* steht ein Madonnenbild, schwarz und verräuchert; der heilige Lukas soll es gemalt haben, der in Rom, am Ende der ersten Gefangenschaft Pauli, die Apostelgeschichte vollendet haben soll. Der Aufenthalt des Apostels Lukas in Rom ist zwar umstritten. Die Legende aber erzählt, daß in einem noch erhaltenen unterirdischen Gemach unter der Kirche Santa Maria in der Via Lata, dicht beim Corso, die Apostel Petrus, Johannes, Paulus und Lukas gewohnt haben sollen, daß Paulus dort seine Epistel an die Hebräer, Lukas seine Apostelgeschichte geschrieben und seine Madonnenbilder gemalt habe. Dies Bild in

Santa Maria Maggiore

Santa Maria Maggiore steht seit undenklichen Zeiten in Ehren, weil es alle Gefahren, welche die Stadt und die katholische Kirche bedrohen, bannen soll. Bei Pestepidemien wurde es durch die Straßen getragen. Auch hier begegnen wir, wie in Sankt Peter, den Spuren Karls des Großen.

Ostern 774 war er auf Einladung Hadrians I. zum erstenmal nach Rom gekommen. Sein Heer hatte er vor der Stadt zurückgelassen. Er wohnte auch nicht, wie sonst auswärtige Fürsten, auf dem Palatin, sondern in der Leostadt. Am Ostertag wohnte er einem Hochamt in Santa Maria Maggiore bei, das der Papst selber zelebrierte, und auf dem Hochaltar legte er die Urkunde nieder, welche die Schenkung seines Vaters Pippin erneuerte, die eigentliche Gründung des Kirchenstaates.

Unter Gregor IX. tagten auf dem Platz vor Santa Maria Maggiore die ersten Inquisitionstribunale. Sie haben sich ihre Hände, wenigstens in Rom, noch nicht mit Blut befleckt, sondern nur geistliche und bürgerliche Bußen auferlegt.

Sechs Päpste ruhen in den Kapellen von Santa Maria Maggiore. *Sixtus V.* ließ sich eine Gruftkapelle, die «zweite Sixtinische Kapelle Roms», im rechten Querschiff, noch zu Lebzeiten prächtig von Domenico Fontana bauen und mit der Kuppel krönen. Die ganze rechte Wand nimmt sein pompöses Grabmal ein, das alle Taten seines fünfjährigen Pontifikats ein wenig ruhmredig verzeichnet. Freilich ist, angesichts dessen, was er für Rom getan hat, keine Lobrede groß genug. An der linken Wand, ihm gegenüber, schlummert der heiliggesprochene Pius V., Schöpfer des *Catechismus Romanus.*

Im Hauptschiff der Kirche befinden sich die Gräber der Päpste Nikolaus IV. und Clemens IX., das von Clemens schuf Carlo Rainaldi, der der Tribuna-Außenseite ihr heutiges Aussehen gegeben hat. Das große Gegenstück zur Sixtinischen

Kapelle bildet die bereits erwähnte, gleichfalls kuppelgekrönte Cappella Borghese im linken Querschiff, die stolzeste Adelskapelle Roms. Der römische Architekt Flaminio Ponzio hat sie gebaut. Auch hier steht auf dem unerhört reich mit edlen Steinen, Achat und Lapislazuli, verzierten Hauptaltar ein als wundertätig verehrtes altes Bild der Madonna; links das Grabmahl Pauls V., unter dem Sankt Peter vollendet wurde, rechts ist Clemens VIII. bestattet.

In der Krypta, in der auch der Sarkophag Pauls V. steht, ruhen alle Borghese in Kolumbarien.

Und noch ein anderes Grab birgt Santa Maria Maggiore, vor dem ich oft gedankenvoll gestanden habe, mehr bewegt als vor der prunkvollen Gruft Sixtus' V. Es ist das *Grab des heiligen Hieronymus*. Seine sterblichen Reste wurden von Bethlehem nach Rom gebracht und unter dem Papstaltar in einem antiken Porphyrbecken beigesetzt.

Die anderen Pilgerkirchen

Die **Basilika San Paolo fuori le Mura** (5), die vierte der Basilicae maiores oder Patriarchalkirchen, ist «vor den Mauern» errichtet, an der Stelle, wo Paulus nach der Enthauptung um 67 nach Christus in der nahen heutigen *Trappistenabtei Tre Fontane* zwischen Via Ostiense und Tiber bestattet wurde. Die fromme Lucina erhielt den Leichnam und begrub ihn in ihrem Erbbegräbnis. Der prächtige Hauptaltar steht über dem Apostelgrab, das, im Gegensatz zum Petersgrab, nie umstritten war.

386 begannen die Kaiser Theodosius I. und Valentinian II. den Bau der fünfschiffigen Basilika, damals schon, obwohl

Sankt Paulsbasilika

weit draußen in der Campagna gelegen, eine der wichtigsten Kirchen der Stadt. Hier ereignete sich (nach Morton) etwas Eigenartiges: zum erstenmal in der Kirchengeschichte hatte ein Priester, während er die heilige Messe las, dem Volk den Rücken zugewandt.

Was war geschehen? Der heilige Paulus wurde hier auf dem Grundstück einer römischen Christin namens Luciana begraben: Konstantin ließ auf dieser Grabstätte eine kleine Kirche bauen; sie lag nahe an der Straße nach Ostia. Zu der Zeit waren alle Kirchen mit ihrem Portal gegen Osten gerichtet, und der Priester schaute während des Opfermahls in Richtung Sonnenaufgang. Als nun im Jahr 386 der Neubau und damit die Vergrößerung der Kirche beschlossen wurde, fehlte der Straße wegen der notwendige Platz dazu. So wurde hier die erste Kirche mit der Apsis im Osten gebaut. Da der Priester am unberührten Apostelgrab weiterhin sich der Sonne nach Osten und damit der Apsis zuwandte, kehrte er den Gläubigen den Rücken zu. Die Sankt-Paulus-Kirche wurde zum großen Vorbild, so daß sich diese Art des Messelesens im Laufe der Zeit überall durchsetzte.

---

221 Portal des **Quirinalspalastes**
222 **Bocca della Verità**
223 **Santa Maria in Cosmedin**
 Das **Kirchlein Nereo und Achilleo** mit den Caracallathermen im Hintergrund
224/225 **Spanische Treppe** mit der Kirche Trinità dei Monti
226 **Sant'Ivo della Sapienza**
227 **Pantheon**
 Hof der **Cancelleria**
228 Sankt-Zeno-Kapelle in der **Kirche Santa Prassede**
 Cosmatensäulen und Klosterhof in **San Paolo fuori le Mura**

50 Jahre später schmückte Galla Placidia, die Tochter Theodosius' I., die Basilika reich aus. Wenn man davon absieht, daß zum Heiligen Jahr 1750 Alessandro Galilei die Fassade durch einen säulenreichen Portikus erweiterte, blieb sie 1400 Jahre lang unverändert – bis zu jener Julinacht 1823, als die Nachlässigkeit eines Dachdeckers einen riesigen Brand verursachte, der sie vernichtete.

Nach dem Brand waren die Mosaiken der Apsis und am Triumphbogen noch teilweise erhalten. Die ganze christliche Welt half beim Wiederaufbau mit. So lieferten Schweden das Holz für das Dachgebälk, Zar Nikolaus I. den Malachit für die Altäre, Italien selber den parischen Marmor und die Säulen aus rotem sardischem Granit. Vom Simplon aus der Schweiz kamen die Granitsäulen des Vorhofs, der Alabaster der Fenster aus Saudiarabien.

Im rechten Querschiffflügel ist ein Altar mit einem Bild, das die Aufnahme Mariens im Himmel darstellt. (Das ist eine Mosaikkopie, das Original hängt in der Pinakothek des Vatikans.) *Links* davon befindet sich die Benediktskapelle. Die Säulen dieser Kapelle stammen von einem etruskischen Tempel aus Veji. *Rechts* vom Marienbild führt eine Tür in einen Raum mit Fresken aus dem 12. Jahrhundert. Hier wurden die Täuflinge (Erwachsene) auf die Taufe vorbereitet. Die Taufkapelle ist links an diesen Raum angeschlossen. Im Klosterhof sind einige interessante Fragmente aus dem Frühchristentum aufbewahrt. Bemerkenswert ist der römische Sarkophag eines Reeders mit der Darstellung des Urteils des Paris sowie Apollo, Marsias und Genien, die ein Schiff auftakeln.

Mit ihren gewaltigen Ausmaßen ist San Pietro fuori le mura auch heute noch die größte römische Basilika nach Sankt Peter. Die Mosaiken des Triumphbogens (5. Jh.) und der Apsis (13. Jh.) strahlen auf den ganzen Raum aus. Auf dem

Triumphbogen ist Christus mit den 24 Ältesten der Apokalypse und den Symbolen der Evangelisten dargestellt. In der Apsis thront Christus (Mitte), zu dessen Füßen ganz klein (wie eine Schildkröte) Honorius III., der Auftraggeber des Mosaiks; rechts: Petrus und Andreas; links: Paulus und Lukas. Auf dem Sockelstreifen die Apostel zwischen Palmen. In der Mitte ein Gemmenkreuz, links und rechts davon ganz klein die Stifter Abt Caitanus und Sakristan Adinulfus. In der *Kreuzkapelle* legte Ignatius von Loyola seine Ordensgelübde ab. Der große Osterleuchter von 1190, fast fünf Meter hoch, ist kunsthistorisch sehr bemerkenswert. Die Leidensgeschichte und die Auferstehung sind hier sehr eindrücklich dargestellt. Die Sphinxfiguren an der Basis stellen Normannenfürsten dar. Der Osterleuchter ist ein Werk von Nicolo d'Angelo und Pietro Vassalletto.

Seit über 1000 Jahren bewohnen Benediktiner das dazugehörige *Kloster*. Sie schufen den schönen Kreuzgang und den wundervollen Klostergarten, der an jenen des Lateran und den von Monreale erinnert – eine Stätte des Ausruhens für jeden von so viel Glanz und Prunk ermüdeten Besucher. Vor allem wird er die *musivischen Inkrustationen* in den Säulen des Kreuzganges bewundern und sich der Meister dieser Kunst, der Cosmaten, erinnern, die auch die eingelegten Fußböden mancher römischer Kirchen geschaffen haben.

Wo die spärlich bebaute Via delle Sette Chiese nahe dem Eingang der Kalixtuskatakomben in die Via Appia Antica mündet, liegt die weitaus schlichteste aller römischen Pilgerkirchen: **San Sebastiano** (6) «ad catacumbas». Sie wurde im 4. Jahrhundert neben der Gruft gebaut, in der die Gebeine des Prätorianerhauptmanns Sebastianus ruhen, der im Jahr 290, zur Zeit der diokletianischen Kirchenverfolgung, von Bogenschützen zu Tode gemartert wurde. Auch die Reliquien der Apostel Paulus und Petrus hat das damals noch ganz unscheinbare Kirchlein für kurze Zeit beherbergt; sie wurden während einer der vielen Christenverfolgungen hier draußen in Sicherheit gebracht. Uralte Inschriften in der durch die Sebastianskrypta zugänglichen Katakombe, die um Fürbitte des Apostels flehen, bezeugen es. Anfang des 17. Jahrhunderts hat Flaminio Ponzio die Kirche umgebaut, Vasanzio gab ihr die Barockfassade.

Santa Croce in Gerusalemme (7) zwischen dem Lateran und dem alten Gemäuer der Porta Maggiore wurde in der Konstantinischen Zeit gegründet. Von dem frühen Bau ist beinahe nichts mehr erhalten, und der strenge, ernste Geist jener Konstantinischen Epoche im weiteren Sinn, der in San Martino ai Monti, Santa Sabina, Santo Stefano Rotondo und vor allem

in San Clemente noch heute sichtbar wird, ist aus dieser lichten, heiteren Kirche völlig verschwunden. Nur ihr größter Schatz, die Reliquien in der *Reliquienkapelle,* erinnert hier noch an die frühe Zeit des Christentums: Splitter und ein Nagel vom Kreuz Christi, die Tafel mit dem «INRI» – «Jesus Nazarenus Rex Judaeorum» –, die Pontius Pilatus über das dornengekrönte Haupt nageln ließ, ein Dorn aus der Dornenkrone und der Finger, den der ungläubige Thomas in die Wundmale des auferstandenen Heilandes legte – alle diese angeblichen Reliquien hat die heilige Helena aus Jerusalem nach Rom gebracht. Sie werden alljährlich am Karfreitag und am 3. Mai ausgestellt. Ursprünglich war dieses Gotteshaus nur ein Saal im ehemaligen Palast der Kaiserinmutter, dem «Sessorium». Lucius II. verwandelte ihn während seiner nur einjährigen Regierung im 3. Jahrhundert in eine Säulenbasilika mit drei Schiffen und fügte ihr den schönen romanischen *Glockenturm* an.

Zwischen 1743 und 1750 ließ Benedikt XIV. von Domenico Gregorini die heutige geschwungene spätbarocke Fassade mit der Vorhalle bauen, die Jacob Burckhardt streng beurteilte. Santa Croce in Gerusalemme gehört gewiß nicht zu den ganz großen Kirchen Roms, aber sicher zu den liebenswürdigsten.

Die letzte Pilgerkirche ist **San Lorenzo fuori le Mura** (8), neben dem riesigen städtischen Friedhof *Campo Verano.* Sie ist der Verehrung des unter Valerian I. auf einem Feuerrost langsam zu Tode gemarterten Diakons der römischen Gemeinde geweiht, wie übrigens noch sechs andere Kirchen der Stadt. Ihr Ursprung liegt im dunkeln, aber auch sie muß sehr alt sein, denn schon Papst Pelagius I. ließ die kleine Grabkapelle aus Konstantinischer Zeit, aus der sie hervorgegangen ist, im 6. Jahrhundert erweitern und das Heiligengrab freilegen, so

San Lorenzo fuori le Mura

daß man von den Emporen aus hineinschauen konnte. Eine spätere Renovierung hat es wieder mit dem schönen Cosmatenfußboden des 12. Jahrhunderts bedeckt. Beachtenswert sind ferner das Mosaik des Triumphbogens aus dem 6. Jahrhundert, Christus umgeben von Heiligen, und der Tabernakel mit Baldachin, 12. Jahrhundert. In einer prunkvollen Nische der Unterkirche, die vom deutschen Maler Ludwig Seitz ausgemalt wurde, ruht seit 1883 in einem Marmorsarkophag Pius IX., den der römische Pöbel während der Überführung vom Vatikan hierher in den Tiber zu werfen versucht hatte.

Am 19. Juli 1943 wurde das Quartier San Lorenzo und auch die Kirche selber bei einem Luftangriff schwer beschädigt. Es gab viele Tote und Verwundete. Auf die Nachricht hin eilte Papst Pius XII. an die Schreckensstätte. Er spendete den Opfern seinen Segen, tröstete die Unglücklichen und verteilte Geld. In der Vorhalle steht der Gedenkstein dieser schweren Stunden, und hier liegt auch das Grab des großen Staatsmannes der Nachkriegszeit, Alcide de Gasperi. Zwischen 1945 und 1949 wurden die Bombenschäden beseitigt.

Primavera cristiana

Alle Pilgerkirchen reichen in die Konstantinische Frühzeit des Christentums zurück. Es gibt noch ältere Kirchenplätze aus der Epoche des Heidentums und der Zeit, da die Apostel in Rom weilten. Als die älteste gilt **Santa Pudenziana** (9) in der Via Urbana bei Santa Maria Maggiore. Sie steht an der Stelle, wo der Senator Pudens mit seinen Töchtern – oder Enkelinnen – Pudenziana und Praxedis zur Regierungszeit des Kaisers Claudius den Apostel Petrus beherbergt hat. Um die Ehre der gewährten Gastfreundschaft streiten sich Gianicolo, Aventin und Esquilin, doch warum soll Petrus, der erst in Neros letzten Regierungsjahren gekreuzigt wurde, nicht nacheinander an mehreren Stellen gewohnt haben? Der kostbare Schatz der tief unter dem heutigen Straßenniveau stehenden Kirche sind die großartigen **Mosaiken der Apsis** aus dem 4. Jahrhundert, Christus mit Aposteln und Gläubigen; leider wurden sie im 16. Jahrhundert schlecht restauriert.

Weniger der Andacht als des Kunstgenusses wegen wird wohl **San Pietro in Vincoli** (10) an der Via Cavour besucht; dort stehen der Moses Michelangelos und der Grabstein des Nicolaus Cusanus. Bemerkenswert ist auch das Mosaik am zweiten Altar im linken Seitenschiff aus dem 7. Jahrhundert sowie das Grabmal Julius' II.

1506 wurde *Michelangelo* die Ausführung eines riesigen Grabmals für den großen Renaissancepapst übertragen. Es hätte 44 Marmorfiguren umfassen und im Petersdom als «Triumph der Kirche» aufgebaut werden sollen – und wurde für Michelangelo zur eigentlichen Tragödie seines Lebens. Nach endlosem Zögern seines Auftraggebers und schließlich dessen Erben blieb von dem großen Auftrag nur die hier realisierte

Frühchristliche Kirchen

Moses von Michelangelo in San Pietro in Vincoli

Wand übrig. Die unvollendeten weiteren Figuren befinden sich in der Accademia in Florenz und in Paris. Nur die *Gestalt des Moses* ist ganz von Michelangelo. Die beiden seitlichen Figuren Rachel und Lea hat er nicht vollendet. Moses ist in dem Augenblick dargestellt, als ihn der heilige Zorn erfüllte beim Anblick seines Volkes, das um das goldene Kalb tanzt. Sein Haupt ist von Strahlen göttlicher Erleuchtung gekrönt. Die Hörner gehen auf eine falsche Übersetzung des Bibeltextes zurück, nach der «der Gehörnte», statt «der Gekrönte» übersetzt wurde. Der liegende Papst selbst ist von Maso del Bosco, die Madonna von Scherano Settignano, eine Sibylle und ein Prophet stammen von Raffael de Montelupo.

Santo Stefano Rotondo (11) auf dem Caelius ist einer der wenigen Rundbauten. Der Eindruck dieses Raumes ist groß und intim zugleich, und man fragt sich, warum dieser Stil keine Nachahmung gefunden hat. Die Kirche ist dem gesteinigten Protomärtyrer Stephanus geweiht und, wegen der Namensgleichheit mit König Stefan I., dem Heiligen, ungarische Nationalkirche. Interessant ist das Apsismosaik aus dem 7. Jahrhundert: Brustbild Christi, Hand Gottes, die heiligen Priamus und Felicianus.

Auf dem Aventin, dem auch heute noch stillen Hügel der Klöster und Kirchen, liegt **Santa Sabina** (12), das schönste und klarste Beispiel einer Basilika aus der Zeit unmittelbar nach der Konstantinischen Epoche. Sie enthält unter dem schlichten, offenen Dachstuhl viele Zeugnisse der Frühzeit. Die große *Zypressenholztür* des Hauptportals trägt in schön geschnitzten Reliefs die älteste plastische Darstellung der Kreuzigung. Es ist eine sehr seltene Arbeit des 5. Jahrhunderts. Von 28 Bildfeldern sind 18 erhalten. Darstellungen von links nach rechts, oben links beginnend. Erste Reihe: 1. Kreuzigung (eine der ältesten Darstellungen), 2. die Frauen am Grab, 3. die Heiligen Drei Könige, 4. Verklärung Christi. Zweite Reihe: 1. (oben) Heilung des Blinden, das Brotwunder, das Wunder von Kana, 2. (oben) Moses, Wachtelspeise, Manna, Moses schlägt die Quelle aus dem Felsen, 3. Christi Himmelfahrt, 4. (oben) Christus Pantokrator, Personifikation der Kirche mit Petrus und Paulus. Dritte Reihe: 1. Christus erscheint den Jüngern, 2. Erscheinung bei den Frauen, 3. Verleugnung Petri, 4. Habakuk. Vierte Reihe: 1. (oben) Moses erhält das Gesetz, der brennende Dornbusch und Berufung Moses. 2. Zacharias verstummt, 3. Durchzug durchs Rote Meer, die eherne Schlange, 4. Himmelfahrt des Elias. Fünfte Reihe: 1. Handwaschung des Pilatus, Abführung Christi, 2. Jesus vor Kaiphas.

Mosaik 5. Jahrhundert an der Eingangswand: Hexameter in Gold auf blauem Grund mit dem Namen der Gründer (Presbyter Petrus von Illyrien und Papst Cölestin I.), Darstellung der Kirche ex gentibus (aus dem Heidentum) und ex circumcisione (aus dem Judentum).

Innenraum: Bögen, opus sectile aus dem 5. Jahrhundert, Ambonen und scola cantorum 11. Jahrhundert.

Vor der Kirche steht ein Orangenbaum; seinen Samen soll der heilige Dominikus in den Boden gesenkt haben. In der Kirche ist die Marmorplatte erhalten, auf welcher der Heilige im Gebet zu knien pflegte. 1209 hat Papst Honorius III. die Basilika und einen Teil seines in der Nähe gelegenen Familienpalastes der Savelli Dominikus geschenkt, dessen Orden er 1216 bestätigte. In der Katharinenkapelle der Kirche erinnert die «Rosenkranzmadonna» von Sassoferrato an den heiligen Dominikus, die ihn mit der heiligen Katharina von Siena zeigt. Das angegliederte Kloster bewahrt noch heute seine Zelle, in der er Franz von Assisi begegnete. In diesem Kloster lehrte auch Thomas von Aquin. Die Fensterscheiben der Basilika sind übrigens – wie öfters in Rom – aus Selenit, statt aus Glas.

Auch in Trastevere haben sich einige Spuren frühchristlicher Zeit erhalten, wenn auch die baulichen Reste fast völlig verschwunden sind. **Santa Cecilia** (13) ist der jungfräulichen heiligen Cäcilia, der Patronin der Musik, gewidmet, die 200 Jahre nach Christi Kreuzigung in ein siedendheißes Bad geworfen wurde, aber unversehrt blieb. Danach versuchte der Henker dreimal vergeblich, sie zu enthaupten – erst Tage später starb sie an den Wunden. Ihre Ruhestätte lag in der Kalixtuskatakombe. Von dort hat Papst Paschalis I. sie 821 in die ihr geweihte Kirche gebracht. Als man beinahe 700 Jahre später den Sarg öffnete, war der Leichnam der jungen Frau wunderbar erhalten. Stefano Maderna schuf ihr Marmorbild. Vom rechten Kirchenschiff aus führt eine Treppe in das *Caldarium* (Warmwasserbad) des elterlichen Patrizierhauses, in dem die Jungfrau das Martyrium erlitten hatte.

Das *Fresko des Jüngsten Gerichts,* wohl von 1293, ist das römische Meisterwerk von Pietro Cavallini. Arnolfo di Cambio schuf 1283 das Tabernakel im Chor als Ausdruck höchster Kunstreife. Das *Apsismosaik* (9. Jahrhundert) mit dem nach griechischer Art segnenden Heiland, den heiligen Paulus und Agata gehört zu den bedeutenden Beispielen der Mosaikkunst an sich. Papst Paschalis I., den das Mosaik bei den Heiligen zeigt, trägt nicht die Heiligenaureole, sondern eine quadratische Tafel zum Zeichen, daß er zur Entstehungszeit des Mosaiks noch lebte; es ist somit zwischen 817 und 824 entstanden. Die Fassade ziert ein Mosaik-Medaillonfries des 12. Jahrhunderts. Die Kirche wurde im 15., 16. und 18. Jahrhundert restauriert und im 19. Jahrhundert stark verändert.

In noch größere Tiefe reicht der Ursprung von **Santa Maria in Trastevere** (14). Sie ist sehr wahrscheinlich während des Pontifikats Kalixtus' I. zwischen 337 und 352 entstanden. Ziemlich sicher war die Kirche das erste offizielle Marienheiligtum Roms. Ihre eigentliche Gestalt erhielt die Basilika 1140 durch Innozenz II. Dreischiffig wie Santa Cecilia und wie sie auf antiken Säulen ruhend sowie reich an Kunstwerken verschiedener Stilepochen, vor allem an Grabmälern aus Trecento, Quattrocento und Cinquecento, bewahrt auch Santa Maria in Trastevere *wichtige Zeugnisse der Mosaikkunst* im Presbyterium. In zwei übereinanderliegenden Gruppen angeordnet, stammen sie teils schon aus dem Baujahr 1140 – denn auf der Conca der Apsis unter Heiligengestalten, die Christus und Maria umstehen, ist auch Innozenz II. mit dem Modell der Kirche nachgebildet –, teils schuf sie, auf der unteren Serie,

Verkündigungsszene; Mosaik in der Kirche Santa Maria in Trastevere

Pietro Cavallini. Das Fassadenmosaik aus dem 13. Jahrhundert zeigt die Madonna mit Kind zwischen acht klugen Jungfrauen mit brennenden und zwei törichten mit erloschenen Lampen. Ein Mosaik aus dem 12. Jahrhundert mit einem Kreuz zwischen A und O, sieben Kandelabern mit den Evangelistensymbolen, Jesaias und Jeremias ist auf dem Triumphbogen zu sehen.

An der Via Nomentana liegen nebeneinander zwei beispielhafte christliche Kirchen. **Sant'Agnese fuori le Mura** (15) und Santa Costanza, die ganz der Konstantinischen Welt entstammen. Konstantin baute im Jahr 324 über einer kleinen Katakombe eine Grabkirche für die dreizehnjährige Märtyrerin Agnes, die heimlich dem neuen Glauben anhing und unter Diokletian die Ehe mit dem Sohn des allmächtigen Stadtpräfekten ausschlug. Sie wurde in ein Bordell gebracht, doch keiner der Gäste rührte sie an. Da niemand an ein Wunder glauben mochte, glaubte man an Zauberei, und als Zauberin wurde das Kind im Jahr 303 verbrannt. Seine Heiligenattribute sind der Scheiterhaufen und das Lamm als Symbol der Unschuld. Daher werden noch heute aus der Wolle von zwei am 21. Januar hier geweihten Lämmlein die Pallien für die Erzbischöfe gewebt. Die Kirche liegt 45 Stufen unter dem Straßenniveau. Am 12. April 1855 ereignete sich in einem Saal des anstoßenden Klosters Sant'Agnese, durch dessen Hof man die Kirche erreicht, etwas, das viele Zeitgenossen des ausgehenden Kirchenstaates für ein Wunder hielten. Als Pius IX. mit großem Gefolge das Kloster besuchte, brach unter der Last von etwa 150 Menschen der morsche Fußboden ein; Kardinäle, Prälaten, Soldaten, Mönche und der Papst selbst stürzten zwischen Gebälk und Mauerstücken in die Tiefe. Es gab viele Verletzte, Pius IX. jedoch blieb unversehrt und begab sich in die Kirche, um ein Dankgebet anzustimmen. Ein Fresko, das man vom Hof aus durch das große Fenster sehen kann, hält die Erinnerung an dieses Ereignis fest. Ein *Apsismosaik* des 7. Jahrhunderts zeigt die heilige Agnes mit den Päpsten Symmachus und Honorius I. (mit Kirchenmodell).

Die Rundkirche **Santa Costanza** (16) war von Konstantin I. ursprünglich als Grabkapelle für seine beiden Töchter gedacht, Constantia, die Frau seines Neffen Hannibalianus, und Helena, die schattenhafte Frau von Julian Apostata. Doch nur Constantia lag hier in dem großen Porphyrsarkophag, der heute im Vatikan steht. Lange war Santa Costanza – der Name der Prinzessin erscheint verkürzt – Taufkapelle, 1254 wurde sie Kirche. Ihre primäre Bedeutung empfängt Santa Costanza von den *Mosaiken* des Tonnenrundgewölbes aus dem 4. Jahrhundert; es sind die ältesten bekannten christlichen Mosaiken. Das dekorative Erbe der Antike ist noch ganz ungebrochen, es ist reine Profankunst, spielerisch-bukolisch mit den traubenpflückenden Amoretten, den Karren ziehenden Ochsen, der Fülle der Blumen, Ranken, Lauben, Vögel, Zweige, Amphoren und Geräte. In den Nischen ist rechts die Übergabe der Schlüssel an Petrus dargestellt, links die Gesetzesübergabe an Petrus und schließlich Paulus und der Erlöser als Friedensbringer.

Roms andächtigstes Antlitz: die Titelkirchen

Fast alle Kirchen Roms, in denen man noch den Atem des frühen Christentums spürt, stammen aus Konstantinischer Zeit. Das Mailänder Duldungsedikt ermöglichte es dem christlichen Rom, sein Leben in aller Freiheit und Öffentlich-

keit zu organisieren. Die Stadt wurde nach und nach in Sprengel eingeteilt, jeder Sprengel erhielt eine «Domus ecclesiae», die meist zu Ehren eines Märtyrers über seinem Grab errichtet wurde. Als der dritte Papst, *Anacletus,* nach der ältesten Überlieferung die Zahl der Priester Roms auf 25 festsetzte, war die Grundlage gegeben. Diese Priester waren Pfarrer und *cardines,* das heißt «Türangeln» der von heidnischer Verfolgung gefährdeten Kirche. Und es war selbstverständlich, daß aus ihren Reihen, den Priestern und Diakonen, die Päpste hervorgingen.
Erst im 6. Jahrhundert jedoch wurden die eigentlichen Priester der römischen Hauptkirchen adjektivisch als cardinales bezeichnet. Gregor I. nannte manche Inhaber von Bistümern Kardinalpriester. Im 9. Jahrhundert forderten Päpste verschiedene Bischöfe auf, in ihrem Bereich ebenfalls cardinales, Priester und Diakone von angelpunkthafter Bedeutung, zu bestimmen. Zur gleichen Zeit begannen in Rom die drei Kategorien von Kardinälen sich herauszubilden: Kardinalbischöfe, Kardinalpriester, Kardinaldiakone. Im 11. Jahrhundert institutionalisierte Urban II. die Kardinaldiakone, die zusammen mit den Kardinalpriestern Roms als Hauptgeistliche die bis heute bei jeder Kardinalsinvestitur verliehenen Titelkirchen übernahmen. Die Titelkirchen sind natürlich längst nicht mehr auf die in Rom residierenden Kardinäle beschränkt.

18 der Titelkirchen Roms stammen aus der Konstantinischen Zeit. Die letzten eigentlichen Zeugnisse aus frühchristlicher Zeit sind die Unterkirchen von San Martino ai Monti und San Clemente. Besonders in **San Clemente** (17) zeigt Rom uns sein andächtigstes Antlitz, den Ursprüngen noch ganz nahe. Es herrscht eine mystische Stimmung in dieser bis auf wenige

Fresken schmucklosen Kirche. Man darf dem frühen Christentum jedoch keine mystische Versenkung zuschreiben. Es war von Anfang an sehr schwach und wurde, aus den Katakomben emporgestiegen, geradezu dialektisch.

In San Clemente tagte unter Papst *Zosimus* 417 und 418 ein Konzil, das über die Lehre des britischen Mönchs Pelagius zu Gericht saß und sie verdammte, weil er im Sinne der stoisch-philosophischen Aufklärung lehrte, die wesentliche Freiheit der menschlichen Natur ermögliche jedermann die Entscheidung für das Gute. Damit hatte er Erbsünde und Gnade in Frage gestellt. Das Konzil von San Clemente bekannte sich zur Gnadenlehre Augustins.

San Clemente, eine der religions- und kunstgeschichtlich interessantesten Kirchen Roms, besteht aus drei Bauwerken: einem in Resten erhaltenen altrömischen, sicher vorkonstantinischen Haus, von dem der unterste Stock übriggeblieben ist, einer zwischen 384 und 399 darüber errichteten Kirche von Papst Siricius und der auf deren Mauern um 1100 erbauten heutigen Basilika.

Im untersten Stock soll Papst *Clemens I.,* wohl ein konvertierter Jude und freigelassener Sklave oder doch der Sohn eines Sklaven, gelebt haben. Er war der dritte Nachfolger Petri und hat Petrus und Paulus noch persönlich gekannt. Nach Tertullian hat Clemens I. sogar von Petrus selbst die Priesterweihe erhalten. Er regierte von 88 bis 97. Noch zirkulierten in den Gemeinden Roms, Korinths, Ephesus' und vielen anderen die evangelischen Texte, die handgeschriebenen Papyrusrollen der Apostelbriefe und der Apostelgeschichte von Lukas. An all dies muß man denken, wenn man in das Gemäuer der Clementinischen Wohnung hinabsteigt, die heute 13 Meter unter dem Straßenniveau liegt. Rom hatte damals noch keine eigene Bischofsresidenz; auch die Nachfolger Clemens' sollen hier gewohnt und in einem *Dominicum Clementis,* einer Art primitiven Oratoriums, während der Verfolgung des Diokletian Gottesdienste gehalten haben.

Man ist mit den durch Gesang und Gebet der ersten Christen geheiligten Räumen wenig ehrfurchtsvoll umgegangen, als man alle Stockwerke bis auf eines abtrug, Schuttmassen in Clemens' Wohnung schüttete und nach dem Mailänder Edikt über dem ursprünglichen Haus die heute auch unter der Erde stehende Basilika baute. Darin hielt Gregor I. der Große als erster Papst, beim Tod des heiligen Servulus, des «Bettlerheiligen», eine seiner berühmten *Clemenshomilien.* Geweiht wurde die neue Basilika zwischen 350 und 390. Sie diente dem Gottesdienst bis zum Normannenbrand von 1084, der sie zerstörte. Sehr bald darauf wurde auf den Resten die heutige Basilika errichtet, in die man vieles aus den Schuttmassen der Unterkirche verpflanzte – Säulen, den Bischofsstuhl, die schönen Schranken der «Schola cantorum» zwischen den beiden herrlichen Ambonen auf der Evangelien- und Epistelseite. Unter dem *Hauptaltar,* der so steht, daß der messelesende Priester der Gemeinde das Gesicht zuwendet, ruhen die Reliquien des heiligen Clemens.

Schon um 1099 stand diese mit der Zeit freilich erweiterte Basilika; in ihr fand das Konklave statt, aus dem *Paschalis II.* als Papst hervorgegangen ist.

Sowohl die Ober- als auch die Unterkirche ist reich mit Fresken geschmückt. Noch unterhalb der Unterkirche findet man eine Kuriosität, die man in einem christlichen Gotteshaus nicht vermutet. In einer ihrer Grotten steht der Rest eines *Mithrasheiligtums.* Denn nachdem die Kirche durch das Edikt Diokletians vom Jahr 303 den Christen weggenommen worden war, wurde sie dem Mithraskult zugewiesen. Nach dieser schweren Zeit erhielt die Gemeinde ihr Gotteshaus wieder.

San Clemente

Mithräum unter San Clemente. Auf dem Altar die Szene, wie Mithras den Stier tötet

Die Kirche hat den Mithraskult konsequent bekämpft und an die Stelle des Erscheinungstags von Mithras zur Zeit der Wintersonnenwende den Geburtstag des Erlösers gesetzt. Für die noch ungefestigte christliche Religion bedeutete der Mithraskult eine weit größere Gefahr als das schon verfallende restliche Heidentum, von dem San Clemente gleichfalls ein Zeugnis bewahrt. Neben dem Eingang zur Mithrasgrotte steht eine wohlerhaltene Büste von Apollo, dem Lichtgott des Altertums, von dem somit eine innere Linie zu Mithras führt.

Seit rund 300 Jahren leben irische Dominikaner in San Clemente. Prior Pater Mullooly hat das große Verdienst, 1857 die unter dem heutigen Straßenniveau liegenden Bauten, also die Unterkirche und das viel ältere, wahrscheinlich aus Neros Zeit stammende Haus, ausgegraben zu haben. Während der

Arbeiten überflutete Wasser die Grabungsstätte. Wahrscheinlich hatten die Arbeiter eine vergessene antike Wasserleitung angeschlagen. Die ganze Unterkirche stand zwei Meter hoch unter Wasser, die Fundamente der Basilika waren in Gefahr einzustürzen. Man mußte einen 300 Meter langen Stollen bauen, um das Wasser in die Cloaca Maxima abzuleiten und damit zum Tiber zu führen. In der *Mithraskapelle* hört man deutlich das unterirdische Rauschen. 1888 waren die Arbeiten beendet.

Kunstwerke in San Clemente: Byzantinische Skulpturen auf dem Atriumsportal und den Chorschranken (9. Jh.), Mosaik auf dem Triumphbogen: Christus zwischen Evangelistensymbolen, rechts Petrus und Clemens, das Schiff Petri, Jeremias und die Stadt Jerusalem; links Paulus, Laurentius, Jesaja und die Stadt Bethlehem.

Apsismosaik (12. und 13. Jh.): Die Hand Gottes hält eine Krone, Symbol der Erlösung (über dem Kreuz). Kreuz mit zwölf Tauben (Apostel), Maria und Johannes der Täufer. Fresko darunter: Christus, Maria und Apostel (14. Jh.).

Unterkirche: Fresken (5. und 6. Jh.). Im rechten Seitenschiff (Nische) Madonna mit Kind, Heilige mit Diadem. Oben: der jugendliche Christus.

In der *Vorhalle:* Fresken (4. bis 11. Jh.). Wunder des heiligen Clemens. Christus zwischen Engeln und Heiligen.

Rechtes Seitenschiff: Fresko (spätes 9. Jh.). Christus in der Vorhölle.

Mittelschiff: Fresken (Mitte 9. Jh.), Himmelfahrt Christi, unten Apostel, zu beiden Seiten der Heiligen Vitus und Leo IV. (viereckiger Heiligenschein = zu Lebzeiten), Kreuzigung, drei Marien am Grab, Kreuzabnahme, Hochzeit von Kana, Die Legende des heiligen Alexius und des Sisinnius, der erblindet, als er den Papst gefangennehmen soll.

1. Kapelle im linken Seitenschiff: Fresken, Tomaso Guidi Masaccio zugeschrieben: Aus den Viten der heiligen Katharina von Alexandrien und des heiligen Ambrosius. *Hinter dem Altar:* Kreuzigung.

Kunstwerke in anderen frühchristlichen und mittelalterlichen Kirchen

Sant'Alessio (18): 10. Jahrhundert, in der Krypta Fresken (12. oder 13. Jh.), Cosmatenarbeit am Portal und auf dem Boden (13. Jh.).

San Benedetto in Piscinula (19): im Kirchenraum Fresken (13. Jh.).

San Biaggio del Mercato (20): links vor der Aracoelitreppe Pietà; Fresken (14. Jh.).

San Crisogono (21): Gianbattista Soria, 1623; Unterkirche Geschichte der Heiligen Benedikt und Sylvester. Oberkirche Boden Cosmatenarbeit (11. und 13. Jh.). Apsis: Madonna mit Kind, hl. Jakobus und hl. Chrysogonus.

Triclinium Leoneanum (22): Apsis einer Freilichtkirche: Mosaik (9. Jh.), Ostseite der Scala Santa, Christus sendet die Jünger aus, das Evangelium zu predigen. Jesus übergibt Sylvester die Schlüssel.

San Saba (23): Fragmente von Fresken (9. und 12. Jh.), Portal Cosmatenarbeit (13. Jh.).

San Sebastiano in Palateo (24): Apsisfreske (10. Jh.).

San Teodoro (25): Mosaiken an den Wänden (7. Jh.), Christus und Heilige.

Sant'Urbano (26): Fresken über dem Portal und an den Wänden (11. Jh.), Kreuzigung, segnender Christus, Szenen aus dem Leben Christi.

San Giovanni a Porta Latina (27): Fresken (12. Jh.) aus dem Alten und Neuen Testament.
Santa Francesca Romana (28): Apsismosaik (12. Jh.) Madonna mit Kind und Apostel.
Santa Maria in Aracoeli (29): Querschiff rechts Rosakapelle, Mosaik (13. Jh.) Madonna mit Kind und Heilige. Hauptaltar: Byzantinisches Tafelbild (12. Jh.), Madonna mit Kind. Seiteneingang: Madonna mit Kind und zwei Heiligen.
Santa Maria in Domnica (30): Triumphbogen Mosaik (9. Jh.) Christus zwischen Aposteln und Heiligen, unten Johannes der Täufer und Johannes der Evangelist. Apsismosaik: Madonna zwischen Engeln, am Fuß kniet Papst Paschalis I.
Santa Prassede (31): Zenokapelle, rechte Nische, Geißelsäule, (angeblich) 1223 nach dem 6. Kreuzzug von Jerusalem nach Rom gebracht. Fassade der Zenokapelle Mosaiken (9. Jh.) Madonna mit Kind, die hl. Penziana, hl. Prassede u. a., Christus, die Apostel und vier Heilige. Inneres: Decke Christus, vier Engel. Rechte Wand Johannes der Evangelist, Andreas, Jakobus. Nische Christus zwischen den hl. Pius und Pastore, Maria und Kind und die hl. Praxedis und Pudenziana, Fensterwand Johannes und Madonna, über dem Altar linke Wand: hl. Agnes, Praxedis und Pudenziana; Nische linke Wand: Teodora Episcopa (Mutter Paschalis I.) und drei Frauen.
Kirchenraum: Triumphbogen: Das neue Jerusalem, Christus, Heilige, Engel am Tor, die Personen einlassen. Lamm Gottes mit Engeln, die 24 Ältesten der Apokalypse.
Apsis: Christus, links Paulus, hl. Praxedis und Paschalis I. (mit Kirchenmodell); rechts Petrus, hl. Pudenziana und hl. Zeno, darunter Jordan, Palmen, weiter unten Lämmer (Gläubige) mit Jerusalem und Bethlehem und das Monogramm des Papstes Paschalis (alle Mosaiken aus dem 9. Jh.).

Kunstschätze in römischen Kirchen

Chorraum von Santa Maria in Cosmedin

Santi Cosma e Damiano (32): Apsismosaik (6. Jh.) Christus zwischen den Aposteln Petrus und Paulus, den hl. Cosmas und Damian, rechts der hl. Theodor, links der hl. Felix (später barock restauriert) mit Kirchenmodell. Unten Lamm auf dem Paradiesberg, dem die vier Flüsse entströmen. Daneben zwölf Lämmer (Apostel), dahinter Jerusalem und Bethlehem.
Triumphbogen: Apokalyptische Vision, Osterlamm zwischen sieben Leuchtern, vier Engeln und Evangelistensymbolen.
Santi Giovanni e Paolo (33): Unter der Kirche Haus (2./ 3. Jh.), römische Fresken im unteren Teil (2. Jh.): u. a. Hochzeit der Thetis mit Peleus oder Die Rückkehr der Persephone aus dem Hades. Obere Räume: Christlich angedeutete und christliche Fresken. Szenen aus dem Dionysoskult; Martyrium von Crispinus und die hl. Benedikta mit verbundenen Augen vor der Enthauptung. Betende Gläubige. Keller mit Thermen.
Santi Nero und Achilleo (34): Am Triumphbogen Mosaik (8.–9. Jh.). Links die Verklärung Christi und die Verkündigung. Rechts Madonna mit Kind und Engel, Chor und Altar.
Santi Quattro Coronati (35): San Silvestrokapelle Christus mit Leidenswerkzeugen zwischen der Madonna, Johannes dem Täufer, den Aposteln und zwei Engeln. Jüngstes Gericht. Darstellung aus dem Leben des hl. Silvester, des hl. Konstantin und seiner Mutter, der hl. Helena (13. Jh.). Boden: Cosmatenarbeit (13. Jh.).

Gotteshäuser der Renaissance

Sant'Agnese (a), Piazza Navona: 1653–1657 von Francesco Borromini vollendet.
Sant'Andrea (b), Via Flaminia: von Giacomo Barozzi da Vignola (16. Jh.).

Santa Caterina dei Funari (9): Fassade von Guidetti, 1564.
Sant'Eligio degli Orefici (c): von Raffael, 1509.
San Marco (d): 1469, Fassade Giuliano da Maiano.
Santa Maria dell'Anima (h): Fassade Giuliano da Sangallo, Portale Peruzzi, Turm Bramante.
Santa Maria in Campitelli: Carlo Rainaldi, 1657.
Santa Maria di Loreto (i): Antonio da Sangallo d. J. 1507, Giacomo del Duca 1582.
Santa Maria del Popolo (k): 1472–1477, Andrea Bregno und B. Pontelli, Chigi-Kapelle Raffael.
Santa Maria della Vittoria (l): von Carlo M. Maderna, 1605, Fassade von Giovanni Battista Soria.

Wichtige Barockkirchen

Sant'Andrea delle Fratte (A): Francesco Borromini, 1656.
Sant'Andrea al Quirinale (B): Bernini, 1658.
Sant'Andrea della Valle (C): 1591–1650, von Pier Paolo Olivieri begonnen; von Carlo M. Maderna bis 1650 weitergebaut; 1663 von Carlo Rainaldi umgebaut.
San Carlino alle Quattro Fontane (D): Borromini, 1640.
San Gregorio Magno (E): Giovanni Battista Soria, 1633.
Sant'Ignazio (F): nach Entwürfen Domenichinos, 1626, Fassade von Alessandro Algardi, interessante perspektivische Deckenmalereien und Apsisfresken von Andrea Pozzo. Ein Marmordiskus auf dem Boden bezeichnet die Stelle, von der aus man die Perspektive richtig erleben kann.
Sant'Ivo della Sapienza (G): Der aus dem Tessin stammende Francesco Borromini schuf diese Kirche als Universitätskapelle 1642–1650 (heute auf der Schweizer 100-Franken-Note abgebildet).

Andere bedeutende Kirchen mit interessanten Kunstwerken

Sant'Agostino (H): Für Rom seltene Frührenaissance, 1479–1483 von Giacomo da Pietrasanta gebaut. Fassade größtenteils aus Kolosseumssteinen.
Inneres: Beim Eingang die Madonna del Parto (Schutzpatronin der werdenden Mütter). Sansovino 1621. Am 3. Pfeiler Raffaels «Prophet Jesaias», von Daniele da Volterra ausgebessert. Die anderen Propheten von Gagliardi (1855). Altar von Gian Lorenzo Bernini. Darüber alte byzantinische Madonna. Links vom Chor Kapelle der hl. Monika, Mutter des hl. Augustinus, in Ostia gestorben, hier begraben. Im rechten Querschiffsflügel Kapelle des hl. Augustinus. Bilder von Quercino. In der 1. Kapelle des linken Seitenschiffes: «Madonna dei Pellegrini» von Caravaggio (1605). 2. Kapelle: Mutter Anna, Maria, Jesus. Von Andrea Sansovino, 1512. In der 2. Kapelle des rechten Seitenschiffes «Madonna della Rosa» von Raffael, Kopie nach dem gestohlenen Original.
Sant'Angelo in Pescheria (I): Im linken Seitenschiff Fresko von Benozzo Gozzoli (1420–1497): Madonna mit Engeln.
Gesù (J): Giacomo Barozzi da Vignola, 1568; Fresken von Baciccia im Gewölbe des Langhauses «Triumph des Namens Jesu» (1669–1683); im Querschiff, rechter Flügel: Altar von Pietro da Cortona, «Tod des hl. Franz Xaver» von Maretta. Linker Flügel: Prunkaltar des hl. Ignatius.
San Giorgio in Velabro (K): wenn geschlossen bei Nr. 19 läuten. Apsisfresko: Christus zwischen den hll. Sebastian und Georg.
San Luigi dei Francesi (L): Nationalkirche der Franzosen zwischen 1518 und 1580; dem heiligen Ludwig IX. geweiht.

Kunstschätze in römischen Kirchen

Rechts in der 2. Kapelle: Fresken von Domenichino aus dem Leben der hl. Cäcilia; Bild über dem Altar nach dem Original Raffaels in Bologna; im 1. Seitenschiff am 1. Pfeiler Denkmal für Claude Lorrain (1836); in der 5. Kapelle links drei bedeutende Bilder von Caravaggio.

Santa Maria degli Angeli (M): Michelangelo, 1563–1566; die großen Barockbilder an den Wänden stammen aus der Peterskirche. Sie wurden dort zum Teil mit Mosaiken ersetzt, z. B. die «Messe des heiligen Basilius», das «Martyrium des heiligen Sebastian» von Domenichino, «Taufe Jesu» von Carlo Maratti (auch Maratta), die «Kreuzigung des Apostels Petrus» von Ricciolini.

Santa Maria sopra Minerva (N): Unter dem Hauptaltar ruht die hl. Katharina von Siena († 1380 in Rom). Links an den Altarstufen: Christusstatue von Michelangelo, entstanden 1514–1521 (Lendentuch wurde später zugefügt). Rechtes Seitenschiff, 5. Kapelle: Verkündigung von Antoniazzo Romano, (15. Jh.), 7. Kapelle: Jüngstes Gericht von Melozzo da Forlì. Rechter Querschiffsflügel: Caraffa-Kapelle. Bedeutende Fresken von Filippo Lippi (1489); rechte Wand: «Triumph des hl. Thomas von Aquin über die Häretiker» und «Szenen aus dem Leben des Heiligen». Altarwand: «Verkündigung» (links kniend der Kardinal Oliviero Caraffa). Rückwand: «Himmelfahrt Mariä». Linker Querschiffsflügel: In der 1. Kapelle (Nebenausgang) eine Grabplatte für den Maler Fra Angelico, der 1455 hier im Kloster starb. Neben der 2. Kapelle: Durchgang zur Sakristei. Ein kleiner Raum rechts ist das Sterbezimmer der hl. Katharina mit Fresken von Antoniazzo Romano (1482). Das Kloster war Sitz des römischen Inquisitionstribunals.

Santa Maria della Pace (O): Pontelli, 1480; Fassade Pietro da Cortona; Kreuzgang Bramante (1504); über der 1. Kapelle rechts Fresko mit den vier Sibyllen von Raffael (1514); von links nach rechts die kumäische, persische, phrygische und die tiburtinische Sibylle.

Santa Maria in Vallicella (P); Chiesa Nuova: In der Tribuna drei Frühwerke von Peter Paul Rubens (1608); Hochaltar: Madonna mit Engeln, links der hl. Gregorius, Maurus und Papias, rechts die hl. Domitilla, Nereus und Achilleus. Der hl. Filippo Neri ist hier in der ihm geweihten Kapelle begraben.

Sant'Onofrio (Q): Im Portikus vor der Kirche Fresken von Domenichino: Aus dem Leben des heiligen Hieronymus. Die Fresken der Tribuna: «Aus dem Leben der heiligen Maria» von Baldassarre Peruzzi und Pinturicchio (15. Jh.), in der 1. Kapelle links: Denkmal für Tarquato Tasso, der im Kloster starb. Einige Zellen sind als Tasso-Museum eingerichtet.

Die unterirdische Totenstadt

Die Katakomben sind nicht, wie man oft hört, eine aus der Not der Verfolgungszeiten geborene christliche Einrichtung. Es gab sie vielmehr, seit das Gesetz des Numa Pompilius Begräbnisstätten im Bereich der Stadt verbot. Damals legte man für die niederen Volksschichten unterirdische Friedhöfe an. Heidnische Gräber sind an vielen Stellen gefunden worden, so unter San Sebastiano an der Via Appia Antica. In einer Tiefe von 14 Metern stieß man auf einen Urnenfriedhof für Freigelassene. Die etwa 80 Katakombenbezirke um Rom sind rund 875 Kilometer lang. Allerdings sind noch lange nicht alle freigelegt. Bis heute sind in Tuffsteingängen von rund 150 Kilometern Länge – das ist etwa die Entfernung von Rom quer durch die Halbinsel nach Pescara! – eine Million Gräber

Katakomben

Porta San Sebastiano. Stadttor zur Via Appia antica.
Es war ursprünglich die Porta Appia

ausgegraben worden. Die meisten davon sind an ihren Symbolen oder Inschriften als Christengräber erkennbar. Diese Symbole haben vielfach eucharistischen Sinn, so etwa der Fisch vor einem Korb mit Broten und einem gläsernen Becher roten Weins. Der Fisch, griechisch Ichthys, bedeutet mit seinen Anfangsbuchstaben: Iesous Christos Theou Yios Soter, also «Jesus Christus Gottes Sohn Retter». Eucharistischen Sinn haben auch die immer wiederkehrenden Motive der primitiven Wandmalerei auf weißem Stuck in den größeren Grabkapellen, obwohl sie, wie der Seedrache, der Gute Hirte und andere der antiken Mythologie entlehnt sind oder sie in christlichem Sinne weiterbilden.

Zahllose Märtyrer, deren Gebeine man später vielfach in die ihnen geweihten Kirchen gebracht hat – wie etwa die heilige Cäcilia –, auch einige Päpste, die als Märtyrer starben, wurden in den Katakomben beigesetzt. In der **Katakombe von San Callisto** ruhen zum Beispiel 13 Päpste, nicht alle Märtyrer.

Als älteste Katakombe Roms gilt die **Priscillakatakombe** an der Via Salaria mit der Familiengruft der vornehmen gens der Acilier, der auch die Mutter des Senators Pudens entstammte. Lange war es der Ehrgeiz vieler junger Priester, hier in der Cappella greca die erste heilige Messe zu feiern.

In der **Domitillakatakombe,** in der Eingangshalle der Domitillagruft an der Via delle Sette Chiese, befinden sich Begräbnisstätten eines christlichen Zweiges des flavischen Kaiserhauses. Diese Beisetzungen aus dem 1. nachchristlichen Jahrhundert sind die ältesten bisher nachgewiesenen. Alle römischen Katakomben ähneln einander in der Anlage und unterscheiden sich im wesentlichen nur durch den mehr oder minder reichen bildnerischen Schmuck und seinen mit den Zeiten wechselnden Stil. Die bekannteste und größte ist die **Kalixtuskata-**

Katakomben 257

Santa Cäcilia in der Kalixtuskatakombe

kombe an der Via Appia Antica, deren zehn Kilometer lange Gänge etwa 170 000 Gräber umfassen. In ihr wurde der Märtyrer-Papst *Sixtus II.* in der Cappella dei papi beigesetzt – nebenan die heilige Cäcilia, die hier an ihrem Namensfest, dem 22. November, verehrt wird. Die mit der Kalixtuskatakombe verbundene Cripta di Lucina enthält in ihren Wandmalereien noch besonders viele heidnische Grabmotive, die von den frühen Christen in vollkommener Freiheit übernommen wurden.

In der nahen **Sebastianskatakombe** waren, wie erwähnt, mindestens zeitweilig die Häupter von Petrus und Paulus verwahrt, Anrufungen an sie im Triclinium, dem Raum für Totenmahle, deuten darauf hin. Der Name Katakombe soll von cate cumbe (an der Senke) abgeleitet sein und sich auf die Sebastianskatakombe beziehen, die in einer Sandgrube (Senke) entstanden ist.

Diese drei Hauptkatakomben liegen dicht beieinander. Die **Agneskatakombe** liegt bei Sant'Agnese an der Via Nomentana, die **Praetextatuskatakombe** an der Via Appia Pignatelli, die **Pontianuskatakombe** jenseits des Tiber auf dem Monte Verde, die **Cyriacuskatakombe** unter San Lorenzo fuori le mura. Es gibt außerdem noch eine Reihe von Katakomben, deren Bedeutung jedoch neben den drei erwähnten größten verblaßt. Unter den Jahresfesten der Märtyrer sind der 21. Januar für die Agneskatakombe, der 29. Juni für die Sebastianskatakombe und der 6. August für die Calixtuskatakombe hervorzuheben. Die Katakombenforschung wird mit dem Lebenswerk «Roma sotterranea» des Katakomben-Kolumbus Antonio Bosio 1632 eröffnet, der verdienstvollste neuere Erschließer war der 1894 gestorbene Professor Giovanni B. de Rossi; sein Hauptwerk: «La Roma sotterranea cristiana».

Berühmte Ruhestätten

Nach altrömischem Gesetz mußte jede Totenbestattung außerhalb der Stadtmauer stattfinden. Deshalb liegen viele Mausoleen und Grabmonumente an den Straßen, die aus der Stadt hinausführen. Der Boden für die Grabstätte mußte gekauft werden. Dies galt auch für die Katakomben, die man dann, um Platz zu sparen, innerhalb der Grenzen des Grundstücks in mehreren «Etagen» in die Tiefe ausdehnte. Eine sehr interessante Gräberstraße liegt unter der Krypta der Peterskirche. Sie kann mit besonderer vatikanischer Erlaubnis in kleinen Gruppen besucht werden.

Das **Augustusmausoleum** geht in seiner Bauart auf die etruskischen Tumulusgräber zurück. Die Grabkammern sind aber nicht, wie in Cerveteri, aus dem gewachsenen Fels gehauen. Das Monument ist ein riesiger Zylinder, in dem sich zahlreiche unzugängliche Kammern befanden. Im Zentrum des Baus lag eine Cella mit einem großen Pfeiler, in dem die Nischen für die Aschenurnen der Toten untergebracht waren. Auf diesem Bau war ein mit Bäumen bepflanzter Erdhügel aufgeschüttet, auf dem Hügel stand eine goldbronzene Augustusstatue. Am Eingang waren zu beiden Seiten Bronzetafeln mit dem Rechenschaftsbericht des Kaisers angebracht. Diese Tafeln gingen verloren. Da aber eine Kopie davon am Augustustempel von Ankara gefunden wurde, ist der Text bekannt und heute an der Außenwand der Ara Pacis (gleich daneben) angebracht.

Vor dem Eingang zum Mausoleum standen zwei Obelisken, von denen heute einer hinter der Kirche Santa Maria Maggiore und der andere vor dem Quirinal auf dem Brunnen steht.

Von der julischen Familie waren hier beigesetzt: Octavia, Livia, Agrippina die Ältere, Drusus, Agrippa und Germanicus. Als erster wurde der Neffe des Augustus, den er als Nachfolger auserkoren hatte, Marcellus, 24 vor Christus hier bestattet, dann die Söhne der Julia und des Agrippa, Caius und Lucius, die im Alter von 24 und 19 Jahren starben. Die Aschenurne der Agrippina wurde im Mittelalter als Kornmaß verwendet.

Im 17. Jahrhundert wurde die Anlage zuerst in einen Barockgarten, dann in eine Stierkampfarena, einen Zirkus, ein Theater und schließlich in einen Konzertsaal umgewandelt. In den dreißiger Jahren unseres Jahrhunderts gab man dem Bau die ursprüngliche Form zurück.

Die **Cestiuspyramide** an der Porta Ostiense wurde auf Wunsch des Prätors und Volkstribunen Caius Cestius nach seinem Tod 12 vor Christus in Anlehnung an die Pyramiden Ägyptens errichtet. Man folgte damit einer Modeströmung jener Zeit. Das 37 Meter hohe, an seiner Basis 30 Meter lange

Grabmal der Cäcilia Metella an der Via Appia

Mausoleen / protestantischer Friedhof 261

und an seinen Seitenflächen mit Travertin verkleidete Gebäude soll in 330 Tagen gebaut worden sein. Im Innern ist eine Grabkammer mit Spuren von Wandmalerei zu sehen.

An einem andern Stadttor, der Porta Maggiore, liegt das **Grabmal des Bäckermeisters Eurysaces** und seiner Frau Apistia aus dem 1. Jahrhundert vor Christus. Es hat die Form eines Backofens. Ein Bandrelief zeigt die verschiedenen Arbeitsgänge der Brotherstellung.

Das **Grabmal der Cäcilia Metella** ist ein monumentaler, mit Travertin verkleideter Rundbau von 20 Metern Durchmesser mit quadratischem Sockel. Cäcilia Metella war die Schwiegertochter des Crassus, der in den gallischen Kriegen des Cäsar große Erfolge errungen hatte. Die Ochsenschädel und Girlanden mit gallischen Waffen auf dem Reliefband beziehen sich darauf. Im Mittelalter wurde der Rundbau in eine Festung umgewandelt. Der heutige Zinnenkranz und das *Kirchlein San Nicola* sind Zeugen aus dieser Zeit. Im Laufe der Jahrhunderte wechselte oft der Besitzer dieser Festung. Lange war sie auch Zufluchtsort kampanischer Banditen.

Der **protestantische Friedhof** ist wohl einer der schönsten der Welt. Er wird von einem Botschafterkomitee verwaltet und wurde im 19. Jahrhundert vom Papst gestiftet, weil der englische Admiral Nelson den Franzosen den geraubten Vatikanschatz entriß und dem Papst zurückbrachte. Hier sind bedeutende englische Persönlichkeiten begraben, darunter Keats, Shelley, Trelawney, aber auch Winckelmann, Goethes Sohn August, zwei Söhne Wilhelm von Humboldts, und viele andere bekannte Namen sind auf den schönen Grabstätten zu lesen.

Roms Paläste:
Schule der Wohnkultur

262 Grandezza romana
263 Palazzo della Cancelleria, Palazzo Farnese und die Farnesina
269 Vom Palazzo Barberini zur Villa Torlonia

Grandezza romana

Rom ist nicht nur die an Obelisken reichste Stadt der Erde, sondern auch an Palästen so reich wie keine zweite Stadt. Viele sind voll von kostbaren Kunstwerken, und wer Rom wirklich begreifen will, kann hier ein Stück der *grandezza romana* kennenlernen, des Lebensgefühls, der Baukunst und der Wohnkultur der Römer.

Die meisten der erhaltenen Paläste stammen aus der Renaissance. Sie setzen die altrömische Wohnkultur fort, die *Atriumbauweise,* deren Prinzip es einerseits war, das Licht hereinzulassen (schattiger Innenhof) und andererseits die Bewohner der Häuser nach außen vor Sonne und Lärm zu schützen. Auch die große Tradition des kunstvollen Zusammenspiels von Sonne, Pflanzen und Wasser wurde vor allem in den Höfen und Gärten der Renaissancepaläste weitergepflegt und -entwickelt. (Die Zahlen in Klammern beziehen sich auf den Plan «Paläste und Brunnen», Seite 273).

Palazzo della Cancelleria, Palazzo Farnese und die Farnesina

Kardinal Riario war der Neffe Papst Sixtus' IV. Er ließ den **Palazzo della Cancelleria** (1) an der Piazza della Cancelleria, den bedeutenden und ersten großen Stadtpalast in Rom, bauen. Mit ihm beginnt der Wiederaufbau der Stadt, und Rom übernimmt in Architektur und Kunst die führende Rolle, die zuvor Florenz innehatte. Der Bau wurde 1483 auf dem Platz begonnen, auf dem die Kirche San Lorenzo in Damaso und ein Wohnbau standen. 1495 war die Fassade fertig; 1496 konnte der Kardinal seinen Palast beziehen. Der Architekt ist nicht bekannt. *Bramante* – in manchen Führern als Architekt genannt – kam erst nach Rom, als der Palast schon weit fortgeschritten war. War der Bildhauer *Andrea Bregno* imstande, ein so großartiges Werk zu schaffen? Der Bau könnte auch vom genialen Theoretiker und Baumeister *Leon Battista Alberti* stammen, der jedoch bereits 1472 starb. Es gibt eine Hypothese, nach der für die Cancelleria Entwürfe Albertis zur Erneuerung des Borgo und des Petersplatzes benutzt wurden.

Der Architekt verwendete zum Teil Elemente florentinischer Architektur. Beim Palazzo Pazzi taucht bereits das ungegliederte Sockelgeschoß auf, und die in die flach aufgelegte Stuckrustika eingelassenen Pilaster gab es schon am Palazzo Rucellai. Die Fenster sind mit Ädikulen gerahmt, ähnliche finden sich auch am Palazzo Ducale in Urbino. Dennoch wirkt die Fassade sehr geschlossen. Pilaster und Fenster stehen auf einem leicht verkröpften Sockelband. Der *Piano nobile* – einst dem Oberhaupt der Familie und seiner Frau vorbehalten – wird durch die größeren Fenster deutlich hervorgehoben. So erscheint die Fassade nicht als großes Flächenmuster wie etwa beim Palazzo Rucellai in Florenz, sondern als eine durch rhythmische Eingriffe gegliederte Einheit.

Wichtig für die Entwicklung der Architektur ist auch der *Hof.* Er ist mit seinen fünf mal acht Arkaden in zwei Loggiengeschossen und seinem geschlossenen Obergeschoß wesentlich größer als die Höfe der Florentiner Paläste. Die geschlossene Wand des Obergeschosses wird durch Travertinpilaster auf einer Ziegelwand gegliedert. Die Eingangsarkade ist etwas weiter als die Arkade gegenüber. So wird die Tiefenachse leicht betont, was einen perspektivischen Effekt auslöst. Einige Elemente gehen auf den Palast des Herzogs von Urbino zurück, der Cancelleriahof spricht aber eine weit fortgeschrittenere Sprache.

Der größte Teil der *Bausteine* soll *aus dem Kolosseum* stammen. Die 44 antiken Säulen des Innenhofs kamen aus der Kirche *San Lorenzo in Damaso,* die vorher hier gestanden hat.

Die Kapelle im ersten Stock wurde 1550 von Francesco Salviati ausgestattet. Die *Sala dei cento giorni* (Saal der 100 Tage) ist ein Sitzungssaal, den Giorgio Vasari 1546 mit Fresken bemalt hat. Sie verherrlichen die Taten Pauls III. Er gab Vasari den Auftrag, seine Arbeiten in 100 Tagen zu vollenden. Vasari kam der Forderung mit seinen Gehilfen ohne Mühe nach. Michelangelo soll allerdings gesagt haben: «Das sieht man.»

Das kleine Portal in der Palastfassade führt in die als Palastkapelle dienende Kirche *San Lorenzo in Damaso,* die auf dem Platz der alten Titelkirche steht. Kardinal Riario ließ sie von *Bramante* erneuern. *Giuseppe Valadier* restaurierte sie. Ein *hölzernes Kruzifix* des 14. Jahrhunderts in der ersten Kapelle rechts, ein Werk aus der Zeit der Mystik, ist von großer Bedeutung.

Paläste

Kardinal Riario nahm an der Verschwörung gegen Leo X. teil und verlor dabei den Palast an die Kurie, die ihn zu Verwaltungszwecken benutzte. 1789 bis 1799 residierte in seinen Mauern die Regierung der Republik, 1848 tagte hier das Revolutionsparlament. Seit 1870 ist er Sitz der Apostolischen Kanzlei. Er gehört zu den exterritorialen Gebäuden des Vatikans.

Auch der **Palazzo Farnese** (2) an der Piazza Farnese gehört zu den bedeutendsten Renaissancebauten Italiens. Im Auftrag Kardinal Alessandro Farneses, des späteren Papstes Paul III., hat *Antonio di Sangallo d.J.* 1514 den Palast entworfen und das Vestibül, einen Teil der Fassade und den ersten Hof ausgeführt. Nach seinem Tod 1546 führte *Michelangelo* die Bauarbeiten, und *Giacomo della Porta* vollendete das Werk. Mi-

Palazzo Farnese, einer der schönsten Paläste Roms

Palazzo Farnese

chelangelo gestaltete die Loggia in der Mitte, die Gesimse, die plastischen Fenstereinrahmungen und die korinthischen Arkaden des dritten Geschosses im Vorderhof. Auch der zweite Hof, in dem zwei Sarkophage (der linke aus den Caracallathermen, der rechte aus dem Grabmal der Cäcilia Metella) stehen, stammt von Michelangelo. Er wollte in den hinteren Flügel eine Loggia einbauen und mit einer Brücke über den Tiber eine Verbindung zur Farnesina schaffen.
Die *Bausteine* stammen größtenteils *aus dem Kolosseum* und dem *Marcellustheater*. Zum erstenmal wurde hier ein Palast vollständig symmetrisch angelegt. Der quadratische Innenhof bildet das Zentrum, das vier Flügel mit drei Stockwerken umschließen. Der Grundriß ist rechteckig. Die Bedürfnisse der neuen Wohnkultur, die – inspiriert vom antiken römischen Peristyl – gut belichtete und belüftete Räume verschiedenster Funktionen verlangte, bestimmten diesen neuen Baustil der

Paläste

italienischen Renaissance und gewann großen Einfluß auf die weitere Palastarchitektur in Italien, Frankreich und Deutschland.
Im ersten Stock sind *Fresken* mit mythologischer Thematik von *Annibale Carracci* zu sehen. Er malte sie mit seinen Brüdern Lodovico und Agostino, Domenichino, Guido Reni und anderen 1597 im Auftrag von Kardinal Odoardo Farnese. Für die römische Barockwandmalerei hatten sie eine ähnlich wegweisende Bedeutung wie die Bilder Caravaggios für die Tafelmalerei. Der prächtige Bau ist heute Sitz der französischen Botschaft.

Der Bankier *Agostino Chigi* aus Siena ließ die **Farnesina** (3) 1508 bis 1511 von *Baldassare Peruzzi* bauen. Chigi war einer der reichsten Männer seiner Zeit. Der türkische Sultan nannte ihn den *gran mercante del mondo cristiano*. Venedig nannte ihn den *Figlio di San Marco*. Seine Residenz in Rom sollte die aller anderen großen Bürger übertreffen. Seine *Skuderien* (Stallungen) sollten schöner ausgestaltet sein als die Salons im Palast des Nachbarn Riario. Die Decke der 19 Meter langen Galerie des Erdgeschosses stammt von *Raffael* unter Mitarbeit von Giulio Romano, Giovan Francesco Penni und Giovanni da Udine (1517); die Themen: Mythos von Amor und Psyche, die Versammlung der olympischen Götter und das Hochzeitsmahl; in den Zwickeln weitere mythologische Szenen. Im Nebenraum sind außer dem *Triumph der Galatea* (Raffael, 1511) Sternbilder von Baldassare Peruzzi, der Polyphem von Sebastiano del Piombo und in den Lünetten die Metamorphosen des Ovid zu sehen. Den Salon im ersten Stock hat Peruzzi mit mythologischen Szenen geschmückt, und die *Hochzeit Alexanders mit Roxane* im Schlafgemach ist eine Arbeit von *Sodoma* (1511).

Paläste

Via Giulia auf der Tiberseite des Palazzo Farnese

1580 geht der Palast durch Heirat der Elisabetta Farnese mit Philipp V. an Spanien, 1714 an die Bourbonen, dann an die Herzöge von Ripalda und endlich an den italienischen Staat. Er ist heute Sitz des Gabinetto Nazionale delle Stampe, des nationalen Kupferstichkabinetts.

Vom Palazzo Barberini zur Villa Torlonia

Der **Palazzo Barberini** (4), Via delle Quattro Fontane, gilt als bedeutendster Bau des römischen Hochbarocks. Er wurde 1625 von Maderna im Auftrag Urbans VIII. begonnen. Nach dessen Tod 1629 übernahm *Bernini* die Bauleitung. Die Haupttreppe stammt von ihm. Die Treppe des rechten Flügels ist eine über einem ovalen Grundriß aufsteigende Spirale von *Borromini,* der sich von Bramante und Vignola inspirieren ließ.

Die Deckenfresken *Triumph der Familie Barberini* im Mittelsaal der ersten Stocks stammen von *Pietro da Cortona,* Andrea Sacchi hat 1630 *Die göttliche Weisheit* im ovalen Saal geschaffen.

Die Palasträume bilden die *Galleria Nazionale d'Arte Antica.* Eine Gemäldesammlung mit Werken von Simone Martini (?),

Palazzo Barberini

Fra Angelico, Filippo Lippi, Pietro Perugino, Lorenzo Lotto, Sodoma, Andrea del Sarto, *Raffael: La Fornarina,* Tintoretto, Tizian, Holbein, Caravaggio, Baciccia, Guardi, Belotto u. a. m.

Der **Palazzo Borghese** (5) an der Piazza Borghese wurde 1590 von *Martino Longhi* begonnen. 96 dorische und ionische Säulen bilden einen zweistöckigen Hof, in dem antike Statuen stehen. Der schöne Barockbrunnen *Bagno di Venere* stammt von Carlo Rainaldi. Das Gebäude hat die Form eines Cembalos und wird deshalb auch *Cembalo di Roma* genannt.

1562 begann *Giacomo della Porta* mit dem Bau des **Palazzo Chigi** (6) an der Piazza Colonna für die Familie des Bankiers Chigi, Carlo Maderna führte dessen Arbeit weiter, und *Felice della Greca,* von dem der barocke Hof stammt, vollendete sie. Jetzt ist der Palazzo Chigi der Amtssitz des italienischen Ministerpräsidenten.

Der **Palazzo Colonna** (7), Piazza Santi Apostoli und Via 4 Novembre, stammt in seiner heutigen Form von 1730. In seinen Räumen ist die *Galleria Colonna* (Eingang Via Pilotta 17) untergebracht mit Werken von Veronese, Tintoretto, Gaspard und Nicolas Poussin, Melozzo da Forlì, Stefano da Verona. Vier Arkaden verbinden den Palast mit der *Villa Colonna,* die mit besonderer Bewilligung besichtigt werden kann.

Im 15. Jahrhundert wurde der **Palazzo Corsini** (8), Via della Lungara 10, für Kardinal Riario gebaut. *Christine von Schweden,* die ihn später bewohnte, starb hier 1689. Der Palast ist heute Sitz der *Galleria Nazionale del Palazzo Corsini* (siehe Seite 310).

Der größte und einer der prachtvollsten Renaissancewohnbauten Roms ist der **Palazzo Doria** (9), Via del Corso; er wurde im 15. Jahrhundert begonnen, aber erst im 18. Jahrhundert vollendet und beherbergt die *Galleria Doria Pamphili* mit Werken von Claude Lorrain, Annibale Carracci, Velázquez, Giovanni di Paolo, Pieter Brueghel d. J., Domenichino, Caravaggio (Johannes der Täufer als Jüngling), Tizian (Salome), Tintoretto (Porträt eines Mannes), außerdem *Wandteppiche* aus Brüssel mit der Seeschlacht von Lepanto, antike Plastiken und Sarkophage.

Der **Lateranspalast** (10), Piazza San Giovanni in Laterano (siehe auch Seite 210), gehörte im 1. Jahrhundert der Familie Laterani. Im 3. Jahrhundert ging er in den Besitz *Kaiser Konstantins* über, der ihn nach der Schlacht am Ponte Milvio dem *Papst Miltiades* (311–314) schenkte. Bis zum Exil von Avignon (1309–1377) war er Residenz des Papstes. 1586 ließ Sixtus V. den heutigen Bau von Domenico Fontana auf den alten Trümmern errichten.

Der Lateranspalast hat viele Krönungsmäler deutscher Kaiser und fünf allgemeine Konzilien gesehen. 1123 erließ Kalixtus während des neunten allgemeinen und ersten abendländischen Konzils Ablässe für Ritter aller Nationen, die bereit waren, an einem Kreuzzug teilzunehmen. 1139 belegte Innozenz II. auf dem zehnten Konzil König Roger II. von Sizilien mit dem Bann. 1179 wurde auf dem elften Konzil unter Alexander III. die Zweidrittelmehrheit bei der Papstwahl beschlossen. 1215 versammelte Innozenz III. das zwölfte Konzil, zugleich das glanzvollste des Hochmittelalters, zu dem fast alle Höfe Vertreter geschickt hatten und zu dem auch Patriarchen des Orients erschienen waren. Die wichtigsten Punkte waren das Dogma von der Transsubstantiation, der Albigen-

Paläste 272

serkreuzzug und die Bibel. Das letzte, ziemlich ergebnislose, dafür längste lateranensische Konzil tagte unter Julius II. und Leo X. zwischen 1512 und 1517.

In neuester Zeit ist der Lateranspalast noch einmal Schauplatz eines historischen Ereignisses gewesen. In der Sala dei Papi wurden am 11. Februar 1929 die **Lateranverträge** unterzeichnet, die dem Papst die Souveränität als weltlicher Fürst zurückgaben und den Vatikanstaat als souveränes Staatswesen schufen.

Paläste

1. Palazzo della Cancelleria
2. Palazzo Farnese
3. Farnesina
4. Palazzo Barberini
5. Palazzo Borghese
6. Palazzo Chigi
7. Palazzo Colonna
8. Palazzo Corsini
9. Palazzo Doria
10. Lateranspalast
11. Palazzo Madama
12. Palazzo Massimo alle Colonne
13. Palazzo Montecitorio-Ludovisi
14. Palazzo Odescalchi
15. Palazzo Pallavicini-Rospigliosi
16. Palazzo Pamphili
17. Palazzo del Quirinale
18. Senatorenpalast
19. Palazzo Spada
20. Palazzo Venezia
21. Villa Medici
22. Villa Torlonia
23. Villa Paganini

Brunnen

A. Fontana delle Api
B. Fontana dell'Acqua Felice
C. Fontana Piazza Bocca della Verità
D. Fontana dei Fiumi
E. Fontana del Moro
F. Fontana delle Naiade
G. Fontana della Navicella
H. Fontana Paulina
I. Fontana della Piazza San Pietro
K. Fontana delle Tartarughe
L. Fontana di Trevi
M. Fontana del Tritone
N. Fontana delle Venere
O. Fontana della Villa Medici

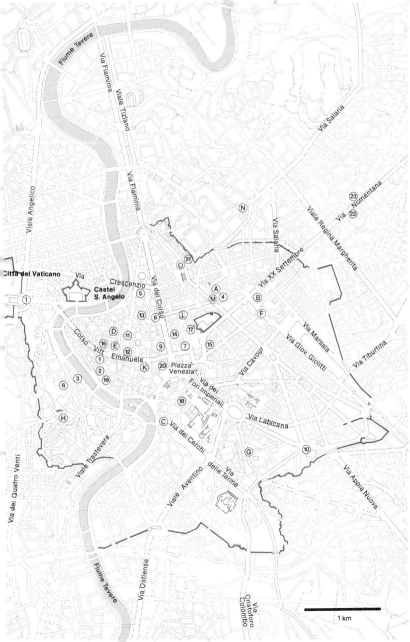

Paläste

Gleichheit der Bürger vor dem Gesetz

Vor dem Gesetz waren alle Bürger im alten Rom gleich, dennoch gab es strenge Klassenunterschiede. Erziehung, Heirat, Militärdienst und politische Karriere, sogar gewisse Zeichen an der Kleidung zeigten den sozialen Status an. In langen Zeitläufen verwischten sich die Standesgrenzen, die Gegensätze blieben aber. Bis zum ersten Jahrhundert hatten sich in Rom unter freien Bürgern drei Schichten gebildet. Die oberste bestand aus den Trägern der Staatsämter, den nobiles. Es waren Patrizier sowie einflußreiche Plebejer. Die equester ordo, der Ritterstand, setzte sich vorwiegend aus Kaufleuten zusammen. Die Plebejer — und mit ihnen die Libertini, die freigelassenen Sklaven — machten den größten Teil der Bevölkerung aus.

Für die *Medici* des 16. Jahrhunderts wurde der **Palazzo Madama** (11) am Corso del Rinascimento gebaut. Seinen Namen erhielt er von *Madame Margherita von Österreich,* Tochter Karls V. und *Gemahlin Alessandros de Medici.* Die Fassade ist ein Werk von Ludovico Cardi und Paolo Marucelli aus dem 17. Jahrhundert. Heute dient der Bau als Sitz des Senats.

Der Stadtpalast der Familie der *Fürsten Massimo,* der **Palazzo Massimo alle Colonne** (12) am Corso Vittorio Emanuele, ist einzigartig wegen seiner konvexen Fassade. *Baldassare Peruzzi* hat ihn zwischen 1532 und 1536 gebaut. Der zweite Innenhof gehörte schon zu einem der drei Paläste, die der Baumeister einzubauen hatte. Sehr sehenswert sind die Fresken aus dem 16. Jahrhundert. Der heilige *Filippo Neri* soll in der Hauskapelle des Palastes 1583 Paolo Massimo, einen Knaben, der bereits tot war, für einige Stunden wieder zum Leben erweckt haben. Zum Gedenken an dieses Wunder werden alljährlich am 16. März in der Kapelle Messen gelesen.

Paläste

Seit 1871 dient der **Palazzo Montecitorio-Ludovisi** (13) an der Piazza Montecitorio als **Parlamentsgebäude.** Von *Bernini* stammt der Entwurf (1650), von Domenico Fontana stammen Portalarchitektur und Uhrturm.

An der Piazza SS. Apostoli liegt der **Palazzo Odescalchi** (14). Die Fassade gegenüber der Santi-Apostoli-Kirche hat *Bernini* gestaltet (1655). 1750 wurden die seitlichen Partien angefügt. Auf der Seite des Corso ist die Fassade im 19. Jahrhundert gebaut worden. Im Hof mit Portikus steht ein *Brunnen von Carlo Maderna* (um 1623).

Über den Ruinen der *Konstantinsthermen* ließ Kardinal *Scipio Borghese* 1603 von *Giovanni Vansanzio* den **Palazzo Pallavicini-Rospigliosi** (15), Via 24 maggio 45, bauen. Später wechselte er in den Besitz Kardinal *Mazzarinos,* der ihn von *Carlo Maderna* erweitern ließ. Links im Hof liegt das *Casino dell'Aurora*. Der Hauptsaal enthält an der Decke die berühmte «Aurora» von *Guido Reni*. An den Wänden der «Triumph der Liebe» von *Antonio Tempesta*. Die *Gemäldegalerie* im ersten Stock besitzt Werke von Peter Paul Rubens, der Schule Leonardos, Luca Signorelli, Carracci, Anthonis van Dyck, Poussin und anderen; sie ist nur mit Bewilligung zu besichtigen.

1650 baute Innozenz X. (Pamphili) seiner Schwägerin Olimpia Maidalchini den **Palazzo Pamphili** (16) an der Piazza Navona. Die Deckenfresken von Pietro da Cortona (1651–1654) im großen Saal stellen die Taten des Äneas dar.

Als *päpstliche Sommerresidenz* baute *Papst Gregor XIII.* 1574 den **Palazzo del Quirinale** (17) an der Piazza del Quirinale. Ponzio, Mascherino, Fontana, Maderna, Bernini und Fuga waren am Bau beteiligt. Er bedeckt ein ganzes Stadtviertel mit seinen Gärten und Gebäuden. 1870 bis 1946 diente er als *Königspalast,* heute ist er **Sitz des Präsidenten der Republik.** Hinter dem Hauptbau dehnt sich ein prachtvoller Garten aus (nicht zugänglich). Im Treppenhaus ist eine Freske von *Melozzo da Forlì* (Christus in der Glorie) aus Santi Apostoli zu sehen. Schöne Stuckarbeiten von Ferabosco (1617) zieren die Kapelle Paolina, in anderen Sälen hängen wertvolle Gobelins; im Thronsaal Fresken von Lanfranco und Saraceni.

Auf dem Unterbau des antiken *Tabulariums* und unter Einbeziehung mittelalterlicher Mauern wurde der **Senatorenpalast** (18) an der Piazza del Campidoglio im 16. Jahrhundert von *Giacomo della Porta* und *Girolamo Rainaldi* errichtet. Die mächtigen Türme an den Schmalseiten gehören in diese Zeit. Die Treppe wurde von *Michelangelo* gestaltet. Die Brunnen symbolisieren links den Nil, rechts den Tiber. Das Gebäude ist das **Rathaus von Rom.**

Welche Gründe 1550 während des Pontifikats von *Julius III.* die apostolische Kammer bewogen haben, den **Palazzo Spada** (19) an der Piazza di Ferro zu bauen, der in der Folgezeit nach dem Namen seiner späteren Besitzer zunächst Palazzo *Capodiferro* und schließlich Palazzo Spada hieß, ist nicht bekannt. Es scheint, als habe der Bau Representationszwecken und nicht als Wohnhaus gedient. Im 17. Jahrhundert hatte die französische Botschaft ihren Sitz hier. Im Hof ist noch ein Wappen der französischen Könige neben dem des Papstes Ciocchi del Monte zu sehen. Der Architekt war *Giulio Mazzoni* aus Piacenza, der auch die Stuckbildwerke an der Fassade und im ersten Hof schuf. Die reiche Dekoration der Innenräume samt Malerei ist ebenfalls sein Werk.

Paläste

Augustus, Kaiser mit vielen Gesichtern

Augustus (63 v. Chr. bis 14 n. Chr.), Erbe und Nachfolger Julius Cäsars und dessen Großneffe und Adoptivsohn, war der erste Kaiser des Römischen Weltreichs. Mit Antonius und Lepidus verbündete er sich zum Triumvirat; gemeinsam kämpften sie gegen Brutus und Cassius, die Mörder Cäsars. Im Jahr 27 verzichtete er scheinbar auf die Monarchie und stellte die Republik wieder her. Tatsächlich hatte er sich aber eine solche militärische und politische Machtfülle gesichert, daß er den Grundstein für die weitere Entwicklung des römischen Kaisertums legte. Er rundete sein Reich ab, ordnete es im Inneren, versuchte, Frömmigkeit und altrömischen Sitten wieder Geltung zu verschaffen, und förderte Wissenschaften und Künste. Von keinem der römischen Imperatoren gibt es mehr Bildnisse: Rund 250 Statuen, Gemmen und Münzbilder sind von ihm bekannt. Sueton, der Historiker der Kaiserzeit, schrieb: «Er war von hervorragender und überaus feiner und reizvoller Schönheit, die er durch alle Lebensalter hindurch beibehielt, obgleich er alle kosmetischen Mittel verschmähte.» Der deutsche Archäologe Paul Zanker sieht ihn allerdings anders: «Unausgeglichene Proportionen, ein kleines, spitzes Kinn, ein knochiges und hageres Gesicht, kleine, zusammengezogene Augen und schmale Lippen.»

Der Bau war wohl noch unvollendet, als er 1555 durch Kauf oder Schenkung an *Kardinal Capodiferro* (1503–1559) überging. Es ist nicht ausgeschlossen, daß er als Ausgleich für erhebliche vorgestreckte Summen dem päpstlichen Schatzmeister Capodiferro überschrieben wurde, der offenbar in der Lage war, die riesigen Auslagen abzudecken, die der apostolischen Kammer durch den Bau dieses Palastes und der Villa an der Via Flaminia entstanden waren.

Kardinal Spada gehörte zu den eifrigsten Bewunderern zweier Künstlerpersönlichkeiten, die sich um 1630 im Kunstleben von Bologna eine führende Stellung erwarben: *Guido Reni* und *Guercino.* Er bauftragte *Borromini* mit den Vergrößerungs- und Verschönerungsarbeiten. Die große, vor einigen Jahrzehnten leider veränderte Treppe, die berühmte *Perspektive,* die eine Hofseite bilden sollte, und die Anlage des Gartens zur Villa Giulia hin, der ebenfalls später verschandelt wurde, wobei wenigstens das Gitter und Teile der Flächenaufteilung erhalten blieben, sind ebenfalls seine Werke.

Gegenwärtig ist der Palast **Sitz des Staatsrates.** Die Besichtigung der großartigen Raumflucht des 16. Jahrhunderts und des weiträumigen Saales, in dem sich die sogenannte *Pompejus-Statue* befindet, die man 1620 in der Basilika Sant'Agnese in der Via Nomentana gefunden hat, bedarf einer besonderen Genehmigung. Die *Gemäldegalerie* mit Werken vorwiegend aus dem 15., 16. und 17. Jahrhundert ist vom zweiten Hof aus zugänglich.

1455 ließ Kardinal *Pietro Barbo* an der Piazza Venezia auf dem Gelände seiner Titelkirche den **Palazzo Venezia** (20) bauen. Nach seiner Thronbesteigung als *Papst Paul II.* (1464) benutzte er den Palast als *Residenz,* übergab ihn aber 1467 seinem Neffen, Kardinal *Marco Barbo.* Die Frage nach dem Baumeister ist ungeklärt. Von 1564 bis 1797 gehörte der Palast der Republik Venedig, fiel dann an Österreich und 1916 an Italien. Bis 1943 war er **Regierungssitz Mussolinis.** Heute beherbergt er das *archäologische Institut,* wechselnde Ausstellungen und das *Museo di Palazzo Venezia.* Es enthält vorwiegend religiöse Kunst des Mittelalters sowie venezianische Gläser, Porzellan, flämische und französische Gobelins, Silber, persische Teppiche des 16. Jahrhunderts, Studien für den Moro-Brunnen von Gian Lorenzo Bernini, Intarsien und Goldschmiedearbeiten.

Viktor-Emanuel-Denkmal an der Piazza Venezia, zu Ehren Viktor Emanuels II. errichtet. Heute Gedenkstätte des Unbekannten Soldaten. Im Innern Museum über die Zeit Viktor Emanuels und Garibaldis

Die **Villa Medici** (21), Viale della Trinità dei Monti, wurde 1544 von *Annibale Lippi* für den Kardinal *Ricci di Montepulciano* gebaut, später von Kardinal *Alessandro da Medici* (Papst Leo XI.) gekauft. Von ihm erbten ihn die Großherzöge von Toscana, und schließlich kam er an Frankreich. 1803 übergab Napoleon die Villa der **Französischen Akademie,** deren Sitz sie noch heute ist. Während die Fassade auf der Straßenseite recht einfach gehalten ist, wurde die Gartenseite manieristisch gestaltet und reich gegliedert. *Michelangelo* soll dabei *Annibale Lippi* beraten haben.

Die letzte der großen römischen Villen, die **Villa Torlonia** (22) an der Via Nomentana, stammt aus dem 19. Jahrhundert. *Mussolini* benutzte sie als *Privatwohnung*. Unter dem Park ziehen sich die *jüdischen Katakomben* auf einer Länge von neun Kilometern hin. Gegenüber dem Haupteingang liegt der öffentliche Park der *Villa Paganini* (23).

Sternstunden der Archäologen

280 Die Irrwege des Laokoon
284 Die Aldobrandinische Hochzeit

Die Irrwege des Laokoon

Am 14. Januar 1506 grub ein Mann namens Felice de Fredis in seinem Weinberg und glitt plötzlich einige Meter in die Tiefe. Er stand vor einer vermauerten Tür. Als er sie aufbrach, befand er sich in einem reichverzierten Gemach und vor dem Laokoon. De Fredis meldete seinen Fund sofort Papst Julius II. Der alte *Francesco da Sangallo* schrieb in einem Brief 61 Jahre nach dem Ereignis: «Ich war noch sehr jung, als eines Tages dem Papst gemeldet wurde, in einem Weinberg nächst Santa Maria Maggiore habe man einige sehr schöne Statuen gefunden. Der Papst schickte einen Boten zu meinem Vater Giuliano Sangallo, er solle gleich hingehen und nachschauen. Mein Vater machte sich augenblicklich auf den Weg. Da aber Michelangelo Buonarroti, dessen Haus mein Vater noch nicht ganz fertiggestellt hatte, sich damals fast dauernd bei uns zu Hause aufhielt, wollte mein Vater, daß auch er mitgehe. Ich schloß mich ganz von selbst an, und wir gingen. Kaum waren wir hinabgestiegen zu dem Ort, wo sich die Statuen befanden, da sagte mein Vater: ‹Das ist der Laokoon, den Plinius erwähnt.›»

Laokoongruppe

Laokoon war ein Apollopriester von Troja.
Der Untergang der Stadt war von den Göttern bereits beschlossen,
aber Laokoon warnte die Trojaner vor dem hölzernen Pferd.
Apollo schickte die Schlangen, die Laokoon und einen seiner Söhne
töteten. Die berühmte Gruppe wurde im 1. Jahrhundert vor Christus
geschaffen

Neun Jahre später war der Laokoon schon so berühmt, daß er zum Politikum wurde. König Franz I. von Frankreich war Sieger von Marignano und verlangte beim Friedensschluß vom Papst, ihm als Zeichen der Aufrichtigkeit seiner politischen Gesinnung den Laokoon zu schenken. Der kunstliebende Leo X. versprach, die Bitte zu erfüllen, zögerte aber und bestellte bei Bandinelli eine Marmorkopie, die man statt des echten Laokoon nach Frankreich schicken wollte. Doch auch sie kam nie nach Paris. Sie steht heute in den Uffizien in Florenz.

Als man den Laokoon fand, fehlten verschiedene Stücke: der rechte Arm des Vaters und je einer bei den Söhnen waren verloren. Die antike Eisenklammer, die die Nahtstelle zwischen dem rechten Arm und der Schulter des Vaters zusammenhalten sollte, war im Laufe der Jahrhunderte oxidiert und schließlich gebrochen. Der verschwundene Arm des Vaters führte zu erheblichen Irrwegen.

Im Drang nach Vollkommenheit, wie er die Renaissance beseelte, ging man gleich an die Ergänzung der fehlenden Teile. Aber wieder kam die Politik dazwischen. Franz I. war mit Kaiser Karl V. in einen mörderischen Krieg verwickelt, den Papst Paul III. zu Nizza in einen Waffenstillstand umwandeln konnte. Wieder verlangte Franz I. den Laokoon. Aber, da er wußte, daß er das Original nicht bekommen würde, gab er sich mit einem Bronzeabguß zufrieden unter der Bedingung, daß alle zeitgenössischen Ergänzungen vorher entfernt würden. Und so besitzt der Louvre seitdem einen bronzenen Laokoon.

Zur selben Zeit arbeitete Michelangelo am Riesenfresko des Jüngsten Gerichtes in der Sixtina. Um sich auszuruhen und Kraft und Atem zu finden, suchte er oft den Belvedere-Garten auf. Dort begegnete er aufs neue dem von allen Restaurationsversuchen befreiten Laokoon. Michelangelo besah sich die antike Bruchstelle und meißelte in roher Form für die Figur des Vaters einen rechten Arm, würdig des Originals – was sich erst später erweisen wird. Er nahm ein Stück der Schulter vom Original weg und bohrte in die entstandene Ansatzstelle eine L-förmige Vertiefung, der ein erhabener L-Zapfen an seinem Ergänzungsarm entsprach. Dieser Arm wurde aber merkwürdigerweise nie vollendet.

Sein Schüler Montorsoli machte sich einige Jahre danach an die Ergänzungsarbeit. So kam es zu der Fassung, die bis 1958 in die Schulbücher einging: in hochgestreckter Bewegung, einen Teil des Schlangenkörpers von sich wegstreckend. Montorsoli war zu dieser Lösung gekommen, weil er von der Bruchstelle ausging, die Michelangelo geschaffen hatte.

200 Jahre später kommt *Goethe* nach Rom. Der Laokoon trifft ihn wie ein Blitz. Entfernt stellt er sich auf, schließt die Augen, öffnet sie einen Moment, schließt sie wieder – und sieht den Marmor in leibhaftiger Bewegung. Er ahnt, daß die Bewegung falsch ist, da die Ergänzungen das Auge in die Irre führen. Ähnlich war es *Winckelmann* ergangen, der eine Generation vor Goethe nach Rom kam. Auch er empfand das Werk als gestört. *Lessing* hat den Laokoon in falsch ergänzter Gestalt zum Ausgangspunkt seiner berühmten Theorie über die Kunst gemacht.

Als Siegestrophäe deportierte Napoleon Ende des 18. Jahrhunderts den Laokoon nach Paris. Die Statue wurde in den Louvre gebracht, wo sich schon der erwähnte Bronzeabguß befand. 18 Jahre standen nun Original und Abguß nebeneinander, und niemand hat sich die Mühe genommen, die beiden Exemplare zu vergleichen. Niemand hatte gemerkt, daß die Schulter des Vaters am Original nach dem Bronzeabguß abgetrennt worden war.

1905 fand der deutsche Archäologe *Pollak* in der Werkstatt eines Steinmetzen einen in spitzem Winkel gebeugten Arm. «Gleich sah ich», schreibt Pollak, «daß es der rechte Arm eines Laokoon sei und erwarb ihn.» Er ging mit dem Fund in den Vatikan – der Arm paßte nicht. Aber man hatte eben die fehlende Schulter vergessen.

1958 entdeckte der Direktor der Vatikanischen Museen den Unterschied des Schulteransatzes beim Bronzeabguß zum Original. Man fertigte eine Kopie des fehlenden Stückes an, das Michelangelo entfernt hatte, um den L-Zapfen anzubringen. Und siehe da: der von Pollak gefundene Arm paßte genau!

Die Aldobrandinische Hochzeit

Der Esquilin, auf dessen höchstem Punkt die Kirche *Santa Maria Maggiore* steht, ist jahrhundertelang die große Fundgrube für antike Kunstwerke gewesen. Dort befindet sich noch heute ein Zeugnis der späten Kaiserzeit, der *Gallienusbogen,* von einem Schmeichler dem Kaiser Gallienus gewidmet, der von 253 bis 268 geherrscht hat. Das Terrain, auf dem er steht, beherbergte einst zwei große prächtige Gartenanlagen, die des Maecenas und die Gärten der Familie Lamia, die aneinandergrenzten. Maecenas vermachte seine testamentarisch Augustus, während die Horti Lamiani an Tiberius fielen, dessen Nachfolger Caligula die Villa einige Tage bewohnt und ihre Verschönerung angeordnet hat. Philo von Alexandria erzählt, daß er vor allem die Ausschmückung eines Saales mit Gemälden befohlen habe. Durch ein Gedicht von Horaz ist bezeugt, daß in den Maecenasgärten ein Turm mit einer weiten Rundsicht über die Stadt stand. Beide Villen gingen in

Aldobrandinische Hochzeit

Ehe in früher Kaiserzeit

Die Ehezeremonie, die Conferreatio, war nur im Adel üblich. Sie machte die Frau und ihren Besitz zum Eigentum des Mannes. Für Frauen, die weniger gebunden sein wollten, gab es noch zwei andere Varianten der Eheschließung. Die erste hieß coemptio. Dabei «kaufte» der Bräutigam die Braut von dieser selbst. Die zweite war der usus, der unserer heutigen Trauung auf dem Standesamt am ähnlichsten ist. Die Frau konnte sich dabei aber das Recht auf ihr Eigentum vorbehalten, indem sie jedes Jahr drei Nächte lang von Tisch und Bett ihres Mannes fernblieb. Das Datum der Eheschließung wurde sorgfältig ausgewählt. Viele Tage des Jahres galten als Unglücksbringer. Am Vorabend weihte die Braut die Spielsachen und die Kleider ihrer Kindheit den Hausgöttern ihres Vaters. Am Hochzeitstag flocht sie ihr Haar in sechs Zöpfe und bedeckte den Kopf mit einer Blütenkrone. Sie trug einen safrangelben Mantel, einen orangeroten Schleier und eine besondere Tunika, die sie in der Taille mit einem Herkulesknoten verschloß, den nur ihr Mann öffnen durfte. Die Brautgesellschaft zog mit Flötenspiel zum Haus des Bräutigams, und ein Knabenchor sang die oft anzüglichen Verse des epithalamium. Die Braut salbte die Haustür des Bräutigams mit Öl und hängte wollene Bänder an die Türpfosten. Dann wurde sie über die Schwelle getragen, um zu verhindern, daß sie stolperte — das wäre ein schlechtes Omen gewesen. Der Bräutigam reichte ihr Wasser und eine brennende Fackel. Mit ihr entzündete sie ihren Herd und warf die Fackel unter die Schar der nach glückbringenden Andenken heischenden Gäste.

---

einem Brand zugrunde, der zur Zeit der Besetzung Roms durch Alarich im Jahr 410 wütete.
1605, 100 Jahre nach Auffindung des Laokoon, grub man hinter der Kirche *San Giuliano* und legte ein verschüttetes Zimmer frei mit einem großen antiken Gemälde an der Wand, «noch ganz frisch». 2,60 Meter breit, 1,20 Meter hoch, das der bei der Grabung anwesende Maler Federigo Zuccari sogleich

als die vielleicht bedeutendste malerische Arbeit des augusteischen Zeitalters erkannte.

Das Bild stellt die rituellen Vorgänge einer Hochzeit dar, und die Gelehrten streiten, ob es sich, wie Winckelmann meint, um die Hochzeit des Peleus und der Thetis oder, nach Biondi, um die des Manilus mit Julia oder um die des Paris mit Helena, oder, wofür vieles spricht, um die Alexanders des Großen mit Roxana, oder um eine römische Hochzeit schlechthin handelt. Das in den Farben wunderbar erhaltene Bild wurde aus der Wand herausgesägt – eine Kunst, die schon seit antiken Zeiten bekannt war. Leider fiel diesem Prozeß die Umrahmung aus Rankenwerk zum Opfer.

Clemens VIII. aus dem Haus Aldobrandini war im Jahr zuvor gestorben. Sein Neffe, Kardinal Pietro Aldobrandini, brachte das Werk an sich und ließ es in die Villa Pamfili auf dem Gianicolo überführen, die damals den Aldobrandini gehörte. Dort wurde es in einem Gartenpavillon aufgestellt, wenig später aber in das Wohnhaus der fürstlichen Familie gebracht. Um die Farben gegen den zerstörenden Einfluß der Luft zu schützen, setzte man es unter Glas. Dort hat Goethe es gesehen.

200 Jahre nach der Auffindung kam das inzwischen weltberühmte, von zahlreichen Künstlern in Kupfer gestochene Werk durch Erbschaft an die Fürsten Borghese.

Nicolas Poussin hat es in Öl kopiert. So findet es sich heute in der Galerie des Palazzo Doria. Eine weitere, viel getreuere Kopie schuf Goethes Freund und Berater Heinrich Meyer, der «Kunschtmeyer», in dessen Auftrag. Sie schmückt das Empfangszimmer im Goethehaus zu Weimar. Das Original wurde 1818 an die päpstliche Regierung verkauft und ist heute in einem eigenen Raum der Vatikanischen Bibliothek aufgestellt.

Schätze in römischen Museen

Zwischen Museo Africano und Museo Zoologico führt der Katalog der Museen Roms mehr als 60 Museen und Galerien auf. Sie alle auch nur einigermaßen vollständig zu beschreiben, würde den Rahmen eines einzigen Führers sprengen und jeden Reisenden weit überfordern. Um dem Leser trotzdem eine praktische Orientierungshilfe zu geben, folgt hier eine Liste der für das Verständnis Roms, seiner Geschichte und seiner kulturellen Bedeutung innerhalb des Abendlandes wichtigsten Institute mit einer (zwangsläufig subjektiven) Auswahl aus der unermeßlichen Zahl der Kunstwerke. Es ist aber keineswegs ausgeschlossen, daß Sie Ihr Lieblingsstück entdecken, das in kaum einem Katalog zu finden ist; und es ist ebensowenig ausgeschlossen, daß Sie in der überwältigenden Fülle des Materials an einem weltberühmten Stück achtlos vorbeigehen. Allgemein ist zu den römischen Museen zu sagen, daß sie großenteils recht lebendig und nicht mehr verstaubt-museal wirken. Es besteht die Tendenz, die riesigen Supersammlungen auseinanderzunehmen und so übersichtlicher zu gestalten. Umstellungen der einzelnen Schaustücke, Schließungen einzelner Abteilungen und Neueröffnungen anderer sind deshalb nicht selten.

Ich habe versucht, Säle und Objekte in der Reihenfolge aufzulisten, wie man sie normalerweise zu sehen bekommt; das entspricht nicht immer der numerischen Reihenfolge. Die Öffnungszeiten der Museen wechseln, und es ist ratsam, sich vor einem Besuch danach zu erkundigen.

Das kleine **Museo Barracco** (Piccola Farnesina, Corso Vittorio Emanuele II, 168) wurde der Stadt Rom 1902 vom Baron Giovanni Barracco geschenkt.

Hof: Sitzstatue Apollon (hellenistisch).

Saal I (assyrische und phönizische Kunst): assyrische Reliefs (7. Jh. v. Chr.); 248 Teil eines Sarkophags aus Sidon (5. Jh. v. Chr.).

Saal II (altägyptische Kunst): 1 Nofer vor einem Opfertisch sitzend (3. Dynastie); 13 Sphinx der Königin Hatschepsut, Zeit Tutmosis' II. (1504–1450 v. Chr.); 15 Kopf eines Prinzen (18. Dynastie); 31 Priesterkopf (falsch Cäsar genannt), römisch-ägyptisch (3. Jh. n. Chr.).

Saal III (griechische Kunst, 500–450 v. Chr.): 80 archaischer Jünglingskopf (5. Jh. v. Chr.); 81 Athena-Kopf (5. Jh. v. Chr.); 76, 77 Mädchenstatuette (5. Jh. v. Chr.); 83 Hermes-Statue, Fragment, römische Kopie, vielleicht nach Kalamides; 61–70 Kyprische Kalksteinskulpturen (6. oder 5. Jh. v. Chr.); 97 Kopf des Marsyas, römische Kopie nach Myron.

Galerie: 201 etruskische Grabcippen aus Chiusi mit Darstellungen von Grabesriten (5. Jh. v. Chr.).

Saal IV: (griechische Kunst des 5./4. Jh. v. Chr.): 106, 107 Diadumenosherme des Polyklet, römische Kopie (5. Jh. v. Chr.); 130 Relief mit Helena und Dioskuren, attisch (4. Jh. v. Chr.); 92 Kopf des sogenannten Kasseler Apoll, nach Original des Phidias; 96 Perikles, römische Kopie nach Kysilas.

Saal V (griechische Kunst des 4./3. Jh. v. Chr.): 131 Kopf einer Kopie des sogenannten Apollon Lykeios (nach Original des 4. Jh. v. Chr.); 143 Greisenkopf, attisch (4. Jh. v. Chr.); 155 Porträt des Epikur (270 v. Chr.), römische Kopie; 129 Weihrelief für Apoll (4. Jh. v. Chr.); 132 weiblicher Kopf von attischem Grabmal (4. Jh. v. Chr.); 139 verwundeter Hund; Kopie einer Bronze des Lysipp.

Barracco-Museum

Saal VI: (hellenistische Kunst): 151 Poseidonstatue (1. Jh. v. Chr.); 157 Dioskurenkopf (2. Jh. n. Chr.).
Saal VII: (römische Kunst): 194 Knabenkopf, meronisch; 195 Marskopf trajanisch, 209 Mosaikfragment aus der alten Peterskirche, die römische Kirche darstellend (13. Jh.).
Innere Loggia: 206 Frauenkopf aus Palmyra (1. Jh. n. Chr.)

Theatermaske (Kapitolinisches Museum)

Als älteste öffentliche Kunstsammlung überhaupt gilt das **Kapitolinische Museum** (Palazzo Nuovo, Campodiglio 5), das Papst Sixtus IV. 1471 gegründet hat. Die Säle im Erdgeschoß sind oft geschlossen.

Hof: Brunnen von Giacomo della Porta; der Flußgott, römische Kolossalstatue (1. Jh. n. Chr.). Rechte Hofseite: Ägyptische Granit- und Basalt-Kultstatuen der Spätzeit.

Erdgeschoß, Säle I–III: Bildwerke der orientalischen Mysterienkulte, Kybele-, Isis-, Mythraskult u. a.

Saal IV: Fragmente eines römischen Kalenders u. a.

Saal V: Amendolasarkophag (im Weinberg der Familie Amendola gefunden), Kampf der Römer mit den Galliern (2. Jh. n. Chr., römisch nach pergamenischem Stil).

Treppenhaus: römische Kolossalstatue des Mars.

Obergeschoß, Saal des sterbenden Galliers: 1 Amazone, nach Phidias, römische Kopie (aufgesetzter Kopf nach einer Amazone des Polyklet); die Originale gehören zu den vier aus einem Wettbewerb für das Artemis-Heiligtum in Ephosos hervorgegangenen Amazonen. 3 Hermes (nach Original des 4. Jh. v. Chr.); 4 Apollon Lykeios (Kopie 4. Jh. v. Chr.); 7 Satyr nach Praxiteles (4. Jh. v. Chr.); 12 Amor und Psyche nach griechischem Original des 2.–3. Jh. v. Chr.; 15 sterbender Gallier, römische Kopie nach einer Figur des Siegesdenkmals des Königs Attalos I. von Pergamon (3. Jh. v. Chr.).

Saal des Fauns (Saal II): 1 Satyr aus rotem Marmor, römische Kopie nach hellenistischer Bronze; 5, 11, 19 römische Sarkophage mit Szenen aus der Meleager-, Endymion- und Dionysos-Sage (2. Jh. n. Chr.). *Salone (Saal III):* Rechts u. a. Diana, griechisches Original (4. Jh. v. Chr.); Ceres (römische Kopie nach griechischem Original des 5. Jh. v. Chr.); 33 Amazone, Kopie nach Kresilas; Basaltstatuen Kopien aus hadrianischer Zeit nach griechisch-hellenistischen Bronzeoriginalen. 5 As-

Kopf des sterbenden Galliers

klepius (4. Jh. v. Chr.); 2 und 4 junger und alter Kentaurus der Villa Adriana, 3 Herkulesknabe; 1 Zeus (alle 1. Jh. v. Chr.).

Saal der Philosophen (Saal IV): 79 Porträtköpfe griechischer und römischer Dichter und Gelehrter; 3, 4 Sokrates, 39, 40, 41 Homer (Kopien nach hellenistischen Originalen); 30 Euripides, 47 Platon (beide nach griechischen Originalen des 4. Jh. v. Chr.); 53 Epikur nach Original (3. Jh. v. Chr.); 56 Cicero; 75 Statue eines sitzenden Beamten, sogenannter Moschion.

Saal der Kaiser (Saal V): 64 Porträts römischer Kaiser und ihrer Verwandten; 2 Octavian; 6 Augustus; 9 Livia; 10 Commodus; 14 Nero; 15 Frau aus flavischer Zeit; 21 Plotina (Trajans Frau); 22 Trajan; 25 Hadrian, 28, 29 Mark Aurel; 39 Julia Domna; 40 Caracalla; 46 Maximinus Thrax; 51 Gordian III.; 59 sitzende Frau, sogenannte Helena.

Galleria (Korridor): 34a Prunkgefäß mit zwölf Göttern (dei consentes) von einem Brunnen der Hadriansvilla bei Tivoli in arachaisierendem Stil; 15 Antinous; 57 römischer Sarkophag mit Persephone (3. Jh. n. Chr.); 10 trunkene Alte nach hellenistischem Original; 67 Eros nach Lysipp; 7 Leda (nach Original des 4. Jh. v. Chr.); römischer Sarkophag mit Amazonenschlacht (2. Jh. v. Chr.).

Gabinetto della Venere (Kabinett der Venus): Kapitolinische Venus, römische Kopie nach hellenistischem Original (4. oder 3. Jh. v. Chr.).

Sala delle Colombe: (2. Jh. n. Chr.); 9 Mosaik mit Tauben aus der Villa Adriana, nach griechischem Original aus Pergamon; 8 Sarkophag eines Knaben mit Prometeus-Sage (3. Jh. n. Chr.).

In der Mitte: Mädchen, eine Taube vor der Schlange schützend, nach hellenistischem Original (2. Jh. v. Chr.); 31 Mosaik mit Masken (2. Jh. n. Chr.); römische Porträts verschiedener Menschen und Epochen.

Vitrine links: Tabula Iliaca, Marmorrelief mit Szenen aus dem Trojanischen Krieg (1. Jh. n.Chr.).

Der **Konservatorenpalast** steht unter der gleichen Leitung wie das Kapitolinische Museum und liegt gegenüber dem Palazzo Nuovo. Er wurde nach Plänen Michelangelos 1568 (mit Änderungen) gebaut, war Sitz der Konservatoren, einer kommunalen Behörde.

Hof: Rechts Kolossalkopf einer Statue von Kaiser Konstantin dem Großen aus der Maxentiusbasilika im Forum (315 n.Chr.); Fragmente vom Tempel des Hadrian mit Figuren, die die Provinzen des Römischen Reiches darstellen.

Treppe: Drei Reliefs von einem Denkmal für Mark Aurel (weitere Reliefs davon am Konstantinsbogen): 1 der Kaiser opfert beim Tempel des Jupiter Capitolinus; 2 Der Kaiser in seinem Triumphwagen, 3 Der Kaiser erläßt Bittenden ihre

Konservatorenpalast

Die vielgerühmte Esquilinische Venus

Schuld. 4. Relief: Hadrian, der eben zum Kaiser ausgerufen wurde. Die Stadtgöttin Roma überreicht ihm den Reichsapfel. Eine Treppe höher, 5. Relief: Hadrian liest im Forum den Nekrolog auf seine Frau Sabina.

Nische im Korridor: Karl I. von Anjou von Arnolfo di Cambio (?) um 1280.

I Saal der Horatier und Kuratier: Fresken von Giuseppe Cesari, Episoden aus der römischen Königszeit, Kampf der Horatier und Kuratier. Marmorstatue Urbans VIII. von Gian Lorenzo Bernini und Bronzestatue Innozenz X. von Alessandro Algardi.

II Saal der Kirchenheerführer: Fresken von Tomaso Laureti: Episoden aus republikanischer Zeit. Die fünf Statuen stellen Heerführer (capitani) des Kirchenstaates dar.

III Saal der Triumphe des Marius: Fresken von Michele Alberti und Giacomo Rochetti. Feldzug gegen die Kimber. Dornauszieher (römische Kopie nach griechischem Original des Hellenismus, 1. Jh. v. Chr.); Brutus, italisch-etruskische Bronze, nur Kopf antik (4/3. Jh. v. Chr.); Diana von Ephesus (Artemis); Camillo, römische Bronze (1. Jh. n. Chr.).

IV Saal der Wölfin: Kapitolinische Wölfin, italisch-etruskisch (5. Jh.); die Zwillinge hat Antonio Pollaiuolo im 15. Jahrhundert dazugesetzt; als Wahrzeichen Roms stand sie bis 65 vor Christus auf dem Kapitol, wo sie der Blitz getroffen hatte (Spuren an den Hinterläufen). An der Rückwand Fragmente der Fasti consulares e triumphales, Verzeichnis der Konsuln und Triumphzüge, ursprünglich auf dem verschwundenen Augustusbogen auf dem Forum.

V Saal der Gänse: Nach den Gänsen benannt, die Rom vor der Einnahme durch die Gallier gerettet haben sollen, 15 Hund, grüner Granit (frühe Kaiserzeit?).

VI Saal der Adler: nach dem Symbol der römischen Macht,

Konservatorenpalast 295

Dornauszieher

dem Adler. Porträt des Sokrates nach hellenistischem Original; schlafender Amor, römische Kopie nach griechischem Original; Knabe mit Kappe (1. Jh. v. Chr.).
XVI, XVII Saal der archaischen Werke. 13 sogenannte Wagenlenker, griechisches Original (5. Jh. v. Chr.); 9 Grabstele eines Mädchens mit Taube, griechisches Original (480 v. Chr.); 4 bogenspannende Amazone, spätarchaisch, Fragment einer attischen Totenstele (4. Jh. v. Chr.); mehrere Kopien nach archaischen Originalen.
XV Saal der Magistraten: 2 und 5 römische Beamte (um 4. Jh. n. Chr.).
VII Saal der Wandteppiche: benannt nach den Wandteppichen mit Szenen aus der römischen Geschichte.
VIII Saal der Punischen Kriege: Fresken von Giacomo Ripanda mit Ereignissen aus den Punischen Kriegen. Mitte: Gruppe zweier spielender Mädchen, hellenistisch.

Alte Kapelle: Deckenfresken und Stukkaturen des ausgehenden 16. Jahrhunderts.

Gang: Wandteppich mit Darstellung Trajans (16. Jh., flämisch); kleine Tafelbilder mit römischen Landschaften (18. Jh.).

XI, XII, XIII Saal der «Fasti moderni»: Verzeichnis der obersten Stadtbehörde seit 1640; römischer Sarkophag (2. Jh. v. Chr.) mit Zug des Dionysos, Spuren der früheren Bemalung; Statue einer Kuh (vielleicht nach Myron); Porträt römischer Nobiles.

XIV Saal der Orti Lamiani (Laminati-Gärten): in der Mitte Esquilinische Venus, eklektische Kunst (1. Jh. v. Chr.); 12 Porträt des Commudus als Herkules; 7 Kentaurenkopf, pergamenisch (2. Jh. v. Chr.).

Galleria: 55 Knöchelspielerinnen, griechisch, spätklassisch (4. Jh. v. Chr.).

Saal der christlichen Werke: christliche Sarkophage aus den Katakomben; 13 Amalasunta, spätantike Kaiserin (5. Jh. n. Chr.).

Saal des Kamins: Benannt nach Resten eines Kamins aus dem Mittelalter, der aus antiken Stücken gebaut war. 1 römischer Sarkophag mit Meleager-Sage (3. Jh. n. Chr.).

In den drei Vitrinen: 1 schwarze etruskische Buccherovasen, Bronzespiegel, Gewürznäpfchen, weiter Gefäße (aus dem 6. und 7. Jh. v. Chr.); 2 Fragmente von Verkleidungen etruskischer Holztempel von Caoua (6. Jh. v. Chr.); 3 griechisch-attische Vasen (6. und 5. Jh. v. Chr.).

Kleine Vitrine: oben etruskische Vase mit Spielszenen (7. Jh. v. Chr.); unten rotfigurige Kylix, Trinkschale (5. Jh. v. Chr.).

Sala Castellani I: Karren mit Bronzereliefs, auf dem die Götterstatuen bei Triumphzügen mitgeführt wurden. Reliefs zeigen die Szenen aus der Achillessage (3. Jh. n. Chr.). Etruski-

Konservatorenpalast / Pinakothek

sche und italische Vasen und andere Gefäße; in kleiner Vitrine sitzende Figur aus Cerveteri (7. Jh. v. Chr.).
Sala Castellani II: griechische Vasen (6. und 5. Jh. v. Chr.); Vitrine links: 135 Mischgefäß (7. Jh. v. Chr.), signiert Aristonothos, es ist das früheste mit Namen gezeichnete Gefäß; Vitrine rechts. großes korinthisches Gefäß (7. Jh. v. Chr.).
Saal der Bronzen: Bronzekopf, angeblich Konstantin II. (4. Jh. n. Chr.); Stier und Pferd, dem Lysipp zugeschrieben (4. Jh. v. Chr.); Sänfte mit Bronzeornamenten; Bett mit kunstvollen Bronzeverzierungen (1. Jh. n. Chr.); zwei Kugeln, Spitzen und Obelisk und Konstantinsstatue.
Sala degli Orti Mecenaziani: Die meisten Skulpturen stammen aus der Villa des Maecenas auf dem Esquilin. Puteal mit Bacchantin, neuattisch (nach Original des 5. Jh. v. Chr.); Kopf einer Amazone (Replik der Amazone des Kresilas, vgl. Salone des Kapitolinischen Museums); Marsyas, nach rhodischem Original; Kämpfender Herkules nach Lysipp.
Garten: In der Wand Fragmente des römischen Stadtplanes, der Forma Urbis vom Templum sacrae urbis auf dem Forum.

Der **Braccio Nuovo** ist wahrscheinlich für einige Jahre geschlossen, seine Exponate werden völlig neu geordnet.

Pinakothek (2. Stock des Konservatorenpalastes):
Auf den Wänden des *oberen Treppenbodens* links 6. Relief (vgl. Seite 294) Kaiser Hadrian, die Apotheose seiner Frau; rechts Mosaik in opus sectile, und Tiger reißt ein Rind.
Saal I: Schule von Ferrara, u. a. Werke von Benvenuto da Garofalo, Ludovico Mazzolino, Ortolano, Dossi.
Saal II: Norditaliener, u. a. Gian Girolamo Savoldo, Porträt einer Dame; Pisanello, Bildnis eines Arztes; Tizian, Taufe Jesu; Tintoretto, Hl. Magdalena.

Saal III: u. a. Rubens, Remus und Romulus mit der Wölfin; Volterra, Michelangelo; Van Dyck, Luca und C. de Wael; Velázquez, Selbstbildnis (?).
Saal IV: u. a. Macrino d'Alba, Madonna mit Heiligen; Cola dell'Amatrice, Himmelfahrt; Scuola di Pietro Lorenzetti, Hl. Klara und Hl. Bartolomäus.
Saal V: u. a. Guercino, Hl. Petronilla (Mosaik-Kopie davon im Petersdom); ferner Bilder von Carracci, Guido Reni, Pietro da Cortona.
Saal VI: Fresken aus dem 16. Jahrhundert.

Das 1889 gegründete **Thermenmuseum** (Piazza della Repubblica) wurde in die Ruinen der **Diokletians-Thermen** (306 n. Chr.) und in das 1561 dort errichtete Kartäuserkloster gebaut. Die alten Backsteingewölbe müssen restauriert und die riesige Ansammlung antiker Kunst soll aufgeteilt werden. Deshalb ist ein großer Teil des Thermenmuseums für längere Zeit nicht zugänglich. Der Besuch lohnt sich trotzdem sehr: zu sehen sind qualitativ hochstehende Gemälde, Mosaiken und Stuckarbeiten.
Garten zur Piazza dei Cinquecento: Verschiedene römische Fragmente von Statuen und Bauwerken.
Vorraum und Gang zum Museum: Einzelne römische Skulpturen und Mosaiken, darunter 163 Skelette aus einem Triklinium. Oft wurden in Speisesälen und auf Trinkschalen Skelette dargestellt, oder es wurden Skelettpuppen auf den Eßtisch gelegt, um die Gäste aufzufordern, die vergänglichen Güter des Lebens möglichst zu genießen.
Treppen zum oberen Stock: Absatz am Ende der Treppe – besonders schöne Beispiele römischer Mosaikkunst, 124 137 Katze mit Ente; 60 327 Pflanzenornament mit Glaspastenintarsien; 12 558 Schlangen, mit Vögeln kämpfend; 58 596

Kentaur mit Lapithai. Bei der Hochzeit des Königs Peirithoos belästigten die Kentauren die Töchter der Lapithen. Es kam zum Kampf, in dem die Kentauren unterlagen (griech. Mythologie). Im Hof des Thermenmuseums

Huhn, zwei Wachteln, Früchtekorb und Vogel mit langem Hals; 1030 Fische und Algen; 1032 Fische mit Muscheln und Algen; 125 557 zwei Enten und Ibis (?) mit Hase, 125 554 Geometrische Motive.
Saal der Fresken aus der Villa der Livia in Prima Porta: Fortlaufende Darstellung eines Obstgartens über vier Wände; diese Landschaftsmalerei unterscheidet sich stark von den zeitgenössischen, vom Hellenismus beeinflußten mythologischen Malereien. Auffallend ist die Heraushebung der Bäume vor den Mauern, sie kamen aus dem eben eroberten Germanien als Rarität in die römischen Gärten: Nadelbäume und Eichen.

Säle mit *Stuckreliefs und Fresken aus der Farnesina:* 354. Diese Stuckreliefs kamen 1879 beim Bau der neuen Ufermauern bei der Farnesina am Fuß des Gianicolo zum Vorschein. Mit den Stuckarbeiten fand man auch die kostbaren Fresken in den folgenden Räumen (Saal I–V); sie waren Wand- und Deckenschmuck einer vornehmen römischen Villa aus augustäischer Zeit.

Der sogenannte **Kreuzgang des Michelangelo** ist 360 Meter lang und enthält zahlreiche Statuen (Kopien berühmter griechischer Werke) römischer Kaiser und anderer Persönlichkeiten (Kopien nach griechischen Vorbildern). Grabstatuen und -inschriften, Altäre für die Opfer zu Ehren der Toten, Sarkophage, Grabporträts aus der Via Appia antica, Bleiröhren (Wasserleitungen). In der Ecke, dem Eingang gegenüber: Mosaik mit Landschaft und Tieren des Nils.

Die *Villa Giulia* wurde nach Plänen von Giorgio Vasari und Giacomo Barozzi da Vignola zur Zeit des Pontifikats Julius' III. (1550–1555) gebaut. Seit 1889 sind im **Museum der Villa Giulia** die interessantesten Sammlungen vorrömischer, also etruskischer, italischer und griechischer Funde untergebracht.
Im Vestibül gegenüber dem Kassenraum sind provisorisch Funde von Pyrgi ausgestellt. In einer in die Wand eingelassene Vitrine sind drei Goldblechplatten mit punischem und etruskischem Text zu sehen, 1964 in Santa Severa gefunden.
Säulenhalle, die der Rundung des Hofes folgt: Urnen (von Chiusi und Perugia).
Saal 1: Kentaur und Hippokampen-Reiter (Beispiele für archaische Steinplastik aus dem 6. Jh. v. Chr.).
Saal 2: Funde aus den Nekropolen von Cavalupo und Osteria/Vulci (aus dem 9. und 7. Jh. v. Chr.).
Saal 3: Reicher Fundkomplex vom Ende der orientalisieren-

den Periode, etrusko-korinthische Vasen und Bucchero-Gefäße (schwarzer Ton) sowie schwarzfigurige attische Vasen.
Saal 4 und 5: Weiter Funde aus Vulci.
Saal 5: Nenfro-Sarkophag mit Reliefs, die Kampfszenen darstellen. In der Mitte des Saals führt eine Treppe zu einem Tumulusgrab von Cerveteri; die Funde sind so ausgestellt, wie sie aufgefunden wurden. Interessante Votivfiguren aus Ton.
Saal 6: Funde aus der Nekropole Olmo Bello (8.–7. Jh. v. Chr.). Figürlich und geometrisch bemalte etruskische Impasto-Gefäße. Besondere Bedeutung haben zwei Bronzegegenstände: ein Räucherwägelchen mit Kriegern, Bauern und Rindern bei der Feldarbeit, und eine große Situla mit Deckel mit hintereinandergehenden Kriegern und Musikanten, die um einen angeketteten Bären laufen oder tanzen.
Saal 7: Funde aus Veji. Die großartigen Schöpfungen des Meisters Vulca: Apollo, Herakles mit Hirschkuh, Göttin mit Kind, Hermes-Kopf und Antifixe mit Gorgo und Silen-Köpfen. Vulca soll auch die Großplastiken geschaffen haben, die sich auf dem Dach des Jupitertempels auf dem Kapitol befanden.
Saal 8: Funde aus der Nekropole von Caere (Cerveteri). Im Zentrum Sarkophag der Löwen (6. Jh. v. Chr.).
Saal 9: Sarkophag der Ehegatten aus Caere. Ein Meisterwerk etruskischer Kunst (6. Jh. v. Chr.). Im Louvre befindet sich ein etwa zehn Jahre jüngeres Exemplar, das demselben Meister zuzuschreiben ist und im gleichen Grab gefunden wurde. Das dritte Exemplar, das bis vor wenigen Jahren im British Museum ausgestellt war, ist eine Fälschung. Dargestellt ist eine Szene aus dem Leben des Paares; aus der Fingerhaltung ist zu schließen, daß sie ein Wettspiel (Morra) spielen.
Saal 10: Ausschließlich Funde aus Cerveteri. Im Arm 9 der 1. Sternvitrine: erloschene Holzkohle, Reste von Eiern und

Sarkophag des Ehepaars aus Caere (Cervetri) in der Villa Giulia

Gefäße, die man beim Totenopfer verwendet hat. Die Gegenstände liegen noch da, als hätte das Totenopfer eben stattgefunden. Hinten links im Saal steht eine 1968 gefundene Tuffstatue des Dämons Tuchulcha (4. Jh. v. Chr.).
Saal 11: Goldkette mit Fuß; Fayence-Kette (9./8. Jh. v. Chr.).
Saal 12: Votivstatuetten, unter anderem Bauer mit Pflug und zwei Rindern (4. Jh. v. Chr.); Statuette des Veiovis (jugendli-

che Tinia) mit Blitzbündel; Priester- und Kämpferfiguren als Votivgaben.

Saal 13: u. a. Scheiben von Pferdezaumzeug, Pferdetrensen, Pferdeprotome (Deichsel-Ende, Verkleidung), Strigiles (Schabeisen), Rasiermesser, Armreifen, Ledertaschen mit Bronzegestell.

Saal 14: Bronzegegenstände; u. a. Zisten mit Ritz-Zeichnungen, bemerkenswert die zweite, kleinste, mit drei maskierten Figürchen statt der Füße und eine Frau mit Sonnenschirm als Deckelgriff. Vitrine 3, 4 und 6: Spiegel mit Ritz-Zeichnungen (die andere Seite war poliert).

Saal 15: u. a. Küchengeräte, Griffe und Henkel von Bronzegefäßen (6.–2. Jh. v. Chr.); Vitrine 4 im oberen Fach die Chigi-Kanne (protokorinthisch, 7. Jh. v. Chr.), im unteren Fach kleine Amphora mit etruskischem Modellalphabet; Aryballos aus Caere (6. Jh. v. Chr.), mit Widmungsinschrift.

Saal 16: Vitrine 2 anthropomorphe und zoomorphe Balsamgefäße; Vitrine 6 zwei weißgrundige Grab-Lekythoi.

Saal 17: u. a. Vitrine 1 Campanischer Glockenkrater; große apulische Amphora; Vitrine 3 Rhyton (Ritualgefäß) mit Hundekopf.

Saal 18: Urnen vom Typus Chiusi, Terracotta-Sarkophage aus Tuscania.

Saal 19 bis 23: In zwölf Vitrinen ist ein großer Teil der Vasensammlung ausgestellt, die Augusto Castellani zusammengetragen hat, unter anderem Alabastre aus Alabaster und schwarzem Buccheroton, zwei Krüge im Vogelform; Vitrine 2 korinthischer Krater (6. Jh. v. Chr.); zwei Ariballoi aus Glaspaste; Vitrine 3 bis 12 etruskische und attische Keramik von hoher Qualität. Vitrine 10 Pelike des Malers Hermonax (Dionysos mit Satyr und Mänade); Vitrine 11 doppelgesichtiges Rhyton (4. Jh. v. Chr.).

Saal 20: Vitrine 1 Türbeschlag mit Achedeo-Kopf; Vitrine 7 Urne für Totenmaske in Form eines Hauses (7. Jh.); Vitrine 10 Tyrrhenische Amphore mit Männertanz (6. Jh. v. Chr.); Vitrine 12 Bronzespiegel mit drei Grazien, Vergoldung erhalten (!); Vitrine 13 Glaspastenbalsamgefäße (4.–3. Jh. v. Chr.); Vitrine 14 Totenkronen – Myrten für die Frau, Lorbeer für den Mann; Vitrine 16 verschiedene Fibeln.

Saal 22: Der Goldschmuck kann nach Vorlage des Passes oder Personalausweises in kleinen Gruppen besucht werden (Wärter fragen).

Saal 24: Durchgang zu den Funden aus faliskischen, latinischen und umbrischen Gebieten. Links Dachziegel mit Inschrift, rechts Custodien mit Villanova-Urnen; Sarkophage aus Fossa-Gräbern (9. Jh. v. Chr.).

Saal 25: Funde aus der Nekropole des Agro Falisco, der Totenstadt des latinischen Stammes der Falisker, unter anderem Vitrine 1 etruskisch-kampanische Platte mit Kriegselefant. Geschichtsforscher betrachten diesen Teller als Hinweis darauf, daß Pyrrhus mit Kriegselefanten in Apulien war (4./3. Jh. v. Chr.).

Saal 26: Funde aus Nepi, Vignanello und Civita castellana, unter anderem Vitrine 3 Bronzeschilder in Form eines Hauses, das auf vier Pfosten steht. Der Deckel gibt das mit Bohlen beschwerte Strohdach wieder (8./7. Jh. v. Chr.).

Säle 27–29: Funde aus Civita castellana, u. a. Vitrine 3 rotfiguriger Glockenkrater mit zehn tanzenden Mädchen. Der Künstler wird nach diesem Meisterwerk Maler der Villa Giulia genannt.

Saal 29: Durch die geschickte architektonische Anordnung werden wichtige technische Details des etruskisch-italienischen Tempelbaus vermittelt.

Säle 30 bis 32: Reiche Dokumentation aus etruskischen Zentren um Rom. Nemi, Alatri, Ardea, Lanuvium, Satricum, Segni, Tivoli, Cagli, Terni, Todi, Velletri, Gabii, u.a. Baumsarg mit Skelett.

Saal 33: Palestrina; Praeneste (Palestrina) stand lange unter etruskischer Herrschaft und stand unter starkem Einfluß von Caere (Cerveteri). U. a. Tomba Barberini: Thron aus getriebenem Bronzeblech, mit einer Vertiefung in der Mitte zur Aufnahme von Holzkohleglut. Außergewöhnlich: große Schulterfibel, mit Bronze verstärkt. Auf drei Goldröhren sind Löwen und Chimären und quer dazu Sphigen aufgereiht. Ganz feine Goldkörnchen sind auf der Oberfläche des Schmuckstücks aufgelötet (Granulierung, eine Technik, die die Etrusker meisterhaft beherrschten). Eindeutig ägyptischer Herkunft ist eine Silberschale. Dreifußbecken, dessen Gestänge aus Eisen ist. Vitrine 5 sehr schöne Bronzezisten mit Ritz-Zeichnungen, unter anderem Abteilung 10 die Zista Ficoroni (4. Jh. v. Chr.). Darstellung aus der Argonautensage – Amykos, der König der Bebryker, hat den Argonauten den Durchgang durch sein Land verweigert und ist von Pollux im Zweikampf besiegt worden. Pollux bindet den König an einen Baum. Athena und der Windgott Boreas schauen zu. Nebenszene: Argonauten beim Boxtraining. Jünglinge trinken aus einer Quelle, die aus einem Löwenhaupt fließt. Beispiel etruskischer Zahntechnik: Brücke mit Goldnägeln in der Vitrine am Ende des Saals.

Saal 32: Vitrine 2 goldene Ohranhänger und weitere Goldfunde aus Todi (4. Jh. v. Chr.).

Saal 34: Funde aus umbrischem Gebiet, unter anderem außerordentlich reich gearbeitete Ohrgehänge (4. Jh. v. Chr.); Spiegel mit dem Urteil des Paris. Bronzekandalaber, dessen Basis von drei leicht zurückgelehnten weiblichen Figuren mit Flügeln getragen wird.

Galerie Borghese

Das Haus, in dem heute **Museum und Galerie Borghese** (Via Pinciana) ihren Sitz haben, wurde als Kasino der Familie Borghese vom Holländer Jan van Santen (Giovanni Vasanzio) zwischen 1605 und 1613 gebaut.

Erdgeschoß, Vorhalle: 25 Drei Reliefbilder von einem Triumphfries des Trajan (andere Stücke davon im Konstantinsbogen).

Eingangshalle: Deckenfresko des Sizilianers Mariano Rossi (1774), Abbruch der Verhandlungen des Marcus Furius Camillus mit dem Gallierkönig Brennus, der Rom 387 vor Christus eingenommen hatte.

Am Boden: Fragmente eines Mosaiks aus römischer Zeit (4. Jh. n. Chr.) mit Gladiatorenkämpfen und Wildtierjagden; verschiedene römische Antiken, unter anderem Kolossalköpfe; IIL Hadrian; L Antonius Pius.

Saal I: Antonio Canova (1757–1822), Paolina Borghese Bonaparte als Venus, die Siegerin, dargestellt (Paolina war die Schwester Napoleons), klassizistisches Meisterwerk (1805); verschiedene römische und hellenistische Antiken, unter anderem LXIV Raub der Kassandra, hellenistisch.

Saal II: Gian Lorenzo Bernini (1598–1680). David, Jugendwerk Berninis (zwischen 1623 und 1624); links und rechts davon: Sarkophagfront mit Taten des Herkules (aus antoninischer Zeit); verschiedene römische Antiken, CXXXII Amphore aus grünem Porphyr (18. Jh.).

Saal III: Apollo und Daphne, Gian Lorenzo Bernini (1624); dieses Meisterwerk stellt den Augenblick dar, in dem der Verfolger Apoll im Begriff ist, Daphne zu erreichen, und sie sich in einen Lorbeerbaum verwandelt.

Saal IV: 18 Kaiserbüsten aus Porphyr (17. Jh.). Raub der Proserpina, Gian Lorenzo Bernini. Man will in diesem Werk die Mitarbeit seines Vaters Pietro erkennen. Der Fürst der Unterwelt, Hades (römisch Pluto), raubt die Tochter der Demeter, Persephone. In der Antike Symbol für den Kreislauf der Natur: Sommer – Winter.

Saal V: CLXXII Schlafender Hermaphrodit (römische Kopie nach griechischem Vorbild des 3. Jh. v. Chr.).

Saal VI: Äneas und Anchises von Pietro Bernini (1563–1629). Äneas auf der Flucht aus dem brennenden Troja, den Vater auf den Schultern tragend und den Sohn Ascanius an der Seite führend, Anchises trägt die Bilder der Penaten (Geister der Vorfahren).

Saal VII: CC Jüngling mit Delphin, römische Kopie aus hadrianischer Zeit.

Saal VIII: CCXXV Tanzender Satyr, römische Kopie nach einem Werk des Lysipp (4. Jh. v. Chr.); Bertel Thorwaldsen hat das Werk überarbeitet, indem er Vorderarme und Kastagnetten beifügte, es ist aber eher anzunehmen, daß der Satyr die Doppelflöte blies.

1. Stock, Galerie, Saal IX: 371 Raffaello Sanzio: Junge Frau mit Einhorn. Das Bild stellte die hl. Katharina mit ihrem Attribut, dem Rad, dar. Eine Radiographie (beim mittleren Fenster mit Goldrahmen) brachte eine offene Landschaft und ein Einhorn zutage. Darauf entfernte man die Übermalung, und die hier sichtbare Fassung kam zum Vorschein. 343 Piero di Cosimo (1462–1521), Madonna mit Kind, Johannesknaben und Engeln; 348 Botticelli und Gehilfen, Madonna mit Kind, Johannes der Täufer; 377 Pinturicchio (Bernardino di Betto, 1454–1513), Kruzifix mit den heiligen Hieronymus und Christoforus; 397 Raffaello Sanzio, Männliches Bildnis (Raffaels Lehrmeister Perugino darstellend); 401 Pietro Perugino (1450–1523), Madonna mit Kind; 369 Raffaello Sanzio (1483–1520), Grablegung Christi, gemalt in Erinnerung an den Tod des Grifonetto Baglioni, der im Kampf um Perugia

Galerie Borghese 308

gefallen war; 329 Pier Francesco Toschi, das Urteil des Salomon; 439 Fra Bartolomeo, Die heilige Familie; 348 Sandro Botticelli, Madonna mit Jesuskind, Johnnes der Täufer und Engel; 375 Andrea del Sarto, Pietà.

Saal X: 434 Veränderte Replik von Leonardos Leda. 459 Sodoma: Heilige Familie; 462 Sodoma; 326 Lucas Cranach, Venus und Cupido; 287 Art des Albrecht Dürer, Männliches Bildnis, im 19. Jahrhundert Holbein zugeschrieben, vielleicht auch von Dürer (1471–1528) selbst.

Saal XI: 185 Lorenzo Lotto (1480–1556), Bildnis eines Mannes in Schwarz (um 1530); 163 Jacopo Palma il Vecchio, Madonna mit Kind, Heiligen und einer Anbetenden; 193 Lotto, Sacra Conversazione – Lotto war 28 Jahre alt, als er dieses Bild unter dem Einfluß Dürers malte, der in Venedig Jesus zwischen den Schriftgelehrten gemalt hatte.

Saal XII: 515 Annibale Carracci, Jupiter und Juno; 55 Domenichino (Domenico Zampieri, 1581–1641), Die Sibylle, als Muse, als Allegorie der Musik, als Santa Cäcilia und endlich als Cumäische Sibylle gedeutet; 83 Annibale Carracci (1560–1609), Jüngling; 346 Pietro da Cortona (1596–1669), Marcello Sacchetti;

Saal XIII: 496 Guglielmo della Porta (1577 in Rom gestorben?), Kreuzigung, Flachrelief in Wachs, geschlossen mit einer Ädikula aus Jaspis.

Saal XIV: 67 Giovanni Lanfranco (1582–1647), Josef und das Weib des Potiphar; 267 (wahrscheinlich) Caravaggio, Johannesknabe; 56 Michelangelo da Caravaggio (1573–1610), Hl. Hieronymus, früher Ribera zugeschrieben, Modigliani schlug die Zuschreibung an Caravaggio vor; 534 Caravaggio, Der kranke Bacchus, man wollte Caravaggio selbst als Malariakranken in dem Bild sehen; 53 Domenichino (Domenico Zampieri, 1581–1641), Die Jagd der Diana; das Werk wurde

Galerie Borghese 309

von Kardinal Borghese gewaltsam aus dem Atelier des Künstlers für seine Galerie entführt.

136 Caravaggio, Jüngling mit Früchtekorb; 455 Caravaggio, David mit dem Haupt des Goliath; 110 Caravaggio, Madonna der Reitknechte, ursprünglich von der Bruderschaft der Reitknechte für den Petersdom bestimmt, von den Domherren wegen zu rohem Verismus zurückgewiesen.

Saal XV: 411 Peter Paul Rubens (1577–1640), Klage um Christus am Grabe; 554 Gian Lorenzo Bernini (1598–1680), Selbstbildnis; 555 Bernini, Bildnis eines Knaben, wahrscheinlich jugendliches Selbstbildnis; 376 Andrea Sacchi (1599–1661), Bildnis des Monsignore Clemente Merlini.

Saal XVI: 144 Das Abendmahl, Hauptwerk des Jacopo Bassano (1557–1622).

Saal XVII: 142 Dosso Dossi (Giovanni Luteri, um 1480–1542), Hl. Katharina; 57 Francesco Francia (Francesco Raibolini, 1450–1517), Hl. Franziskus; 390 Ortolano (Giovanni Battista Benvenuti, vor 1487 bis nach 1524), Grablegung und Christophorus; 65 Francesco Francia, Hl. Stephanus; 61 Francesco Francia, Madonna.

Saal XVIII: 277 Peter Paul Rubens, Susanna und die Alten; 269 Pieter de Hooch (1630–1677), Im Hause des Flötenspielers; 268 Schule Anton von Dyck (17. Jh.), Kruzifix.

Saal XIX: 217 Dosso Dossi, Zauberin Circe; 304 Dosso Dossi, Diana und Kallixtus; 125 Correggio (Antonio Allegri, 1494–1534), Danae; 1 Dosso Dossi, Apoll und Daphne.

Saal XX: 147 Tizian (1477–1576), Himmlische und irdische Liebe, für die Familie Aurelia, deren Wappen an der Vorderseite des Sarkophags erscheint; 188 Tizian, Hl. Dominicus, nach anderer Quelle Hl. Vinzenco Ferreri; 170 Tizian, Venus bindet Amor die Augen zu. Tizian war 88, als er dieses Bild malte; im Spätwerk änderte er nochmals seinen Stil; 137 Paolo Veronese (Paolo Caliari, 1528–1588), Predigt Johannes' des Täufers; 101 Veronese, Der hl. Antonius predigt den Fischen; 194 Tizian, Christus an der Geißelsäule (1560); 396 Antonello da Messina (1430–1479), Männerbildnis, 1473, vor Antonellos Reise nach Venedig ausgeführt; 130–132 Giorgione (Giorgio Barbarelli, 1478–1510), Sänger mit Flöte, Leidenschaftlicher Sänger.

Der Grundbestand der **Galleria Nazionale del Palazzo Corsini** (Via della Lungara 10) geht auf die Galerie des Kardinals Neri Corsini zurück. Ende des 19. Jahrhunderts vermachten seine Erben sie dem Staat. Reiche Schenkungen kamen dazu und die Sammlung des Fürsten Torlonia. Die Gemäldesammlung konzentriert sich auf die europäische Malerei des 17. und 18. Jahrhunderts.

Vestibül: klassizistische Marmorfigur von Schülern Thorwaldsens.

Saal I: unter anderem Gaspar A. van Wittel (Gaspare Vanvitelli), acht Rom-Veduten (18. Jh.).

Saal II (Niederländer): Porträt und Landschaften, darunter Philips Wouwerman (1619–1668), Landschaft mit Jägern.

Saal III (vorwiegend Niederländer): unter anderem Peter Paul Rubens (1577–1640), Hl. Sebastian (zwischen 1606 und 1608); Anthonis van Dyck (1599–1641), Ruhe auf der Flucht; Bartlomé Esteban Murillo (1618–1682), Madonna mit Kind (eines der besten Werke aus der Reifezeit des Meisters).

Saal IV (Genuesen): unter anderem Giovanni Battista Gaulli (genannt Baciccia, 1639–1709), Porträt Berninis; Freskenentwürfe für die Kirche Il Gesù und Santa Agnese.

Saal V (Venezianer): Giambattista Tiepolo (1696–1770), Satyr und Amorino; vier Ansichten Venedigs, die zu den besten Arbeiten Canalettos des Älteren gehören.

Saal VI (Bolognesen und Florentiner): Guercino (Giovanni Francesco Barbieri, 1591–1666), Ecce homo; Anbetung der Hirten; Guido Reni (1575–1642), Ecce homo; Sibylle, sogenannte Beatrice Cenci; Lionello Spada (1576–1622), Dornenkrönung; am Fenster Flügelaltärchen von Lodovico Carracci.

Saal VII (Caravaggio und Nachfolger): Caravaggio (Michelangelo da Merisi, 1573–1610), Johannes der Täufer, um 1600, eines seiner intensivsten und dramatischsten Werke; Madonna mit dem Kind (1595), unkonventionelle Komposition, Maria trägt ein zeitgenössisches Gewand; Carlo Saraceni (1580–1620), Madonna mit dem Kind und hl. Anna. Der Saal ist angeblich das Sterbezimmer der Königin Christine von Schweden († 1689). Deckenmalerei Zuccari-Schule.

Saal VIII (Caravaggisten): Luca Giordano (1634–1705), Christus mit den Kirchenlehrern; Valentin de Boulogne (1594–1632), Vertreibung der Wechsler; Abendmahl, erinnert in Symmetrie und Farbklang an das Cinquecento.

Saal IX: unter anderem Geburt Christi von Pompeo Batoni (1708–1787, nach Correggios «Geburt» in Dresden); Pietro da Cortona (1596–1669), Tobias und der Engel; Maratta (Carlo Maratti 1625–1713), Porträt eines Herrn und einer Dame.

Saal X (Neapolitaner): Giuseppe Ribera (1590–1652), Venus und Adonis (1637); Salvatore Rosa (1615–1673), Die Poesie; Bildnis seiner Frau Lucrezia (1650); drei kleine Landschaften; Türkenschlacht; Luca Giordano (1632–1705), Jesus unter den Schriftgelehrten (1655–1660), eines der besten Bilder des Malers, der Luco fa presto genannt wurde; Giuseppe Bonito (1707–1789), Porträt einer Schauspielerin.

Saal XI: Andrea Pozzo (1642–1709), Entwurf der Deckenfreske für die Kirche Sant'Ignazio.

Durchgang zum Saal XII: Skizze für die Scheinkuppel von San Ignazio.
Kabinett: Blumen- und Fruchtgirlanden von Abraham Brueghel (1631–1690); Stilleben mit Fischen und Seetieren von Giuseppe Recco (1634–1695).

Der Palast der **Nationalgalerie für Moderne Kunst** (Viale delle Belle Arti 131, Valle Giulia), 1911 von Cesare Bazzani gebaut, ist ein typisches Beispiel des gegen Ende des vorigen und zu Beginn dieses Jahrhunderts verbreiteten Eklektizismus. Die Galerie, vorher im Palazzo delle Esposizioni an der Via Nazionale untergebracht, wurde gegen Ende des 19. Jahrhunderts gegründet. In der faschistischen Ära ist sie mit dem Ballast mittelmäßiger Kunstproduktion überhäuft worden. Die Direktion fing in den ersten Nachkriegsjahren trotz Geldmangel an, eine Reihe von Arbeiten der Futuristen, von Modigliani, Morandi, Savinio, Magnelli und Soldati, sowie der wichtigsten jungen Künstler (Capogrossi, Vedova, Consagra, Dorazio etc.) zu kaufen. Gleichzeitig wurden die unter dem Faschismus aus der Galerie entfernten Werke zurückgekauft. Auch ein Programm zum Kauf ausländischer Kunst wurde ausgearbeitet, das der hohen Kosten wegen nur beschränkt verwirklicht werden konnte; darüber hinaus vergrößerte sich die Sammlung im Lauf der Jahre durch Schenkungen. Das alles hat bewirkt, daß nicht alle Perioden der modernen Kunst ausgewogen vertreten sind.

---

313 **Cestiuspyramide**
314 Piazza della Corporazione in **Ostia**
  An der **Via Appia**
315 Am Kanopusteich der Hadriansvilla in **Tivoli**
316 Wasserorgel der Villa d'Este in **Tivoli**

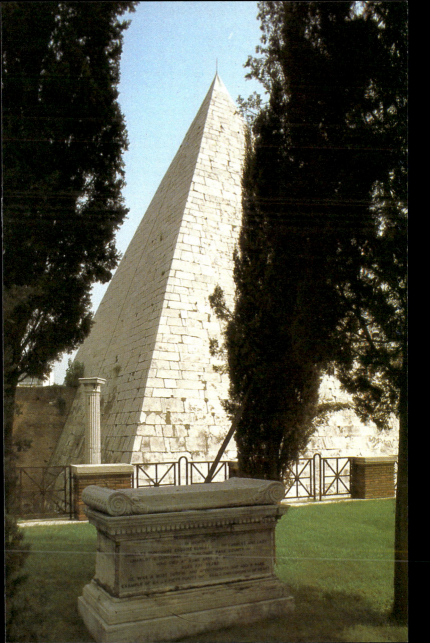

Ausflugsziele
in der Umgebung Roms

Wer nicht nur ein Wochenende in Rom verbringt, wird vielleicht das Bedürfnis haben, dem Stadtgetriebe für einen Tag zu entrinnen. Es gibt viele lohnende Ziele in der nahen Umgebung – kaum eine Großstadt liegt so glücklich zwischen Meer und Bergen wie Rom. Knapp 30 Kilometer trennen sie vom Meer bei Ostia oder Castel Fusano, knapp 30 Kilometer von den Albaner Bergen mit ihren reizenden Städtchen.

In der *Libreria nazionale* an der Via del Tritone kann man vom Ministero della pubblica istruzione herausgegebene Büchlein kaufen, die ausführlicher über die einzelnen Orte informieren, als es in diesem Buch möglich ist.

Fast alle hier genannten Ausflugsziele sind mit öffentlichen Verkehrsmitteln zu erreichen.

40 Kilometer nördlich von Rom liegt **Cerveteri** (erreichbar mit Bus ab Castro Pretorio oder Piazza Risorgimento oder mit Auto über die Cassia-Braccianese oder die Via Aurelia).

Über die Cassia-Braccianese ist ein Besuch von Bracciano mit seiner Orsini-Burg am Braccianersee sehr zu empfehlen. Cerveteri (Caere) ist eine etruskische Nekropole (9.–4. Jh. v. Chr.) mit sehr interessanten Grabkammern. Viele Gräber imitieren die ehemaligen Wohnungen der Toten. Für Architektur und Bildhauerei ist Cerveteri von ebenso großer Bedeutung wie Tarquinia für die Malerei. Schönes kleines Museum in der mittelalterlichen Burg. Die wichtigsten Funde befinden sich in der *Villa Giulia* (z. B. Sarkophag der Ehegatten).

Ein idyllischer kleiner Ort 18 Kilometer nördlich von Rom ist **Isola Farnese** (mit Bus ab Ponte Milvio, mit Auto über die Cassia, La Storta bis Isola Farnese), gelegen auf einem Felsen am Rand der versunkenen Etruskerstadt **Veji**. Es gibt hübsche Wandermöglichkeiten zum Tempelbezirk Portonaccio, wo 1916 unter anderem die *Apollostatue von Veji* (heute in der Villa Giulia) gefunden wurde, oder zum Ponte Sodo, einem Tunnel zur Umleitung des Cremeraflusses, oder zur Cittadella, der rätselhaften *Akropolis.*

28 Kilometer westlich von Rom liegt **Ostia antica** (mit der Metro erreichbar ab Stazione Termini oder Kolosseum, mit dem Wagen über die Via del Mare). Das Wort Ostium (Flußmündung) wandelte sich zum Namen der alten römischen Hafenstadt. Sie erlebte ihre Blüte zur Zeit der Republik und zählte zwischen dem 1. und dem 3. Jahrhundert 100 000 Ein-

Theater von Ostia antica

Ausflugziele

wohner. Zu sehen sind sehr bemerkenswerte Ausgrabungen: Schwarzweiße und farbige *Bodenmosaiken*, Reste von mehrstöckigen Häusern, Thermen, Speicheranlagen, Tempeln verschiedener Kulte und der Zentrumsplatz mit den «Büros» der einzelnen Zünfte (Piazza delle Corporazioni) und einem griechischen Theater. Man hat das Fundament eines wohl dem Pantheon ähnlichen Rundtempels gefunden, Verkaufsläden, Nymphäen, Brunnen und vieles andere. Zur Zeit Kaiser Konstantins begann der Zerfall. Zuerst Versandung, später Malaria machten die Stadt unbewohnbar, und sie wurde zur Seeräuberzuflucht und zum öffentlichen Steinbruch. Heute sind die Ruinen mit Bäumen bewachsen und bilden eine prachtvolle Oase der Ruhe, die einen einzigartigen Eindruck römischer Baukunst vermittelt.

Rasch zu erreichen ist der Volksstrand von Rom, **Ostia Lido,** knapp 28 Kilometer westlich der Stadt (Metropolitana-Linie). Im Sommer ist der Strand stark bevölkert und nicht sehr reizvoll, das Wasser ist nicht sehr sauber, die Badekabinen sind nicht sehr billig. Ein Meerbad ist angenehmer in **Fregene** oder **Ladispoli** im Nordwesten, in **Anzio** oder **Nettuno** im Südwesten (Eisenbahn ab Termini oder Bus ab Castro Pretorio). Empfehlenswert zum Baden ist auch der **Lido di Castel Fusano** (Metro ab Kolosseum, Richtung Ostia bis Endstation Cristoforo Colombo, dort umsteigen in den bereitstehenden Bus 07 bis Endstation in den Dünen). Strand und Meer sind dort relativ sauber, keine Eintrittsgebühr, keine Kabinen.

Eine der ältesten Städte Latiums ist das sehr schön gelegene **Palestrina,** 42 Kilometer südöstlich von Rom (Bus ab Piazza dei Cinque-Cento; Bahn Roma–Laziale–Fiuggi, 3. Station). Die *Etruskerstadt Praeneste* hat im 7. Jahrhundert vor Christus schon existiert. Sie wurde von allen umliegenden Völkern wegen eines großen Fortuna-Heiligtums besucht. Große Anziehung übte auch das Orakel aus, von dem man Anzeichen von Glück oder Unglück erhielt. Die Tempelruinen kamen im letzten Krieg nach einem Bombenangriff zum Teil wieder zum Vorschein. Der Musiker *Pier Luigi da Palestrina* kam aus Palestrina. *Thomas Mann* und vor allem sein Bruder *Heinrich* lebten einige Zeit hier. Ein kleines sehenswertes Museum ist im obersten Teil der Tempelruine im ehemaligen Palazzo Barberini untergebracht. Ein großartiges *Mosaik* (3. Jh. v. Chr. oder 1. Jh. n. Chr.) mit Schilderungen einer Nilreise im obersten Raum, etruskische Spiegel *(Palestrina-Spiegel)* und prächtige *Bronzegefäße* mit Ritzzeichnungen und Figurenkombinationen als Griffe gehören zu den Kostbarkeiten.

Tivoli

Rundtempel der Villa Gregoriana in Tivoli

Tivoli, 40 Kilometer östlich von Rom (Eisenbahn ab Termini oder Bus ab Via Gaeta, Staatsstraße Tiburtina 31 Kilometer), war mit seinen weit herum bekannten Thermen in der Ebene vor der Stadt bereits in der Antike ein beliebter Sommerkurort. Kaiser Augustus und Hadrian, Horaz, Catull, Properz, Quintilius Varus und andere hielten sich mit Vorliebe in der höhergelegenen kleinen Stadt auf. Die tiburtinische Sibylle, deren Weissagungen für Augustus berühmt sind, weilte hier, Reste eines ihr geweihten Tempels sind bei Santa Maria Rotonda zu sehen. Tivoli wartet mit einigen wichtigen Sehenswürdigkeiten auf: *Villa Gregoriana; Dom San Lorenzo* mit Holzfigurengruppe, die Kreuzabnahme darstellend (Anfang 13. Jh.); die *Villa d'Este,* von Pirro Ligorio im Auftrag von Kardinal Ippolito d'Este gebaut, bietet von der Terrasse einen schönen Blick auf Rom. Herrlich ist der Renaissancegarten mit Wasserspielen und alten Bäumen.

Besuchen sollte man auch die *Villa Adriana* (Bus ab Piazza dei Cinque-cento und Piazza della Republica, mit dem Auto fünf Kilometer vor Tivoli rechts abbiegen). Hadrian ließ die Villa 125–135 nach Christus bauen. Er ahmte hier die Gebäude nach, die ihn auf seinen Weltreisen am meisten beeindruckt hatten, und benutzte sie als Landsitz in seinen letzten Lebensjahren. Nach 275 lebte hier die Königin von Palmira, Zenobia, in der Verbannung. Seit Konstantin zerfiel die Villa und wurde oft ausgeraubt. Im 15. Jahrhundert begannen die Ausgrabungen und brachten rund 300 Skulpturen und andere Kunstwerke ans Licht, die in den Kapitolinischen und Vatikanischen Museen ausgestellt sind. Tivoli ist nicht nur archäologisch, sondern auch landschaftlich sehr reizvoll.

Castelli Romani (Auto: Autostrada del Sole oder Appia nuova, am schönsten ist der Weg über Appia antica) werden die hübschen Städtchen in den *Albanerbergen* südöstlich Roms genannt. Wie Tivoli waren auch die «castelli» schon zur Zeit der alten Römer ein beliebtes Erholungsgebiet. Die Landschaft besteht aus mehreren Vulkanbergen und zwei Kraterseen. Die bedeutendsten Orte sind *Albano, Castel Gandolfo, Frascati, Marino, Genzano, Rocca di Papa, Nemi, Grottaferrata* und *Ariccia,* man kann bequem mehrere davon in einem Tagesausflug mit dem Auto besuchen.

Hoch über dem Albanesersee hatte sich die genuesische Familie Gandolfi im 12. Jahrhundert ein Schloß gebaut, das **Castel Gandolfo** (Bus ab Via Carlo Felice). Urban VIII. baute auf dessen Ruinen den Palazzo Papale. Mit den Villen Cybo und Barberini gehört er zur Vatikanstadt und dient heute dem Papst als Sommerresidenz. Sie ist ein beliebtes Ausflugsziel mit grandioser Aussicht auf den See, vielen guten Trattorien und manchmal unangenehmem Touristenrummel.

Italienische Sprachweisheit

È meglio sdurcciolare coi piedi che con la lingua.
(Lieber mit den Füßen ausrutschen als mit der Zunge.)

Chi lascia stare i fatti suoi per fare quelli degli altri ha poco senno.
(Wer seine eigenen Angelegenheiten liegenläßt, um sich um die der anderen zu kümmern, hat wenig Verstand.)

Leggere e non intendere è come cacciar e non prendere.
(Lesen und nicht verstehen ist wie jagen und nichts erbeuten.)

Quello che cerca un amico senza difetti resta senz'amico.
(Wer einen Freund ohne Fehler sucht, bleibt ohne Freund.)

In **Albano Laziale** (Bus ab Via Carlo Felice, Rom) wurde die Kirche San Pietro 514 über Thermen aus dem 3. Jahrhundert errichtet, der Campanile ist romanisch. Santa Maria Rotonda ist in ein römisches Nympheum aus der Zeit des Domitian (1. Jh.) gebaut. Auf dem Weg nach Ariccia rechts das Grabmal der Horazier und Curatier im etruskischen Stil; es enthält eine Grabanlage aus der späten Zeit der Republik.

Über dem *Nemisee* liegt der Ort **Nemi,** bekannt durch seine Erdbeer- und Blumenkulturen in den Gärten des Kraterrandes. In der Antike stand hier der Tempel der Göttin Diana. Caligula (37–41) baute riesige Schiffe, auf denen Feste zu Ehren der Diana gefeiert wurden. 1928–1931 wurden die Schiffe im Schlamm gefunden und ausgegraben. In den Kriegswirren 1944 sind sie verbrannt. In den Museen, die man schon für sie gebaut hatte, sind kleine Modelle der Schiffe ausgestellt. Die beiden Kraterseen wurden in der Antike um 30 bis 50 Meter abgesenkt. Die Abflußkanäle (Emissario) funktionieren noch heute.

Ausflugsziele

In der ganzen Gegend gibt es guten Weißwein: il vino dei Castelli. Der bekannteste ist der **Frascati,** und der Ort Frascati ist das meistbesuchte Ziel dieser Gegend. Tatsächlich sind seine Villen besonders schön: Die *Villa Aldobrandini* (Belvedere) von Giacomo della Porta (16. Jh.) hat einen herrlichen Park mit Grotten und Statuen; die *Villa Falconieri* wurde 1545/48 für den Bischof Alessandro Ruffini gebaut; die *Villa Mondragone* lädt mit einer Loggia von Vignola und mit einem großen Park zum Verweilen ein; und die Villa Torlonia schließlich lockt mit Wasserspielen im hübschen Park und einer eindrucksvollen Aussicht. Auch ein Aufstieg zu den rund fünf Kilometer entfernten **Ruinen von Tusculum** lohnt sich. *Cicero* und andere reiche Römer haben dort in mindestens 43 Sommervillen gewohnt. Die Stadt wurde 1191 von den Römern zerstört, ihre Bewohner suchten damals in Frascati Zuflucht.

Die nur drei Kilometer von Frascati entfernte Stadt **Grottaferrata** (Bus ab Via Carlo Felice, Rom, oder zu Fuß von Frascati) ist bekannt wegen ihrer sehr schönen, alten Basilianer-Abtei, gegründet 1004 vom kalabresischen Abt St. Nilus. In der Vorhalle der Kirche (11./12. Jh.) sollte man besonders auf das Marmorportal und die Holztür achten. Der Campanile stammt aus dem 12. Jahrhundert, Fresken aus dem 13. Jahrhundert sind im Mittelschiff zu sehen; Fresken von Domenichino zieren die Niluskapelle: die Viten der Heiligen Nilus und Bartholomäus (1610). Das Museum zeigt antike und mittelalterliche Skulpturen.

Rocca di Papa ist der höchstgelegene Ort (685 Meter) der Albanerberge, der Monte Cavo (ca. 950 Meter) der zweithöchste Berg Latiums. Bis zum Beginn des 18. Jahrhunderts thronte hier ein Jupitertempel, ein Heiligtum des Latinerbundes.

Anhang

Zeittafel

vor Christus

1400–850	Ansiedlung von Hirten (Bronze-/Villanovazeit)
753	Traditionelles Stadtgründungsjahr
753–509	Die sieben sagenhaften Könige: Romulus, Numa Pompilius, Tullius Hostilius, Ancus Marcius, Tarquinius Priscus, Servius Tullius, Tarquinius Superbus
509	Vertreibung der Etrusker; Ausrufung der Republik
494	Die Volksversammlung und die Rechte der Volkstribunen werden eingeführt
450	Zwölf-Tafel-Gesetz
396	Rom erobert Veji
387	Niederlage der Römer am Fluß Allia; die Gallier erobern Rom
298–290	Samnitischer Krieg; 295 siegen die Römer in Sentinum (Umbrien)
285–282	Krieg gegen die Gallier
282	Krieg gegen Tarent, das sich mit Pyrrhus verbindet
280–279	Pyrrhus besiegt die Römer in Eraclea und bei Asculum
272–270	Tarent und Reggio werden erobert
264–241	1. Punischer Krieg; Sizilien wird römische Provinz
231	Sardinien und Korsika werden römische Provinzen
222–218	Die Römer besiegen die Gallier in Norditalien
218–201	2. Punischer Krieg
215–205	1. Makedonischer Krieg
212	Die Römer erobern Syrakus; Hannibal erobert Tarent
211	Die Römer belagern und erobern Capua

200–197	2. Makedonischer Krieg; Niederlage Philipps V. in Cinocefale
192–188	Krieg gegen Antiochos III.; Frieden in Apamea
171–168	3. Makedonischer Krieg; die Römer siegen bei Pydna
149–146	3. Punischer Krieg; Korinth und Karthago werden zerstört
134–132	1. Sklavenaufstand in Sizilien; 20000 Sklaven werden gekreuzigt
133	Attalos III., König von Pergamon, vererbt sein Reich den Römern
133–123	Landwirtschaftsreformen der Gracchen; der Großgrundbesitz wird zugunsten der Ansiedlung von Kleinbauern eingeschränkt
125–121	Eroberung des südlichen Gallien
102–101	Marius besiegt Kimbern und Teutonen
91–88	Die italischen Bundesgenossen kämpfen um das römische Bürgerrecht
88–82	Bürgerkrieg, Tod des Marius
82–79	Der Diktator Sulla erobert Rom
73	Crassus schlägt den 3. Sklavenaufstand unter Spartakus blutig nieder
66–64	Pontos, Syrien und Kilikien werden römische Provinzen
60	1. Triumvirat: Pompejus, Cäsar und Crassus
59	Cäsar wird Konsul
58–51	Cäsar erobert Gallien
55	Konsulat von Pompejus und Crassus
49	Bürgerkrieg zwischen Cäsar und Pompejus; Cäsar überschreitet den Rubikon und übernimmt die Macht in Rom
44	Cäsar wird ermordet
43	Krieg von Modena; 2. Triumvirat: Oktavian, Mark Anton und Lepidus
42	Mark Anton und Oktavian siegen in Philippi über die Mörder Cäsars, Brutus und Cassius

Zeittafel

40	Das Reich und die Triumviren werden aufgeteilt; Mark Anton: Ostreich; Oktavian: Westreich; Lepidus: Afrika
37–35	Unglücklicher Feldzug Mark Antons gegen die Parther; Mark Anton heiratet Kleopatra
31	Oktavian siegt in Azio über Antonius und Kleopatra; Ägypten wird römische Präfektur; Oktavian Konsul
27	Oktavian wird Prokonsul und bekommt den Titel Augustus

nach Christus

14	Augustus stirbt
14–37	Tiberius
37–41	Caligula
41–54	Claudius
43	Feldzug gegen Britannien; das südliche Britannien wird römische Provinz
50	Erste Spuren von Christen in Rom
54–68	Nero
61	Apostel Paulus in Rom
64	Brand Roms; die Christen werden verfolgt
68	Selbstmord Neros nach Aufständen gegen den grausamen und größenwahnsinnigen Kaiser
68–69	Vierkaiserjahr: Galba, Otho, Vitellius, Vespasian
69–79	Vespasian
77	Ausdehnung des Herrschaftsbereiches in Britannien
79–81	Titus
81–96	Domitian
96–98	Nerva
98–117	Trajan
115	Eroberung Mesopotamiens; größte Ausdehnung des Römischen Reiches
117–138	Hadrian
117	Die Provinzen Assyria und Mesopotamia werden aufgegeben

Zeittafel

119	Verwaltungsreform: Italien in vier Provinzen eingeteilt
135	Jerusalem wird zurückerobert; Judäa wird Provinz Syria Palästina
138–161	Antoninus Pius
161–180	Mark Aurel
176	Commodus, Sohn Mark Aurels, Mitregent; Ende des Adoptivkaisertums
180–192	Commodus
193–194	Fünfkaiserjahr: Pertinax, Didius Salvius Iulianus, Pescennius Niger, Clodius Albinus, Septimius Severus
193–211	Septimius Severus
208–211	Krieg gegen Britannien; Schottland wird besetzt
211–217	Caracalla
212	Constitutio Antoniniana; alle freien Reichsbewohner erhalten das römische Bürgerrecht
213	Alemannen überschreiten den Limes und werden zurückgeschlagen
217–218	Macrinus
218–222	Elagabal
222–235	Alexander Severus
235–284	Herrschaft der 21 Soldatenkaiser, darunter 270–275 Aurelian
250	Großangelegte Christenverfolgung
254–256	Goten, Alemannen und Franken dringen vor
284–305	Diokletian
286	Maximianus wird Mitkaiser
293	Gründung der 1. Tetrarchie (Viererherrschaft): Diokletian und Maximian Augusti, Galerius und Constantius Chlorus
303–311	Große Christenverfolgung
305–311	2., 3. und 4. Tetrarchie
312	Konstantin kämpft gegen Maxentius und siegt an der Milvischen Brücke; Maxentius stirbt
313–324	Konstantin und Licinius
313	Mailänder Edikt: Religionsfreiheit für Christen

324–337	Konstantin Alleinherrscher; Christentum Staatsreligion
330	Konstantin verlegt die Reichshauptstadt von Rom nach Byzanz (Konstantinopel) und erklärt es zur Nova Roma, Neu-Rom
408	Ravenna Hauptstadt des Westreiches
410	Die Westgoten plündern Rom
455	Die Vandalen plündern Rom
476	Romulus Augustulus letzter Kaiser, abgesetzt von Odoaker; Ende des römischen Weltreiches
590–604	Papst Gregor d. Gr.; Langobarden vor Rom; Beginn der päpstlichen Macht
800	Karl d. Gr. wird im Petersdom von Papst Leo III. zum Kaiser gekrönt
1054	Spaltung der Kirchen von Rom und Byzanz
1084	Die Normannen plündern Rom; Robert Guiscard befreit Papst Gregor VII.
1143	Gründung der Kommune von Rom
1309–1377	Exil der Päpste in Avignon
1347–1354	Republik des Cola di Rienzo
1378–1417	Kirchenspaltung (Schisma); Gegenpapst in Avignon
1417–1431	Pontifikat Martins V.
1503–1513	Pontifikat Julius' II.; Neubau des Petersdoms
1527	Das Heer Karls V. plündert Rom (Sacco di Roma)
1534–1549	Pontifikat Pauls III., Michelangelo malt das Jüngste Gericht
1585–1590	Pontifikat Sixtus' V., Neuplanung Roms
1623–1644	Pontifikat Urbans VIII., Blüte des Barocks
1655	Christina von Schweden zieht als Konvertitin in Rom ein
1721	Philipp V. schließt Frieden mit Rom; kaiserliche, neapolitanische und spanische Truppen plündern Rom
1798	General Berthier besetzt Rom; der Papst wird abgesetzt
1848–1849	Revolution unter Mazzini und Garibaldi

1861	Italien ohne Rom unter Viktor Emanuel geeint
1870	Rom wird als Hauptstadt ins Königreich Italien eingegliedert; Ende der weltlichen Macht der Päpste, Beschränkung auf den Vatikan
1922	Mussolini (Marsch auf Rom)
1929	Lateranpakt zwischen dem Vatikan und dem italienischen Staat
1943	Ende des Faschismus
1946	Italien wird Republik

Mini-Sprachführer Italienisch:
100 wichtige Wörter und Wendungen

Alles inbegriffen	Tutto compreso
Auf Wiedersehen	A rivederci (familiär)
	A riveder La (Anrede: Lei)
	(oder: arrivederci, arrivederla)
Bitte sehr! (Erwiderung auf Dank)	Non c'è di che! – Ma di nulla, si figuri! (Auch: Prego)
Bitte, wo ist (sind)...?	Per favore, dov'è (dove sono)...?
Bringen Sie mir einen halben Liter Rotwein (ein Glas Bier)!	Mi porti (portàtemi) (un) mezzo litro di vino rosso (un bicchiere di birra)!
Da ist er	Èccolo
Danke sehr	Grazie tante (oder: tante grazie) – Mille grazie (oder: grazie mille)
Das gefällt mir (nicht)	Questo (non) mi piace
Das ist zu teuer	(Questo) è troppo caro
Das kann (weiß) ich nicht	Non (lo) posso (so)
Das macht nichts	Non fa niente
Der Zug hat 20 Minuten Verspätung	Il treno ha un ritardo (è in ritardo) di venti minuti

Dieser Platz ist besetzt	Questo posto è preso (oder: occupato)
Dieser Platz ist reserviert	Questo posto è riservato
Durchaus nicht!	Nient'affatto!
Entschuldigen Sie!	Scusi!
Es ist ein Uhr (vier Uhr)	È l'una (sono le quattro)
Es ist heiß	Fa molto caldo
Es ist kalt	Fa freddo
Es ist möglich; es ist nötig	È possìbile; è necessario
Es ist noch etwas da	Ce n'è ancora
Es ist schönes Wetter	Fa bel tempo
Es ist spät	È tardi
Es ist unmöglich	È impossìbile
Es ist warm	Fa caldo
Es ist windig	Tira vento, c'è vento
Es regnet	Piove
Es tut mir leid	Mi rincresce
Geben Sie mir bitte die Zeitung	Per favore, mi dia il giornale
Gestatten Sie?	Permette?
Gestatten Sie, daß ich Ihnen Herrn (Frau)... vorstelle?	Permette che Le presenti il Signór (la Signora)...?
Grüße (Grüßen Sie) ihn (bitte) von mir!	Salútalo (Lo saluti) da parte mia (per favore)!
Guten Abend!	Buona sera!
Guten Morgen! Guten Tag!	Buon giorno!
Gute Nacht!	Buona notte!
Haben Sie die Freundlichkeit!	Abbia la gentilezza!
Haben Sie die Güte... (zu...)	Abbia la bontà... (di...)
Haben Sie etwas zu verzollen?	Ha qualcosa da daziare?
Nichts.	Niente (oder: nulla)
Hält dieser Zug in Pisa?	Questo treno si ferma a Pisa?
Hat der D-Zug Venedig–München auch Wagen zweiter Klasse?	Ci sono anche vetture (vagoni) di seconda classe nel treno diretto Venezia–Mónaco?
Hat der Zug einen Speisewagen?	Il treno porta vagone ristorante?

Hat dieser Zug sofort Anschluß nach…?	Questo treno ha súbito coincidenza per…?
Helfen Sie mir, bitte!	Mi aiuti, per favore!
Hier ist ein Brief für Sie	Ecco una léttera per Lei
Ich bin durstig (hungrig)	Ho sete (fame)
Ich bin müde	Sono stanco (fem. –a)
Ich brauche ein…	Ho bisogno di un…
Ich freue mich, Sie kennenzulernen	Tanto piacere di fare la Sua conoscenza
Ich fühle mich (nicht) wohl	(Non) mi sento bene
Ich habe eine Panne	Ho un guasto al motore
Ich habe kein Kleingeld	Non ho spíccioli
Ich habe keine Zeit	Non ho tempo
Ich habe nicht verstanden	Non ho capito
Ich möchte ein Boot mieten	Vorrei prendere a nolo una barca
Ich möchte eine Flasche Wein	Vorrei una bottiglia di vino
Ich nehme einen Espresso (Milchkaffee)	Prendo un espresso (un cappucino)
Ich verstehe nicht	Non capisco
Ich wäre Ihnen sehr dankbar (sehr verbunden)…	Le sarei molto grato (molto obbligato)
Ich werde Sie morgen anrufen	La chiamerò domani (al teléfono)
Im Gegenteil!	Al contrario!
Ist dieser Platz frei?	È libero questo posto?
Ist hier in der Nähe eine Garage?	C'è qui vicino un'autorimessa?
Ist Post für mich da?	C'è posta per me?
Kann ich warten?	Posso aspettare?
Keine Ursache! (als Erwiderung auf einen Dank)	Non c'è di che! – Di niente!
Kellner, zahlen!	Cameriere, il conto!
Kennen Sie ein gutes Restaurant?	Conosce un buon ristorante?
Kommen Sie schnell!	Venga presto!

Können Sie mir 10000 Lire (einen 10000-Lire-Schein) wechseln?	Può cambiarmi 10000 Lire (un biglietto da 10000 Lire)?
Leider nicht	Purtroppo no
Machen Sie die Tür zu!	Chiuda la porta!
Mein Name ist...	Il mio nome è...
Mir ist kalt	Ho freddo
Mir ist warm	Ho caldo
Muß ich geradeaus fahren?	Devo proseguire diretto?
Muß ich nach rechts (links) abbiegen?	Devo girare a destra (sinistra)?
Nehmen Sie bitte Platz!	Si accómodi, prego! (oder: prego, s'accómodi!)
Paßkontrolle im Zug	Il controllo dei passaporti in treno
Reichen Sie mir bitte das Salz!	Mi favorisca (Favorisca darmi) il sale!
Rufen Sie bitte den Arzt!	Vada a chiamare il mèdico, per favore!
Schicken Sie mir bitte dies alles (alle diese Sachen) ins Haus! (ins Hotel!)	Per piacere, mi mandi tutta questa roba in casa! (in albergo!)
Schließen Sie bitte das Fenster	Per favore, chiuda la finestra (im Zug: il finestrino)
Setzen Sie sich, bitte!	Si accómodi, prego!
Sie irren sich	Si sbaglia
Sprechen Sie Deutsch?	Parla tedesco?
Tragen Sie diesen Koffer!	Porti (oder: portate) questa valigia!
Verständigen Sie bitte die Polizei	La prego di avvisare la polizía!
Vielen Dank	Tante grazie (auch grazie tante; molte grazie)
Von drei bis sechs (Uhr)	Dalle tre alle sei
Von welchem Gleis (Bahnsteig) fährt der Zug nach Mailand ab?	Da quale binario parte il treno per Milano?

Wann fährt der Zug nach Pisa (München)?	Quando parte il treno per Pisa (Mónaco)?
Wann ist es fertig?	Quando sarà pronto?
Wann muß ich aussteigen?	Quando devo scéndere?
Was machen wir heute?	Cosa faremo oggi?
Was gibt's Neues?	Cosa (che) c'è di nuovo?
Wem gehört…?	Di chi è …?
Wie alt sind Sie? Ich bin 30 Jahre alt	Quanti anni ha? Ho trenta anni
Wie geht es Ihnen? Danke, mir geht es gut	Come sta? Sto bene, grazie
Wie spät ist es?	Che ora è? (Che ore sono?)
Wie teuer ist dies?	Quanto costa questo?
Wieviel kostet dieser Stoff?	Quanto costa questa stoffa?
Vierzehn Mark der Meter	Quattórdici marchi al metro
Wieviel kostet dieses Zimmer?	Quanto costa questa càmera?
Wo ist die nächste Haltestelle der Straßenbahn?	Dov'è la fermata più vicina del tram?
Wo ist das Postamt (eine Apotheke)?	Dov'è l'ufficio postale (una farmacia)?
Wo ist die Toilette für Damen (Herren)?	Dov'è il gabinetto (la ritirata) per signore (signori)?
Zoll	Dogana

Literaturhinweise

Alföldi-Rosenbaum, Elisabeth (Hrsg.): Das Kochbuch der Römer. Rezepte aus der «Kochkunst» des Apicius (Artemis, Zürich)

Bergengruen, Werner: Römisches Erinnerungsbuch (Herder, Freiburg)

Bandinelli, Ranuccio Bianchi: Die römische Kunst (Beck, München)

Böttiger, Theodor: Die Weine Italiens (Heyne, München)

Literatur

Burckhardt, Jacob: Die Kultur der Renaissance in Italien (Kröner, Stuttgart)

Carandente, Giovanni: Rom (Bucher, Luzern)

Chiellino, Carmine: Italien (Beck, München)

Coarelli, Filippo: Rom. Ein archäologischer Führer (Herder, Freiburg)

Engelhardt, Viktor: Die geistige Kultur der Antike (Reclam, Stuttgart)

Erné, Nino: Italien – wie ich es sehe (Ullstein, Berlin)

Fasola, Umberto: Peter und Paul in Rom (Vision, Rom)

Franchi dell'Orto, Luisa: Das antike Rom. Leben und Kultur (Scala, Florenz)

Gadda, Carlo Emilio: Die gräßliche Bescherung in der Via Merulana (Slg. Luchterhand 283)

Gelmi, Josef: Die Päpste in Lebensbildern (Styria, Graz)

Goethe, Johann Wolfgang: Italienische Reise (Insel, Frankfurt)

Grant, Michael: Roms Cäsaren (Beck, München)

Gregorovius, Ferdinand: Geschichte der Stadt Rom im Mittelalter (dtv 5960)

Hadas, Moses: Kaiserliches Rom (Time-Life, Amsterdam)

Henze, Anton: Rom und Latium (Reclam, Stuttgart)

Hess, Robert / Paschinger, Elfriede: Das etruskische Italien (DuMont, Köln)

Irmscher, Johannes: Das große Lexikon der Antike (Heyne, München)

Italienisch (Polyglott-Sprachführer 103)

Kammerer, Peter / Krippendorf, Ekkehart: Reisebuch Italien (Rotbücher 209)

Kienlechner, Toni: 7mal Rom (Piper, München)

Koepf, Hans: Zauber der Archäologie (Schuler, Stuttgart)

Die Küche in Italien (rororo 6431)

Kühner, Hans: Das Imperium der Päpste (Claassen, Zürich und Stuttgart)

Lo Bello, Nino: Vatikan im Zwielicht (Econ, Düsseldorf)

Mansuelli, Guido: Etrurien und die Anfänge Roms (Holle, Baden-Baden)

Literatur / Register

Mark Aurel: Wege zu sich selbst (Insel-TB 190)
Merian: Rom (Hoffmann & Campe, Hamburg)
Moravia, Alberto: Römische Erzählungen (rororo 705)
Morton, Henry V.: Rom. Wanderungen durch Vergangenheit und Gegenwart (Knaur-TB 3655)
Naval, Margaret: In Rom erzählt man (Frick, Wien)
Picard, Gilbert: Archaeologia mundi (Nagel, München)
Raffalt, Reinhard: Concerto Romano (Prestel, München)
Raffalt, Reinhard: Sinfonia Vaticana (Prestel, München)
Römische Sagen (Insel-TB 466)
Schütze, Alfred: Mithras-Mysterien und Urchristentum (Urachhaus, Stuttgart)
Selvani, Gianni: Italienisch, wie es nicht im Wörterbuch steht (Bastei-Lübbe-TB 63070)
Stützer, Herbert Alexander: Das antike Rom (DuMont, Köln)
Wiesel, Josef M.: Rom (Kohlhammer, Stuttgart)

Diese Bücherliste kann nicht mehr sein als eine Auswahl aus der Fülle der Werke, die über das in diesem Führer behandelte Gebiet erschienen sind. Sie beschränkt sich auf Titel, die zur Zeit des Erscheinens der bearbeiteten Neuauflage dieses Buches greifbar sind. Darüber hinaus führt jede Bibliothek und jede Buchhandlung unzählige weitere ältere und neuere Arbeiten über alle Epochen und Themen Italiens im allgemeinen und Roms im besonderen.

Register

Die Kursivzahlen verweisen auf die Abbildungen, der Buchstabe K verweist auf Karten und Planskizzen.

Acilier 256
Acte 148
Aemilius Lepidus 55
Aemilius Paulus 55

Agnes 240
Agrippa 87, 89, 141
Agrippatempel 87
Agrippina 100

Register

Alarich 145, 168, 285
Alba Longa 12f.
Albanerberge 317, 322ff.
Albanersee 322
Albano Laziale 323
Alberich 95
Alberti, Leon Battista 263
Albigenser 271
Aldobrandinische Hochzeit 284ff.
Alexander der Große 28
Algardi, Allessandro 186, 251
Ampère, G. G. 127
Amulius 13
Anibaldi 85
Aniene 38, 146
Annunzio, Gabriele d' 151
Antinoos 183f.
Antiquarium 75, 129
Antonius Pius 76, 92f.
Apoll von Belvedere 103
Apollodores 77
Aquädukte 44ff., 187,
  Acqua Antoniana *50*
  Acqua Felice 166
  Acqua Trajana 190
  Acqua Vergine 193
Aquila 137
Ara Pacis 159, 167, 168, *169,* 259
Arellius 26
Aristides, Aelius 37
Ascanius 12
Asklepios 43
Auguratorium 130
Augustinus, Aurelius 99

Augustus 14, 53, 55, 60, 63, 89, 120, 128, 159, 171, 176, 183, 284, 321
Augusteum (Augustusmausoleum) 38, 92, 142, 167, 183, 259
Augustustempel 64
Aurelian 93, 156
Aurelianische Mauer 98, 158
Avignon 101

Bacchanal 20
Bacchus 24
Bacchustempel 73
Baciaccia 252
Bandinelli 282
Barbo, Marco 278
Barbo, Pietro 278
Basilika Aemiliana 55
Basilika Julia 58, 62
Basilika Ulpia 78
Bazzani, Cesare 312
Beda Venerabilis 84
Belisar 42, 93
Belvedere 103, *149,* 282
Bernini, Gian Lorenzo 89, 118, 142, 167, 179, 189, 193, 200, 202, 206, 252, 269, 275
Bernini, Pietro 162
Biondi 268
Bizzacheri, C. Fr. 189
Bocca della Verità 138, *222*
Bonaparte, Laetitia 160
Borghese 286
Borghese, Scipio 142, 186, 275

Borromini, Francesco 145, 148f., 250, 269, 278
Bosco, Maso del 236
Bosio, Antonio 258
Bracciansee 317
Bracciano 317
Bramante 204, 251, 263
Bregno, Andrea 251, 263
Brescia, Prospero da 189
Brücken
    Ponte S. Angelo (Engelsbrücke) 46, 94
    Ponte Cavour 170
    Ponte Milvio (Ponte Molle) *38,* 271
    Ponte Nomentano 146
    Ponte Rotto (Pons Palatinus) 43, 46
    Ponte Sisto 153
Brugsch, Heinrich 179
Brun, Friederike 164
Brunnen 44, *47, 71,* 179, 187ff., *188,* K 273
    Fontana dell'Acqua Felice 189
    Fontana delle Api 189
    Baraccia 162
    Fontana dei Fiumi 189
    Fontana del Moro *68,* 190
    Fontana delle Naiade 190
    Fontana della Navicella 190
    Fontana Paulina 190
    Fontana Piazza Bocca 189
    Fontane della Piazza S. Pietro 190
    Fontana della Tartarughe (Schildkrötenbrunnen) 190, *191*
    Fontana di Trevi *192,* 193
    Fontana del Tritone 193
    Fontana delle Venere 193
    Fontana della Villa Medici 193
Burckhardt, Jacob 232
Burkhardus 97
Byzanz 42, 94, 134, 138

Cäcilia 256, 257
Cäcilia Metella, Grabmal 261
Caecilius Metellus 171
Caelius Vibenna 145
Caesar 62, 183
Caesartempel 63
Caligula 20, 63, 118, 122, 181, 284, 323
Cambio, Arnolfo di 204, 238
Campagna 51
Campo Verano 232
Cancelleria 85, 102, 152, 209, *227*
Capodiferro 277
Caravaggio, Michelangelo da, 148, 252, 253, 208f., 311
Cardi, Ludivico 274
Carracci, Annibale 267
Castel Fusano 317
Castelgandolfo 102, 209
Castelli Romani 322
Castello, Matteo da 178
Catilina 120, 132
Catull 312

Register

Cavallini, Pietro 238
Cellini, Benvenuto 85, 96
Cenci, Beatrice 96
Cerveteri 317
Cestiuspyramide 147, 260, *312*
Chigi, Agostino 267
Christine von Schweden 152, 193, 202, 270
Cicero 120, 122, 171, 324
Circus Maximus (Circo Massimo) 32, 34, 130, 176, 183
Claudia 73
Cloaca Maxima 32, 52, 246
Clodius 120
Colonna 168
Comità siehe Volksvertretung
Commodus 82
Consalvi, Ercole 90
Constantia 241
Corsi 134
Corsini 209
Corsini, Neri 310
Cortona, Pietro da 252, 269, 275
Cosmaten 138
Crassus, Licinus 120
Cremera-Fluß 318
Curia Hostilia 55
Curtius, Marcus 60

Dakier 78
David, Jacques-Louis 153
Decenniumsbasis 59
Denon, Dominique 153
Dianatempel 136

Diokletian 55, 59, 141, 240, 244
Dolci, Giovanni de 110
Domenichio 251, 253
Dominikus 140, 237
Domitian 64, 74, 76, 80, 87, 120, 128, 132, 183
Domitier 148
Domus Augustana 120, 129
Domus Aurea 28, 124, 144
Domus Tiberiana 120, 122
Duca, Giacomo del 251

Eggebert von Meißen 96
Ehrensäulen 63
Engelsburg (Hadrian-Mausoleum) 38, *39*, 42 ff., 89, 90 ff., *91*, 147, 209
Epidauros 43
Este, Ippolita d' 321
Etrusker 13, 46, 64, 319
Eurysaces, Grabmal des 261

Fabullus 28
Farnese 125
Farnese, Odoardo 267
Farnesische Gärten 122, 124, *126*
Faustulus 14
Flamines 23
Flavier, Palast der 128
Fontana, Carlo 179
Fontana, Domenico 85, 118, 142, 178, 181 f., 189, 206, 211, 218, 271, 275
Fontana, Giovanni 190
Forlì, Melozzo da 90

Foro di Augusto 77, *77*
Foro di Traiano 77f., 158
Fortuna *139*
Forum Boarium 32, 34, *139*
Forum Romanum 32, 52ff., K 56/57, *65,* 74, 75, 125
Fra Angelico 110, 253
Frangipani 85, 95, 125
Frangipani, Giacoba 125
Franz I. 282, 283
Franz II. von Neapel 127
Franz von Assisi 125, 237
Franz von Paula 150
Frascati 324
Fredis, Felice de 280
Fregene 319
Friedhof, Protestantischer 261
Friedrich III. 204
Fuga, Fernando 142
Fulvius Nobilior 55

Gagliardi 252
Galilei, Alessandro 207, 229
Galla Placidia 229
Gallienus 284
Gandolfi 322
Garibaldi, Giuseppe 48, 155
Gasperi, Alcide de 137, 233
Geiserich 43, 132
Getto 48, 171ff., *175*
Giudetti 252
Giocondo da Verona, Fra 204
Goethe, August von 261
Goethe, Johann Wolfgang von 51, 151, 157, 160, 283, 286

Goten 38f., 94, 132
Gozzoli, Benozzo 252
Grabstätten 90ff., 184, 194, 258ff., 260, 317
Gracchus, Caius Sempronius 120, 136
Gracchus, Tiberius Sempronius 136
Gratian 137
Gregorini, Domenico 232
Gregorovius, Ferdinand 48, 124
Grimm, Hermann 127
Grottaferrata 324
Guercino 278
Guerrieri 190

Hadrian 38, 58, 75, 92ff., 321, 322
Hannibalianus 241
Haruspizini 23
Hauptmann, Gerhart 161
Heinrich IV. 96, 134, 202
Helena 210, 232, 241
Hieronymus 99, 137, 219
Hippodrom 100
Holzhafen 50
Honorius 93, 132
Horaz 284, 321
Hortensius 120
Hügel 119ff.
  Monte Aventino 31f., 43, *45,* 130, 136ff., 153, 234, 236
  Mons Caelius 145f., 236
  Mons Capitolinus (Kapitol) 13, 31f., 46, *61,* 122, 125, *130,* 131ff., *133,* 160

Hügel (Fortsetzung)
  Monte Cavallo siehe Palazzo Quirinale
  Monte Citorio (Parlament) 137
  Mons Esquilinus 31, 124, 144, 214, 234, 284
  Monte Gianicolo 31, 100, 147, 153f., 234, 286
  Monte Giordano 147
  Monte Mario 100, 146
  Mons Palatinus (Kaiserhügel) 31f., 120ff., K 123, 218
  Monte Pincio 31, *69*, 147ff., *149*, 166, 176, 183, 186
  Mons Quirinalis 31, 165
  Monte Sacro 146
  Monte Testaccio 147
  Mons Vaticanus 31, 100ff.
  Monte Verde 119, 258
  Mons Viminalis 31, 144

Ignatis von Antiochien 86
Ignatius von Loyola 141, 150, 230
Isola Farnese 318

Jaquier, François 80
Juden 97, 171ff.
Julia Domna 63
Julian Apostata 241
Juno Moneta 131
Jupiter, Jupitertempel 32, 36, 53, 76, 132, 173
Justizpalast 51

Kaiserforen 77
Karl I. 134
Karl V. 282
Karl der Große 202f., 218
Karthago 43
Kastor-und-Pollux-Tempel 58, 64, 142
Katakomben 243, 254ff.
  Agnes-Katakombe 258
  Domitilla-Katakombe 256
  Jüdische Katakombe 279
  Kalixtus-Katakombe 230, 238, 256f., *257*, 258
  Pontianus-Katakombe 258
  Praetextatus-Katakombe 258
  Priscilla-Katakombe 256
  Sebastianus-Katakombe 257
Katharina von Siena 253
Kauffmann, Angelika 151
Keats, John 163, 261
Kirchen und Klöster 194ff., K 212
  S. Agnese 160, *188,* 189, 250, 258
  S. Agnese fuori le Mura 240
  S. Agostino 252
  S. Alessio 247
  S. Andrea 250
  S. Andrea delle Fratte 251
  S. Andrea al Quirinale 251
  S. Andrea della Valle 251
  S. Angelo in Pescheria 171, 252
  SS. Apostoli 275
  S. Bartolomeo 44

Kirchen und Klöster (Forts.)
  S. Benedetto del Mercato 247
  S. Carlino alle Quattro Fontane 251
  S. Carlo al Corso 160
  S. Caterina dei Funari 251
  S. Cecilia 238
  S. Clemente 231, 242 ff., *245*
  S. Costanza 241
  SS. Cosmas und Damian 250
  S. Crisogono 247
  S. Croce in Gerusalemme 231, *231*
  – Reliquienkapelle 232
  S. Eligio degli Orefici 251
  S. Francesca Romana 73, 75, 248
  Il Gesù 141, 252
  G. Giorgio in Velabro 252
  S. Giovanni in Laterano 102, 142, 207 ff., *208*
  – Baptisterium 210 f.
  SS. Giovanni e Paolo *145*, 146, 250
  S. Giovanni a Porta Latina 248
  S. Giuliano 285
  S. Gregorio Magno 146, 171, 251
  – Salviatikapelle 95
  S. Ignazio 251
  S. Ivo della Sapienzia *226*, 251
  S. Lorenzo in Damaso 263
  S. Lorenzo fuori le Mura 203, 232 f., *233*, 258

  S. Luigi di Francesi 252
  S. Marcello 160
  S. Marco 251
  S. Maria degli Angeli 253
  S. Maria dell'Anima 185, 251
  S. Maria Antiqua 73
  S. Maria in Aracoeli 131, 248
  S. Maria in Campitelli 251
  S. Maria in Cosmedin 137, 155, *223*, 249
  S. Maria in Domnica 146, 248
  S. Maria in Laterano 176
  S. Maria in Loreto 251
  S. Maria Maggiore 74, 102, 144, 166, 168, 176, 183, 214 ff., *215*, 259, 280, 284
  – Cappella Borghese 215, 217, 219
  – Confessio 217 ff.
  – Gruftkapelle 218
  S. Maria ad Martyres siehe Pantheon
  S. Maria sopra Minerva 176, 178, 179, 253
  S. Maria dei Miracoli 158
  S. Maria in Montesanto 158
  S. Maria della Pace 253
  S. Maria del Popolo 148, 158, 251
  S. Maria del Priorato 140
  S. Maria in Trastevere 155, 239 f., *239*
  S. Maria in Vallicella 147, 254
  S. Maria in Via Lata 217

Kirchen und Klöster (Forts.)
  S. Maria della Vittoria 251
  S. Martino ai Monti 144, 231, 242
  S. Nero e Achilleo 250
  S. Onofrio 254
  S. Paolo fuori le Mura 102, 219f., *228*
  S. Pietro in Vaticano (Petersdom) 89, 93, 101, 135, 141, 142, 176, 181, 195ff., K 196, *205*, 229
  – Cappella Gregoriana 202
  – Cappella della Presentazione 203
  – Cappella del Sacramento 203
  – Cappella Sistina (Sixtinische Kapelle) 103, 110ff., 218, 282
  – Confessio 202
  – Krypta 258
  – Kuppel *115*, 195, 200
  – Pietà 200, 201
  – Schatzkammer 203
  S. Pietro in Vincoli 144, 234ff., *235*
  S. Prassede 144, *228*, 248
  S. Prisca 137
  S. Pudenziana 234
  SS. Quattro Coronati 145, 250
  S. Rocco 170
  S. Saba 247
  S. Sabina *45*, 140, 231, 236
  S. Sebastiano ad Catacumbas 230f., 254
  S. Sebastiano in Palateo 247
  S. Stefano Rotondo 146, 231, 236
  S. Teodoro 247
  S. Trinità dei Monti 150, 151, 162, 176, 183, *224/225*
  S. Urbano 247
  Tre Fontane, Abbazia 219
Kircher, Athanasius 179
Kolosseum (Amphitheatrum Flavium) *66/67*, 80, *83*, 95, 125, 127, 252, 264, 266
Komitium 59
Konkordiatempel 66
Konradin 134
Konservatorenpalast siehe Museen
Konstantin der Große *35*, 38, K 40/41, 82, 100, 142, 176, 181, 207, 210, 240, 241, 271, 319, 322
Konsuln 32

Lacus Juturnae 64
Ladispoli 319
Landini, Taddeo 190
La Greca 155
Lamia 284
Laokoon 280ff., *281*
Lapis niger (Romulusgrab) 52, 59, 128
Laren 15f.
Laterani 207, 271
Lateranverträge 97, 101, 272

Latiner 12f., 46
Latium 38
Latus Curtius 60
Laurentia 14
Lavinia 12
Leostadt 101, 218
Lepsius, Richard 179
Lessing, Gotthold Ephraim 283
Lido di Castel Fusano 319
Lippi, Annibale 279
Livia, Haus der *26*, 120, 128
Livius 14
Longhi, Martino 270
Lorrain, Claude 253
Lucina 219
Lucullus, Lucius Licinius 148
Ludius 27
Ludwig von Bayern 44
Lunghi, Onorio 158
Lupercal 129
Luther, Martin 150
Lysippos 92

Maecenas 284, 297
Maderna, Carlo 118, 142, 167, 190, 206, 251, 269, 275
Maderna, Stefano 238
Magna Mater, Tempel der 128
Maiano, Giuliano da 251
Mailänder Toleranzedikt 208, 241, 244
Mamertinischer Kerker (Carcer Mamertinus) 36, 76
Manlius 132
Maratti, Carlo 253

Marcellustheater 32, 266
Maretta 252
Mari, Giovanni Antonio 190
Maria Casimira 152
Marignano 282
Marioza, Semetria 95
Mark Aurel 82, 93, *133*, 159
Markomannen 159
Marmorata 43, 141
Marsfeld (Campus Martius) 34, 46, 119, 131, 140, 168, 183
Marsyasstatue 58
Martial 18
Marucelli, Paolo 274
Mascherino, Ottaviano 142
Massimo 274
Mathilde von Toskana 202
Mattei, Girolamo 125, 167
Mauer der Roma Quadrata 129
Mausoleum des Augustus siehe Augusteum
Mausoleum des Hadrian siehe Engelsburg
Maxentius 38, 75, 129, 178
Maxentiusbasilika 73, *75*, 162
Mazzarino 275
Mazzini, Giuseppe 144
Mazzoni, Giulio 276
Medici 274
Medici, Katharina von 45
Mendelssohn-Bartholdy, Felix 164
Menge, Felix Raphael 152
Meyer, Heinrich 286

Michelangelo Buonarroti 111, 131, 135, 142, 156, 158, 200, *201*, 206, 234, *235*, 253, 265f., 280ff., 293
Miliarum Aureum 62
Miltiades 207, 271
Mithras 20ff., *21*, 244, *245*
Monika 252
Montelupo, Raffael de 236
Montorsoli 283
Moritz, Karl Philipp 162
Mullooly 245
Museen 131
  Braccio Nuovo 297
  Gabinetto Nazionale delle Stampe (Nationales Kupferstichkabinett) 268
  Galleria Borghese 186, 193, 306ff.
  Galleria Colonna 270
  Galleria Doria Pamfili 271, 286
  Galleria Nazionale d'Arte Antica 269
  Galleria Nazionale del Palazzo Corsini 270, 310
  Kapitolinisches Museum 135, *289,* 290ff., *291, 292*
  Konservatorenpalast *35,* 135, 160, 292ff., *295,* 297
  Museo Barracco 288f.
  Museo Nazionale di Villa Giulia (Etruskisches Museum) 300ff.
  Museo di Palazzo Venezia 278
  Pinakothek 287f.
  Museo Profano 142
  Museo di Roma 184
  Thermenmuseum (Museo Nazionale Romano alle Terme) *27, 30, 71,* 144, 298, *299*
  Vatikanische Museen 102ff., K 104, *116*
Mussolini, Benito 137, 165, 167, 168, 279

Napoleon I. 126, 143, 153, 155, 160, 279, 283
Napoleon III. 97, 127
Napoleon, Louis 143
Nemi 323
Nephrà 178
Neri, Filippo 45, 254, 274
Nettuno 319
Nicolaus Cusanus 234
Nilus 324
Numa Pompilius 63, 254
Numitor 12
Nero 28, 84, 100, 124, 144, 145, 148, 167, 168, 178, 234

Obelisken 142, 157, 162, 168, 176ff., *177, 180,* 259, 262
Octavia 171
Odoaker 125
Olivieri, P. 251
Optimaten 120, 136
Oratorium der 40 Märtyrer 64
Orden

Benediktiner 230
Dominikaner 171, 237, 245
Fratres Minimi 150
Jesuiten 97
Kartäuser 298
Malteser 140
Oratorianer 45
Templer 140
Trappisten 219
Orsini 95, 317
Osservatore Romano 102
Ostia *21,* 43, 49, *314,* 317, *318,* 318f.
Otto II. 44
Otto III. 44, 48, 96, 138
Oudinot 155
Overbeck, Friedrich 143

Päpste
Alexander III. 271
Alexander VI. 94, 97, 117
Alexander VII. 179
Analectus 242
Benedikt VI. 96
Benedikt IX. 94
Benedikt XIV. 85, 86, 95, 232
Bonifatius IV. 89
Calixtus I. 239
Calixtus II. 271
Clemens I. 243
Clemens VII. 45, 96
Clemens VIII. 219, 286
Clemens IX. 85, 218
Clemens X. 213
Clemens XI. 51, 179, 190
Clemens XIV. 96
Damasus I. 137
Gregor I. 94, 242, 244
Gregor VII. 96, 134, 147, 202
Gregor IX. 218
Gregor XI. 101, 213
Gregor XIII. 275
Hadrian I. 218
Hadrian VI. 185
Honorius I. 74
Honorius III. 140, 237
Innozenz II. 134, 239, 271
Innozenz III. 271
Innozenz VIII. 97, 103
Innozenz X. 189, 275
Johannes X. 96
Johannes XI. 95
Johannes XVI. 96
Julius II. 103, 203, 234, 272, 280
Julius III. 276
Leo III. 203
Leo IV. 101
Leo X. 190, 265, 272, 282
Leo XI. 279
Leo XII. 86, 202
Leo XIII. 209
Liberius 214f.
Lucius II. 232
Miltiades 207, 271
Nikolaus IV. 217, 218
Nikolaus V. 102, 110, 135, 203
Paschalis I. 238

Päpste (Fortsetzung)
  Paschalis II. 148, 244
  Paul II. 278
  Paul III. 85, 112, 125, 127, 161, 264, 265, 282
  Paul IV. 173
  Paul V. 142, 190, 206, 213, 219
  Pelagius I. 232
  Pius V. 218
  Pius VI. 142, 162, 184, 206
  Pius VII. 85, 143
  Pius IX. 97, 141, 143f., 155, 162, 174, 211, 233, 240
  Pius X. 203
  Pius XII. 203, 233
  Sergius III. 95
  Silvester II. 138
  Siricius 243
  Sixtus II. 257
  Sixtus III. 213, 216
  Sixtus IV. 110, 135, 263, 290
  Sixtus V. 85, 97, 118, 124, 125, 129, 152, 159, 166, 178, 181f., 189, 190, 207, 213, 218, 271
  Theodor I. 211
  Urban II. 242
  Urban VIII. 89, 94, 189, 202, 269, 322
  Zosimus 243
Paläste 262ff., K 273
  Palazzo dell'Accademia 159
  Palazzo Barberini 142, *269,* 269f.
  Palazzo Bernini 160
  Palazzo Bonaparte 160
  Palazzo Borghese 270
  Palazzo Braschi 184
  Palazzo della Cancelleria 263
  Palazzo Cenci 173
  Palazzo Chigi 159, 270
  Palazzo Colonna 270
  Palazzo della Consulta 141
  Palazzo dei Convertendi 102
  Palazzo Corsini 152, 202, 270, 310
  Palazzo della Dataria 102
  Palazzo Doria 271
  Palazzo delle Esposizioni 312
  Palazzo Farnese 85, 94, 265ff., *265, 266*
  Palazzo Fiano 159, 160
  Palazzo Laterano 101, 178, 207, 210, 271f.
  – Cappella Corsini 160
  Palazzo Madama 274
  Palazzo Marignoli 160
  Palazzo Massimo alle Colonne 274
  Palazzo Montecitorio 176, 275
  Palazzo Nuovo 291, 293
  Palazzo Odascalchi 160, 275
  Palazzo Pallavicini-Rospigliosi 141, 275
  Palazzo Pamfili *70,* 275
  Palazzo Pazzi 263
  Palazzo Poli 193
  Palazzo della Propaganda Fide 102

Paläste (Fortsetzung)
   Palazzo Quirinale (Monte Cavallo) 141 ff., 167, 168, 176, 183, *221,* 259, 275 ff.
   Palazzo Rondanini 158
   Palazzo Rucelai 263
   Palazzo Ruspoli 158
   Palazzo Salviati 155, 160
   Palazzo del Santo Ufficio 102
   Palazzo Spada 276 ff.
   Palazzo di Spagna 164
   Palazzo Venezia 85, 278
   Palazzo Verospi 159
   Palazzo Zuccari 151
Palestrina 305, 318
Palestrina, Pier Luigi da 320
Pantheon (S. Maria ad Martyres) 46, 87 ff., *88,* 89, 158, 176, 178, 202
Parther 60
Pasquino 184 f.
Passeggiata Margherita 155
Patrizier 34
Paulus 137, 209, 219, 243
Penaten 15 f.
Persius 98
Peruzzi, Baldassare 252, 267, 274
Pest 43
Petrarca, Francesco 85, 134
Petrus 100, 137, 181, 202, 209, 234, 243
Philipp IV., 140
Philipp V. 268
Philo von Alexandria 284
Phokas 89

Phokassäule 58, 60
Phrygianum 100
Pietrasanta, Giacomo da 252
Pincier 150
Pinturicchio 117, 148
Piombo, Sebastiano del 267
Pippin 218
Piranesi, Giovanni Battista 51, 140, 151, 170
Plätze
   Piazza Barberini 189
   Piazza Borghese 270
   Piazza del Campidoglio (Kapitolsplatz) 276
   Piazza della Cancelleria 263
   Piazza Colonna 159, 270
   Piazza Esedra siehe Piazza della Repubblica
   Piazza del Esquilino 183
   Piazza Farnese 265
   Piazza di Ferro 276
   Piazza Mattei 190
   Piazza Monte Cavallo siehe Piazza del Quirinale
   Piazza Montecitorio 183, 275
   Piazza Navona *64,* 158, 160, 176, *177,* 183, *188,* 189, 190, 275
   Piazza del Popolo 46, 147, *149,* 153, 156 ff., *157,* 176, 183
   Piazza del Quirinale 143, 275
   Piazza della Repubblica 143, 190
   Piazza SS. Apostoli 160, 275
   Piazza S. Bernardo 189

Plätze (Fortsetzung)
  Piazza S. Giovanni in Laterano 271
  Piazza S. Pietro (Petersplatz) *114,* 118, *180*
  Piazza di Spagna 48, 74, 148, 151, 158, 162
  Piazza Venezia 160, 165
Plebejer 34, 132, 146, 153
Plinius 27, 38, 280
Pollak 283
Pompeji 28
Pontelli, Baccio 251
Pontifex maximus 63
Pontifices 25
Ponzio, Flaminio 142, 219
Populare 136
Porta, Giacomo della 159, 181, 189, 206, 265, 270, 276
Porta, Guglielmo della 95
Portikus der Dei Consenti 76
Portikus der Oktavia 171
Portonaccio 318
Poussin, Nicolas 286
Pozzo, Andrea 251
Praxiteles 92
Prisca 137
Properz 321
Prudentius 73
Psammetich II. 183

Quaden 159
Quercino 252
Quirinal siehe Hügel, Paläste
Raffael 90, 103, 150, 204, 252, 254, 267
Rainaldi, Carlo 213, 218, 251, 270
Rainaldi, Girolamo 276
Rea Silvia 12
Regia 63
Reiffenstein 151
Reni, Guido 267, 278
Reynolds, Sir Josua 152
Riario 263, 267, 270
Ricci, Lorenzo 97
Ricciolini 253
Rienzi, Cola di 134, 168
Riggi, Magdalena 51
Ripa Graecorum 138
Ripa Grande 48 ff.
Ripettahafen 51, *170*
Ripettatreppe 85
Robert Guiscard 96, 125, 134, 140, 147
Rocca di Papa 324
Roger II. 271
Romulus, Grab des siehe Lapis niger
Romulus und Remus 13, 31
Romulustempel 75
Rosa, Pietro 87
Rosa, Salvatore 162
Rospigliosi 142
Rossi, Goivanni Battista de 258
Rossellino, Bernardo 204
Rostra 60
Rubens, Peter Paul 254
Ruttini, Alessandro 324

Säulenhalle der Danaiden 128
Sallust 148, 162, 183
Salomo 43
Salvi, Niccolò 193
Salviati, Francesco 264
Sanctis, Francesco de 151
Sangallo, Antonio da 94, 204, 251, 265
Sangallo, Francesco da 280
Sangallo, Giuliano da 204, 216, 252
Sarmanten 159
Sansovino, Andrea 252
Santen, Jan van 306
Sarazenen 101
Sassoferrato 237
Saturnalien 18
Saturntempel *61, 62,* 62
Savelli 237
Savoyen 143
Scala Santa 210
Seitz, Ludwig 233
Senat 33
Senatorenpalast 77, 131, 135, 276
Sentinum 129
Septimus Severus 76, 82, 93, 124
Septizonium 124, 129
Servianische Mauer 31f., 119, 144, 158
Servius Tullius 31, 145
Servulus 244
Settimiana *154*
Shelley, Percy Bysshe 261
Sibyllinische Weissagungen 19

Sodoma 267
Soria, Gianbattista 247, 252
Spanische Treppe 151, 162f., *224/225*
Stadion (Hippodrom) 129
Stazione Termini 32, 165
Stefan I. 236
Stilicho 132
Stoiker 88
Straßen
  Appia Antica (via) 100, 124, 254, *255,* 257, *260, 314*
  Appia Pignatelli (via) 258
  Babuino (via del) 48, 158, 161, 165
  Cassia (via) 146, 157
  Cavour (via) 144, 234
  Conciliazione (via della) *47*
  Cornelia (via) 100
  Coronari (via dei) 147
  Corso (via del) 48, 156, 158ff., *159,* 165, 271, 275
  Flaminia (via) 156, 277
  Giulia (via) *268*
  Greci (via dei) 161
  Gregoriana (via) 152
  Incurabili (via degli) 161
  Labicana (via) 184
  Lata (via) 158
  Lungara (via della) 270, 310
  Margutta (via) 161
  Nazionale (via) 144, 312
  Nomentana (via) 240, 258, 279
  Ostiense (via) 176

Straßen (Fortsetzung)
   Pinciana (via) 306
   Quattro Fontane (via) 142, 269
   Quattroventesimo Maggio (via) 275
   Ripetta (via) 48, 158, 167
   Sacra (via) 53, 62
   Salaria (via) 256
   Scrofa (via della) 170
   Sette Chiese (via delle) 195, 230, 256
   Sistina (via) 151f., 166
   SS. Apostoli (via) 270
   Trinità dei Monti (viale della) 279
   Triumphalis (via) 146
   Urbana (via) 234
   Vittorio Emanuele (corso) 274, 288
Sulla, Publius 55, 120, 132

Tabularium (Reichsarchiv) 77, 132, 276
Tarpejischer Felsen (Rupis Tarpeia) 132
Tarquinius Priscus 32, 55
Tarquinius Superbus 132
Tasso, Torquato 155, 254
Tempel des Antonius und der Faustina 76
Tempel des Vespasian 76
Templum sacrae urbis 75
Tertullian 243
Theoderich der Große 83

Theodosius I. 219
Theophano 44, 138
Thermen 44, 98ff., *99*
   Caracalla-Thermen 98, *223*
   Diokletians-Thermen 98, 144, 298
   Konstantins-Thermen 141, 275
   Septimus-Severus-Thermen 129
   Trajans-Thermen 135, 144
Thomas von Aquin 238
Thorvaldsen, Bertel 90
Thutmosis IV. 176
Tiber 13, 37ff., *39,* 119, 140, 153, 169, 174, 233, 266
Tiberinsel 44ff., *72,* 171
Tiberius 122, 145, 178, 284
Titus 76, 80, 173
Titusbogen 74
Tivoli *315, 316, 320,* 321f.
   Kaskaden *316*
   Villa d'Este 38, *316,* 321
   Villa Gregoriana *321*
Tizian 309
Tor di Nona (Gefängnis) 46
Tore
   Porta Flaminia 148, 158
   Porta Maggiore 184
   Porta Ostiense 260
   Porta Pia 97, 211
   Porta Pinciana 142
   Porta del Popolo 50, 156f., 158
   Porta Ratumena 158

Tore (Fortsetzung)
   Porta S. Pancrazio 155
   Porta S. Paolo 176
   Porta S. Sebastiano *255*
Torlonia, Giovanni 210, 310
Torre delle Milize 77
Torriti, Jacopo 216
Toskana 38
Totila 94
Trajan 58
Trajanssäule 78, *78,* 159
Trastevere 31, 153f., *154,* 173, 238
Trelawney 261
Triumphbogen
   Konstantinsbogen *81*
   Mark-Aurel-Bogen 160
   Septimus-Severus-Bogen 59, *62*
   Titusbogen 43, *54*
Triumphzug 34
Tullus Hostilius 55
Tusculum 324

Umberto I. 90
Umbilicus Urbis 60
Umbrien 38, 51

Valadier, Giuseppe 127, 147, 161, 264
Valentinian II. 137, 219
Valerian I. 232
Vandalen 43, 132
Vansanzio, Giovanni 275
Varus, Quintilius 321

Vasari, Giorgio 264
Vatikan 100ff.
   Appartamento Borgia 117
   Bibliothek 178, 286
   Gärten *113*
   Stanzen 103, 109f.
   Vatikanpalast 97, 102ff.
   Vatikanstaat 100ff.
Veji (Veio) 31, 318
Velabrum 126, 131
Venere cloacina 52, 55
Venus, Esquilinische *292*
Venus-und-Roma-Tempel 73
Verschaffelt, Peter van 90
Vespasian 80
Vesta, Vestatempel 12, 23, *24,* 53, 63f., 73, *139*
Vignola 156, 206, 250, 252, 324
Viktor Emanuel II. 46, 90, 97, 127, *279*
Villen
   Villa Adriana 322
   Villa Borghese 142, 155, 158, 186, *187*
   Villa Celimontana (Villa Mattei) 146, 176, 184, 186
   Villa Colonna 270
   Villa Doria Pamfili *70,* 155, 186, 286
   Villa Farnese (Farnesina) 267ff., 300
   Villa Giulia *69,* 278, 300, *302,* 317
   Villa Gregoriana 321
   Villa Ludovisi 140

Villen (Fortsetzung)
  Villa Medici 150, 279
  Villa Paganini 279
  Villa del Priorato 140
  Villa Torlonia 279
Visconti, Pietro Ercole 141
Vitigis 38, 48, 93
Volkstribunen 33
Volksversammlung 33, 59
Volterra, Daniele da 150, 252
Vulca 132
Vulcanal 52, 60

Wagner, Richard 161
Winckelmann, Johann Joachim
  152, 261, 283, 286
Wölfin, Kapitolinische *14,* 122,
  132

Zenobia 322
Zenturionen 33
Zuccari, Federigo 152, 285
Zwölf-Tafel-Gesetz 34

Informationen und praktische Hinweise von A bis Z

Anreise
Von allen deutschsprachigen Ländern aus gibt es gute, durchgehende Bahnverbindungen, von allen wichtigen Flughäfen Flugverbindungen. Darüber hinaus veranstalten viele Reisebüros begleitete Busfahrten nach Rom. Die internationalen und in Rom endenden Züge kommen an der Stazione Termini an, Pilgerzüge respektive Züge, die nach Süden weiterfahren, an der Stazione Tiburtina. Der Aeroporto Leonardo da Vinci in Fiumicino, 28 Kilometer von der Stadt entfernt, ist der wichtigste italienische Flughafen für nationale und internationale Flüge. Chartermaschinen starten und landen im allgemeinen auf dem Ausweichflughafen Ciampino, 15 Kilometer außerhalb der Stadt. Wer den eigenen Wagen vorzieht, muß daran denken, daß die italienischen Autobahnen gebührenpflichtig sind; Führerschein, Kfz-Schein, Nationalitätenkennzeichen, Pannendreieck nicht vergessen; grüne Versicherungskarte nicht vorgeschrieben, aber manchmal nützlich. Höchstgeschwindigkeit auf Autobahnen je nach Hubraum des Wagens zwischen 90 und 140 Kilometern.

Ärztliche Hilfe
Ärztliche Hilfe kann in jedem Hotel, jeder Pension oder Jugendherberge vom Portier beschafft werden. Erkundigen Sie sich vor der Reise, unter welchen Bedingungen Ihre Krankenkasse für Arztkosten aufkommt. Apotheke heißt italienisch Farmacia. In Notfällen besorgt das Hotelpersonal Medikamente aus der Dienst-Apotheke (Farmacia con servizio di notte). Polizei: Sofortige Hilfe: Tel. 55 55 55; Stadtpolizei: Tel. 64 07 41; Unfall (ganz Italien) — Polizei und Krankenwagen: Tel. 113; Rotes Kreuz (Ambulanz): Tel. 55 56 66; nachts, Sonn- und Feiertage: Tel. 68 12 91. Bluttransfusionen am Tag Tel. 67 83 29; nachts und an Feiertagen: Tel. 77 18 93 (San Giovanni-Spital) sowie

Tel. 68 30 21 (San Giacomo-Spital), Vergiftungen: Policlinico Umberto I: Tel. 49 06 63. Deutschsprachige Kliniken: Diakonissenhaus, Via Allessandro, Farnese 18; Santa Elisabetta, Via dell Olmata 9.

Auskünfte:
ENIT Staatliches italienisches Fremdenverkehrsamt:
D-6 Frankfurt am Main, Kaiserstraße 65, Tel. 0611 23 12 13
D-4 Düsseldorf, Berliner Allee 26, Tel. 0211 37 70 35
A-1010 Wien, Kärntnerring 4, Tel. 0222 65 43 74
CH-8001 Zürich, Uraniastraße 32, Tel. 01 211 36 33
Rom, Centro Assistenza Turisti dell'ENIT, Via Parigi 5 (7), Tel. 46 37 48
Spezielle Auskünfte für Autofahrer erteilen alle Niederlassungen der Automobilklubs in den deutschsprachigen Ländern wie auch in Rom: Automobile Club d'Italia (ACI), Via Cristoforo Colombo 261, Tel. 5106.

Aussichtspunkte
Herrliche Ausblicke bieten vor allem die Kuppel des Petersdoms, die Engelsburg, der Aventin, der Gianicolo (am schönsten am Abend), das Kapitol, der Pincio (am besten am Morgen) und der Monte Testaccio. Sonnenuntergänge sind besonders eindrucksvoll von der Kirche Trinità dei Monti aus. Unvergeßlich ist Rom aus der Vogelperspektive. Über Rundflüge gibt der Aeroporto dell'Urbe, Via Salaria 825, Tel. 83 80 834 / 83 80 741, Auskunft.

Autofahren
(s. a. Anreise)
Das Verkehrschaos in Rom ist geradezu sprichwörtlich. Der Ausländer schont seine Nerven, wenn er die öffentlichen Verkehrsmittel benützt. Wer dennoch nicht auf das eigene Vehikel verzichten möchte, sollte wissen, daß in Italien Vorfahrt hat, wer von rechts kommt, daß die Geschwindigkeit innerorts auf 50 Stundenkilometer beschränkt ist und — daß sich kein Römer an diese Vorschriften hält. Parken ist in Rom eine besondere Kunst, weil am Tage praktisch immer und über-

Informationen und praktische Hinweise 356

all jeder freie Fleck besetzt ist. Angurten ist Pflicht, Fahren mit Alkohol im Blut grundsätzlich verboten. Lassen Sie Ihren Wagen nie unverschlossen stehen, und nehmen Sie immer alle Wertsachen heraus. Autodiebstähle kommen häufig vor, eine Diebstahlversicherung ist ratsam. Straßenhilfsdienst (Römischer ACI) Tel. 510510 / 5126551; Polizei 113; bei Unfällen Tel. 556666 / 556741; Verkehrspolizei Tel. 688928; Carabinieri Tel. 686666; Rotes Kreuz Tel. 555666; nachts und an Sonn- und Feiertagen: Tel. 681291; Feuerwehr Tel. 44444; ACI-Straßenhilfsdienst: Tel. 116; Ausländische Autofahrer können den ACI-Straßendienst kostenlos in Anspruch nehmen.

Autovermietung
Hertz: Via Sallustian 28, Tel. 476741, Piazza dei Cinque-cento 81, Tel. 476095; Maggiore: Via Po 8, Tel. 858698, Piazza della Republica 57/58, Tel. 463715; Avis: Piazza Esquilino 1, Tel. 486516, Via Sardegna 38a, Tel. 470728; Budget Rent a Car: Via Sicilia 7, Tel. 460355.

Baden
(s. a. Kapitel Ausflugsziele in der Umgebung Roms)
Schwimmbäder in der Stadt: Hobby Club, Via Prenestina 187; La Nocetta, Via della Nocetta 61; Istituto Santa Leone Magno, Via Noventana 335a; Circolo sportivo Cassia; Via Giustiniana; Centro Sportivo, Via Acqua Traversa 251; Piscina Amelia (Hallenbad), Via Aurelia 770; Piscina Bosaini, Via L. Cassio 50.

Banken / Devisen
Die Banken sind in der Regel montags bis freitags von 8.30 bis 13.30 Uhr geöffnet, die Wechselstube der Stazione Termini ist bis spätabends sowie an Sonn- und Feiertagen offen. Man muß Geduld mitbringen: italienische Bürokratie erfordert umfangreiche Schreibarbeiten, Ausfüllen komplizierter Formulare, um Traveller Cheques oder Euroschecks einzulösen. Dabei ist unbedingt der Paß oder ein persönlicher Ausweis vorzuzeigen. Ein- und Ausfuhr von Fremdwährungen im allgemeinen unbeschränkt. Lire-Ein- und -Ausfuhr höchstens

Informationen und praktische Hinweise

200 000 pro Person. Auskunft über die geltenden Bestimmungen erteilen die Automobilklubs und die Banken. Bei «fliegenden» Wechslern auf der Straße ist Vorsicht geboten (Falschgeld!).

Bars
Anders als in Mitteleuropa sind Bars in Italien nicht exklusive Abendlokale, sondern meist Stehkneipen, Treffpunkte für jedermann zu jeder Tageszeit, wo man leicht Kontakte findet, die neuesten Nachrichten erfährt und seinen Espresso oder Capuccino, seinen Aperitif trinkt. Wein gibt es in der Regel nicht in der italienischen Bar, er gehört, wie in allen Mittelmeerländern, zum Essen.

Benzin
Normal- und Superbenzin sowie Dieselöl sind an unzähligen Tankstellen erhältlich, die meist über Mittag schließen. Zu empfehlen ist die Carta Carburante e Turistica. Sie wird von einigen Großbanken und den ACI-Stellen abgegeben und berechtigt zum Bezug von verbilligtem Benzin sowie zur kostenlosen Pannenhilfe durch den ACI.

Campingplätze
Monte Antenne (Via Salaria, Ponte Salario 6 km); Roma Camping (Via Aurelia, 8 km); Ostia «Internazionale» (Castelfusano); Tivoli «Villa Adriana» (Villa Tiburtina = Valeria).

Diplomatische Vertretungen
Bundesrepublik Deutschland: Botschaft: Via Po 25c, Tel. 860341; Konsulat: Via Paisiello 24, Tel. 864003; Botschaft beim Hl. Stuhl: Via G. Mangili 9; Österreich: Botschaft Via Pergolesi 3, Tel. 868241; Botschaft beim Hl. Stuhl: Via Remo 9, Tel. 856262; Schweiz: Botschaft und Konsulat, Via Barnaba Oriani 61, 803641. Italienische Botschaft in der Bundesrepublik Deutschland: Karl Finkelnburg-Straße 51, D-5300 Bonn 2, Tel. 0228/364051; in Österreich: Rennweg 27, A-1030 Wien, Tel. 0222/725121; in der Schweiz: Elfenstraße 14, CH-3000 Bern, Tel. 031/444151.

Ein- und Ausreise
Personalausweis, Identitätskarte oder (höchstens fünf Jahre abgelaufener) Paß genügt für Reisende aus der Bundesrepublik Deutschland, Österreich und der Schweiz. Für Autofahrer genügen die heimatlichen Papiere; bei Unfällen leistet die — nicht mehr obligatorische — grüne Versicherungskarte gute Dienste. Kinder unter 16 Jahren brauchen einen Kinderausweis oder müssen im Familienpaß eingetragen sein.

Einkaufen
Elegantes Einkaufsquartier: Antiquitäten, Kunsthandlungen, Boutiquen, Modehäuser, Galerien, Buchhandlungen in den Straßen zwischen Piazza del Popolo — Piazza Venezia — Piazza di Spagna — Piazza della Repubblica — Via Vittorio Veneto; weniger exklusive Einkaufsmöglichkeiten: Via Cola di Rienzo, Piazza Vittorio Emanuele II; Antiquitätenstraße: Via dei Coronari; Warenhäuser (nicht sehr attraktiv, die Italiener ziehen die kleinen individuellen Läden immer noch vor): Via Cola di Rienzo, Via Nazionale, Straßen um die Piazza Vittorio Emanuele II; in fast allen Quartieren täglich Obst- und Gemüsemarkt, an der Porta Portese sonntags bis 13 Uhr Flohmarkt mit malerischen Ständen, kuriosen Waren und Menschen aus allen Schichten. Montags sind die Geschäfte am Vormittag geschlossen, oft auch Samstagnachmittag; sonst meist von 9.30 bis 13 und von 16 oder 17 bis 19.30 oder 20 Uhr geöffnet.

Eisenbahn
(s. auch Anreise)
Alle internationalen Züge kommen im Bahnhof Termini an. Weitere Bahnhöfe: Stazione Tiburtina (Nähe San Lorenzo), Züge in den Norden und Süden Italiens; Stazione Trastevere, Piazza Flavio Biondo, Züge nach Pisa, Genua; Stazione Ostiense, Piazzale dei Partigiani, Vorortzüge nach Ostia und Anzio; nach Viterbo fährt man am Bahnhof Roma-Nord ab, Richtung Pescara am Bahnhof Prenestina; die Linie Grosseto/Viterbo fängt am Bahnhof Tuscolana an, und der Bahnhof San Pietro ist Ausgangspunkt für den Nahverkehr.

Informationen und praktische Hinweise

Essen und Trinken
Wie fast alle Italiener essen die Römer gern und lange und am liebsten in Gesellschaft. Und wie schon bei den alten Römern spielen auch heute noch die meist stundenlang gekochten Soßen eine ganz entscheidende Rolle in der römischen Küche, oft übertönen sie den Eigengeschmack von Fleisch oder Fisch. Fleisch wird häufig vor, manchmal auch nach dem Braten mariniert. Gewürze und Kräuter — vor allem Basilikum, Oregano, Knoblauch, Zwiebeln, Rosmarin, Salbei, Lorbeer und die scharfen Peperoncini — werden reichlich verwendet. Teigwaren, «Pasta», gibt es in einer fast unglaublichen Vielfalt, oft mit Eiern und Käse überbacken: Lasagne, Pasta al forno, Calzoni und Cannelloni. Zwischen den Mahlzeiten werden gern dicke Bohnen und rohe Fenchel mit etwas Salz, genannt «Merenda», zum Frascati gegessen. Beliebt sind als Gemüse Auberginen und Zucchetti, und im Frühjahr kommt häufig die Rape (wilder Löwenzahn) oder Bieta (Mangold) — von Ausländern oft mit Spinat verwechselt — auf den Tisch.

Obschon die Italiener zu den größten Weinkonsumenten der Welt gehören, sieht man eigentlich nie Betrunkene. In Rom trinkt man zum Essen vorwiegend die trockenen Weißweine aus der Gegend der Castelli Romani: Frascati, Rocca di Papa, Marino oder Monterotondo.

E.U.R.
E.U.R. ist ein Kürzel für Esposizione Universale Roma. Heute eine eigentliche Neustadt an der Via Cristoforo Colombo, rund fünf Kilometer südlich der Aurelianischen Mauer, unter Mussolini Mitte der dreißiger Jahre für die Weltausstellung 1942 geplant. Wegen des Krieges fiel die Ausstellung aus, und nach dem Krieg war das riesige Baugelände ein Trümmerfeld mit nur wenigen fertigen Gebäuden. 1952 wurde ein Neuanfang gemacht. Man begann damit, auf dem E.U.R.-Areal eine pompöse von faschistischen Architektur-Vorstellungen geprägte Museums- und Verwaltungsstadt zu bauen. Sie breitet sich auf einer Fläche von 420 Hektar aus, und die dort gelegene Piazza Marconi ist größer als der Petersplatz; und — über die Hälfte des Gebietes ist Grünfläche. Heute gehören Klöster, Lehranstalten,

Informationen und praktische Hinweise

Bürohochhäuser, Luxuswohnungen, Sportanlagen und Krankenhäuser zur E.U.R.; außerdem sind dort mehrere interessante Museen untergebracht, darunter das Museum der römischen Zivilisation, das prähistorische und ethnographische Museum, das Volkskunst- und Brauchtumsmuseum. Die E.U.R. ist mit der Untergrundbahn in kurzer Zeit zu erreichen.

Feiertage

Dreikönigs- oder Erscheinungsfeier (Epifania, 6. Januar): Am Vorabend findet auf der Piazza Navona eine fröhliche, lärmige Feier statt, die erst im Morgengrauen endet. Geschenke werden gemacht wie bei uns zu Weihnachten. Die Kinder sagen Gedichte vor der Krippe auf (in den Kirchen Sant'Andrea della Valle; Sant'Anastasia und Santa Maria in Aracoeli).

Josefstag (19. März): In der Kirche San Giuseppe im Trionfale-Viertel dauert die Feier acht Tage. In den Straßen wird sie zum heiteren Frühlingsfest.

Palmsonntag: Palmweihe in allen Kirchen; tatsächlich werden vorwiegend Olivenzweige geweiht.

Fastenzeit/Ostern: In den 40 Tagen vor Ostern werden in allen Hauptkirchen Fastenpredigten gehalten. Den ersten Höhepunkt erreichen die Feiern am Gründonnerstag mit dem Besuch der Sepolcri. Am Karfreitag verlagern sich die Zeremonien in die Santa Croce in Gerusalemme u. a. Ostern verkünden mehr als 1000 Glocken die Auferstehung Christi, auf dem Petersplatz päpstliche Ostermesse und päpstlicher Segen «urbi et orbi». Ostermontag ist der Tag für Ausflüge aus der Stadt in die Trattorien der Umgebung oder zum Picknick im Familienkreis.

Noiantri-Fest: ein lautes und originelles Fest der Bevölkerung von Trastevere zu Ehren der Madonna del Carmine; es beginnt am 15. Juli und dauert 14 Tage; Höhepunkt ist die Spaghettata auf der Piazza Trilussa für Tausende von hungrigen Festteilnehmern.

Weitere Festtage: Johannistag (24. Juni); Peter und Paul (29. Juni); Ferragosto, Mariä Himmelfahrt (15. August) benützen viele Römer zu einem Ausflug; Allerheiligen (1. November); Festa dell'Immacolata

(8. Dezember). Nationale Feiertage sind der Tag der Befreiung (25. April), der Tag der Arbeit (1. Mai), der Tag des Kriegsendes (8. Mai), der Tag der Republik (2. Juni), Ende des Ersten Weltkrieges (4. November).

Fotografieren
Im allgemeinen gibt es keine Beschränkungen. In den Museen ist das Fotografieren generell verboten. Ausnahmebewilligungen bekommt man bei der Soprintendenza Archeologica, Piazza di Santa Maria Nova 53. — Das Römer Oktoberlicht ist (nicht nur) unter Fotografen berühmt.

Geld
(s. auch Banken/Devisen)
Da die italienische Lira (Plural Lire, abgekürzt L.) oft abgewertet, aber nie dem neuen Wert entsprechend angepaßt wurde wie etwa der französische Franc, muß man sich an die Riesenbeträge, die für einen Kaffee oder Zigaretten verlangt werden, erst gewöhnen. Im Umlauf sind Münzen zu 10, 20, 50, 100, 200, 500 Lire und Noten zu 500, 1000, 5000, 10000, 50000, 100000 Lire. Kleingeld ist oft Mangelware, die Telefonmünzen werden deshalb nicht selten als allgemeines Kleingeld verwendet.

Klima und Reisezeit
Im Frühling wechselhaft: warme Sonnentage mit heftigen Schauern. Auch Wind (Scirocco von Ägypten und Tramontana vom nördlichen Apennin) kann plötzlich auftreten. Juli bis September sehr warm (Temperaturen bis 40 Grad im Schatten). Der Oktober ist häufig der beständigste Monat mit angenehmen Temperaturen. November und Dezember haben oft endlose Regentage. Schnee fällt selten, die Temperaturen sinken kaum je unter 0 Grad.

Nachtleben
Rundfahrten mit Besuch von Nachtlokalen organisieren die CIT, American Express, Cooks usw., obschon das Nachtleben in Rom, ver-

glichen mit anderen Hauptstädten, bescheiden ist. Etliche Vergnügungsetablissements liegen um die Via Veneto und sind in einer kostenlosen Broschüre des EPT, Via Parigi 11, aufgelistet.

Öffentliche Verkehrsmittel

Busse und Straßenbahnen mit sehr niedrigem Einheitstarif. Münzautomaten (Kleingeld!) im Bus. Die Busse der rund 200 Linien sind gelb (die alten grün), ihre Streckenführung ist auf einer weißen Tafel an den Haltestellen ersichtlich. Wenn man die öffentlichen Verkehrsmittel häufig benutzt, holt man sich am besten einen Verkehrsplan, auf dem sämtliche Linien von Bus, Tram und Metropolitana eingezeichnet sind (bei ATAC, Via Volturno 65, beim Termini- Bahnhof erhältlich). Metro-Linien: (1) Via Ottaviano—Piazza di Spagna—Piazza Barberini—Stazione Termini—Cinecittà; (2) Stazione Termini—San Paolo fuori le Mura—EUR; (2A) Stazione Termini—Kolosseum—Basilika San Paolo—Lido Ostia.

Post

Da die Tarife für Frankatur laufend angepaßt werden, ist es vorteilhaft, sich vor dem Kauf von Briefmarken zu informieren. Briefmarken bekommt man außer bei den Postämtern auch in Kiosken und Tabacchi-Läden, die mit einem Schild (weißes T auf schwarzem Grund) bezeichnet sind. Postsendungen von und nach sowie innerhalb von Italien sind häufig lange unterwegs.

Preise

Auf dem Markt ist, besonders wenn es um höhere Beträge geht, Handeln üblich. Die Läden haben meist feste Preise (prezzi fissi). Die Inflationsrate beträgt zwischen 14 und 20 Prozent jährlich. Das allgemeine Preisniveau entspricht dem anderer EG-Länder.

Reisebüros

American Express, Piazza di Spagna 38; CIT, Piazza della Repubblica 68, Stazione Termini, Viale Liegi 41, Viale XXI Aprile 56—58, Viale Europa 20, Piazza Cola di Rienzo 33; Cooks, Via Veneto 9; DER,

Deutsches Reisebüro, Piazza Esquilino 29; Centro Turistico Giovanile (Studentenreisebüro), Via Nazionale 51.

Reisezeit
(s. Klima)

Restaurants
Die Drei-Millionen-Stadt Rom hat unzählige Restaurants, in denen man zwischen 13 und 15 Uhr das Mittagessen und etwa zwischen 20 und 23 Uhr das Abendessen einnehmen kann. (Wichtiger Rat: Nie etwas bestellen, ohne vorher den Preis zu wissen.) Die in der folgenden Liste genannten Häuser, alle zentral gelegen — einfache und elegante, gute und in der Regel preiswerte —, hat der Autor ausnahmslos selbst ausprobiert; daß sie sich ändern, kann selbstverständlich nicht ganz ausgeschlossen werden. (Die Buchstaben in Klammern bezeichnen das Viertel, in dem sie liegen: A = Augusteo, N = Navona, Ka = Kapitol, P = Pantheon, Tr = Trastevere, T = Fontana di Trevi, Ve = Via Veneto, Va = Vatikan, Ko = Kolosseum, FR = Forum Romanum.)

- (A) Re degli Amici, Via del Vantaggio
- (A) Alfredo della Scrofa, Piazza Augusto Imperatore 30
- (N) Ristorante Pancrazio, Piazza del Biscione 92
- (Ka) Trattoria la Vecchia Roma, Piazza dei Campitelli
- (Ka) Ristorante Angelino Tor Margana, Piazza Margana
- (P) Ristorante Yachting, Piazza della Toretta
- (Tr) La Cisterna, Via della Cisterna
- (Tr) Da Ceco, Er Carettere Fontana Trilussa
- (T) Trattoria Santi Apostoli, Piazza Santi Apostoli, Ristorante Abruzzo
- (T) La Toscana, bei der Fontana di Trevi
- (T) Il Moro, Vicolo delle Bollette
- (T) Ristorante Cesare, Via della Stamperia
- (Ve) Ristorante Mariano, Via Piemonte 77
- (Ve) Piccolo Mondo, Via Aurora
- (Ve) La Greppia, Piazza Viale Tiziano
- (Ve) Taverna Flavia, Via Flavia

Informationen und praktische Hinweise

(Ve) Ristorante Cesarina, Via Piemonte 117
(Va) Il Mozzicone, Borgo Pio 180
(Va) Hotel Columbus, Via della Conciliazione
(Va) Trattoria Il Pozzetto, Borgo Pio 167
(Ko) Hosteria Nerone, Via Nicola Salvi
(Ko) Domus Aurea, Park des Esquilins (luxuriös und teuer)
(FR) Angelino al Foro, Via Cavour, Via dei Fori imperiali, gegenüber Haupteingang Forum
(P) Il Buco, Via di Sant'Ignazio 6
(N) Hostaria Santa Marinella, Piazza San Appolinare
(N) Hostaria del Orso, Via dei Soldati, Via del Orso (luxuriös, teuer)
(N) Hosteria Grappolo d'oro, Piazza della Cancelleria
(T) Trattoria Galleria Sciarra, Piazza dell'Oratorio 75

Sprache

Wer nicht Italienisch spricht, findet sich in diesem Land mit seinen sprachgewandten Menschen trotzdem gut zurecht. Deutsch (Gastarbeiter) und Englisch wird von vielen gesprochen. Was alle verstehen, ist die Zeichensprache; zum Beispiel «Ich bin hungrig»: zwei bis drei Schläge mit der Handkante in die rechte Seite (in die eigene!). «Komm her»: Winken mit nach unten geklappter Hand. «Ich habe Durst»: Man nimmt die rechte Faust vor den Mund und beugt den Kopf etwas zurück. «Ich möchte schlafen»: Die gefalteten Hände an die rechte Wange legen und den Kopf nach rechts beugen.

Spaziergänge in Rom – sechs Vorschläge

1. Vatikan – Gianicolo – bei der Fontana Paulina die Treppe hinunter nach Santa Maria in Trastevere – San Chrisogono – Tiberinsel – Marcellustheater – Fortuna-Virillis- und Vestatempel – Santa Maria in Cosmedin.
2. Zoologischer Garten – durch den Park der Villa Borghese – Pincio – Villa Medici – Spanische Treppe – Via Condotti (Caffè Greco) – Augustusmausoleum.
3. Palazzo Corsini – Botanischer Garten – Gianicolo – Park der Villa Doria Pamphili.

Informationen und praktische Hinweise

4. Piazza della Cancelleria — Campo dei fiori — Palazzo Farnese — Palazzo Spada — Fontana delle Tartarughe (Schildkrötenbrunnen) — Marcellustheater — Kapitol.
5. Piazza Navona — Sant'Ivo della Sapienza — San Luigi dei Francesi — Pantheon — Santa Maria sopra Minerva — Sant'Ignazio — Hadrianstempel (Börse) — Piazza Colonna — Fontana di Trevi.
6. Santa Sabina (Aventin) — Palast der Ritter von Malta (Schlüsselloch) — Servianische Mauer — Santa Prisca — Circo Massimo — San Gregorio — Santi Giovanni e Paolo — Park der Villa Celimontana — Santa Maria in Domnica.

Stadtbesichtigung
Viele größere Reisebüros organisieren mehrsprachige Stadtrundfahrten, für eine erste Übersicht sind sie zu empfehlen. Fremdenführer vermittelt der Sindacato Nazionale Guide Turistiche, Rampa Mignanelli 12, Tel. 679842. Am Rand der Piazza di Spagna warten Kutschen für Fahrten durch die Innenstadt oder die Parks auf Fahrgäste (Preis vorher aushandeln). Im übrigen gilt für Rom, was für alle alten Städte Europas gilt: am besten lernt man die Stadt kennen, wenn man zu Fuß geht. In Museen und anderen Sehenswürdigkeiten werden zum Teil Tonbandgeräte vermietet, die (auch in deutscher Sprache) den Besucher führen und die Exponate erklären.

Statistisches
In den 20 Regionen der Republik Italien (gegliedert in 92 Provinzen) leben knapp 57,5 Millionen Menschen. Rom, die Hauptstadt des Landes, der Provinz Rom und der Region Latium hat auf einer Fläche von etwas mehr als 1500 Quadratkilometern rund drei Millionen Einwohner, mit Vororten 4,5 Millionen. Die Stadt liegt knapp 30 Kilometer vom Meer entfernt und ist aufgeteilt in 22 «alte» Viertel (rioni), 35 «äußere» Viertel (quartieri) und 6 Vorstädte (borgate).

Taschendiebe
Roms Taschendiebe sind berüchtigt. Viele sind darauf spezialisiert, den Passanten vom Moped aus die Handtaschen zu entreißen. Des-

Informationen und praktische Hinweise

halb sollte man wenig Geld mit sich herumtragen, Taschen fest unter den Arm klemmen, nach Möglichkeit nicht an der Bordsteinkante gehen, Volksaufläufe meiden. Auch in den öffentlichen Verkehrsmitteln ist größte Vorsicht geboten. Sollten Sie trotz aller Vorsicht beraubt werden, hilft die Botschaft aus der Verlegenheit oder das Leihhaus, (Monte Pietà), wo Sie Wertgegenstände verpfänden können.

Taxi
Die offiziellen Taxis sind gelb und haben einen Taxameter, bei «wilden» Taxis vor der Fahrt den Preis aushandeln.

Telefon
In Italien oft «un guaio», eine Plage: Von Rom oder Florenz aus New York anzurufen, geht bisweilen schneller, als von Ostia aus Hinterzarten, Hinterwindau oder Hinterfultigen zu erreichen. Die öffentlichen Telefone, mit gelbem Schild und Wählscheibe bezeichnet, sind für gettoni, Jetons, eingerichtet, die man an der Theke jedes Restaurants oder Cafés und an Kiosken kaufen kann. Für Ferngespräche mindestens 20 gettoni einwerfen. Nicht verbrauchte gettoni kommen nach dem Gespräch wieder aus dem Automaten. Ferngespräche nur an Apparaten, die mit «Interurbano» bezeichnet sind. Eine Auskunftsnummer wie zum Beispiel die praktische 111 in der Schweiz gibt es nicht. Die pagine gialle der Telefonbücher enthalten viele nützliche Angaben, zum Beispiel Stadtpläne mit Buslinien und ähnliches. Vorwahlnummer für die Bundesrepublik 0049, für die Schweiz 0041, für Österreich 0043.

Toiletten
Nicht immer mitteleuropäischer Standard. Damen benützen die Kabinette hinter der Tür mit der Aufschrift «Signore» oder «Donne»; Herren verschwinden hinter der Tür mit der Aufschrift «Signori» oder «Uomini». Ein kleines Trinkgeld oder Münzeinwurf sind üblich. Es ist ratsam, Papier selbst mitzubringen. Öffentliche Toiletten in der Stadt sind rar, am besten geht man in eine der vielen Bars oder in ein Hotel.

Trinkgelder

In Restaurants im Preis inbegriffen. Kellner und Zimmermädchen in Hotels sollte man am Anfang des Aufenthaltes schon etwas geben. In den meisten Fällen gibt man insgesamt 10 bis 15 Prozent, im Taxi 500 bis 1000 Lire. An der Bar läßt man 100 bis 500 Lire liegen. Tankstellenwärter, Garderobefrauen, Friseure und Platzanweiser(innen) in Theater und Kino erwarten kleine Trinkgelder.

Trinkwasser

Rom ist die wasserreichste Großstadt der Welt. Wasserverschwendung hat hier Tradition. Öffentliche Brunnen sind mit Trinkwasser reichlich versehen und oft mit einem Druckknopf ausgestattet, mit dessen Hilfe man den Wasserstrahl in Richtung Mund leiten kann.

Unterkunft

Rom bietet unzählige Hotels aller fünf amtlichen Kategorien. Vorbestellung ist immer ratsam, in den Monaten April bis September unerläßlich. Jedes Reisebüro im Heimatland vermittelt Hotelreservationen. In Rom selbst vermitteln ENIT, Via Marghera 2, und UNIT, Via Marsala 2, Zimmer. Die Preise schwanken je nach Jahreszeit. Pilgergruppen und auch Einzelreisende finden oft preisgünstige Zimmer in den meist außerhalb der Innenstadt gelegenen Klöstern. Es gibt nur eine einzige Jugendherberge. Darüber und über weitere besonders billige Schlafmöglichkeiten für Jugendliche erteilt EPT, Via Parigi 11, Tel. 46 18 51, Auskunft.

Zoll

Für Reisende aus der BRD gelten die üblichen EG-Bestimmungen. Reisende aus Nicht-EG-Ländern dürfen zollfrei 200 Zigaretten oder 100 Zigarillos oder 50 Zigarren bzw. 250 Gramm Tabak einführen; zollfrei sind außerdem ein Liter Spirituosen über 22 Prozent oder 2 Liter Wein oder Spirituosen unter 22 Prozent Alkoholgehalt. Die Automobilklubs der deutschsprachigen Länder geben Merkblätter mit den jeweils gültigen Zollbestimmungen heraus. Weitere Auskünfte in den Büros von ENIT, CIT, UNIT.